Susanne Weinert Portmann

Familie – ein Symbol der Kultur

Susanne Weinert Portmann

Familie – ein Symbol der Kultur

Perspektiven
sozialpädagogischer Arbeit
mit Familien

VS VERLAG FÜR SOZIALWISSENSCHAFTEN

Bibliografische Information der Deutschen Nationalbibliothek
Die Deutsche Nationalbibliothek verzeichnet diese Publikation in der
Deutschen Nationalbibliografie; detaillierte bibliografische Daten sind im Internet über
<http://dnb.d-nb.de> abrufbar.

1. Auflage 2009

Alle Rechte vorbehalten
© VS Verlag für Sozialwissenschaften | GWV Fachverlage GmbH, Wiesbaden 2009

Lektorat: Monika Mülhausen

VS Verlag für Sozialwissenschaften ist Teil der Fachverlagsgruppe Springer Science+Business Media.
www.vs-verlag.de

Umschlaggestaltung: KünkelLopka Medienentwicklung, Heidelberg
Druck und buchbinderische Verarbeitung: Krips bv, Meppel
Gedruckt auf säurefreiem und chlorfrei gebleichtem Papier
Printed in the Netherlands

ISBN 978-3-531-16610-0

Für Charlotte

Danksagung

Ich bin während meiner Arbeit an diesem Buch verschiedenen Menschen begegnet, die mich auf das Beste unterstützt haben. Ihnen danke ich von Herzen für Empathie, Geduld, Wohlwollen – und Uli für ihre Freundschaft. Anregende Diskussionen mit Brigitte Purtschert-Kuhn haben immer wieder für produktive Unruhe gesorgt; viele einfühlsame und wertvolle Korrekturen verdanke ich ihrer Begleitung. Dr. Harry Tyrangiel hat es in unserer Supervision nie versäumt, mich durch ebenso hartnäckiges wie kluges Fragen zum Weiterdenken anzuhalten. Und bei den Familien mit denen ich in dieser Zeit gearbeitet habe, durfte ich all das erfahren, was die Kernaussagen dieses Buches bedeutsam sein läßt. Ihnen schulde ich ganz besonderen Dank.

Inhaltsverzeichnis

Vorwort 11

Einleitung 15

I. Kapitel: Vom Pluralismus der Erfahrung 17

Die Begriffstheorie als Frage nach dem Menschen 19
1   Begriffe als Paradigmen menschlicher Erfahrung.............................20
2   Funktionslogik und der Pluralismus der Erfahrung...........................22
     Exkurs: Bewußtsein 24
3   Was können wir tun? Eine Bemerkung zur Frage von Machbarkeit
     und Lebendigkeit...25
4   Von der Beziehung zwischen Ich und Welt 27
5   Vom Sinn der Kultur – oder: Wie können wir uns „kulturell" verständigen?.............29

II. Kapitel: Von der Einheit der symbolischen Welt...................33

Fragen nach dem Menschen als Kulturwesen 35
1   Vom Symbolischen als „Schlüssel" des Verstehens 35
2   Symbolische Formen. Oder: Von der Einheit des Wirklichen 39
3   Die Philosophie der symbolischen Formen: Von den Ordnungen des Daseins..........40
4   Wie wir unsere „Welten" gestalten: mythisch, sprachlich, wissenschaftlich 44
5   Familie als symbolische Form – ein Entwurf 51

III. Kapitel: Familie als symbolische Form 55

A   **Eine Formanalyse: Familie als Kulturgestalt** 57
1   Familie. Symbolik und Deutungshorizont eines Begriffs.................58
2   Koresidenz und Verwandtschaft: Was Familienformen prägt...........62
2.1 Die Haushaltsfamilie: Von der Konstanz des Wandels 66
3   Von der symbolischen Formkraft des Alltäglichen 68
     Exkurs: Alltag. Eine Frage der Verhältnisse.................................71

B   **Eine Funktionsanalyse: Familienleben als Kulturleistung** 77
4   Familie und Kulturprozeß: Von Ansprüchen 80
5   Die Reproduktion der Lebensstile: Vom Geschehen..........................86
6   Arbeit und Fürsorge: Vom Tun 89
7   Die Familie im Haus-Halten: Von Identität und Pluralität................91
8   Über Logik, Sinn und Funktion familialen Alltagshandelns in der Kultur........94
9   Familie leben. Eine Kulturkompetenz? 98

C   Eine Konstitutionsanalyse: Familie – eine mythische Lebensform......................105

10   „Das Haus" – ein mythischer Erfahrungsraum................................107

10.1 Das Zeitliche und das Handeln...110

10.2 Das Räumliche und die Dinge..112

10.3 Die Sprache...115

    Schlußnote: Familie als Kulturleistung. Ein An-Denken 126

IV. Kapitel: Sozialpädagogische Kulturarbeit mit Familien.................129

1   Kulturphilosophie und Familie als symbolische Form.
Eine sozialpädagogische Aneignung. 131

1.1 Der Blick auf die Historie 133

1.2 Der Blick auf die Gegenwart..135

1.3 Familie: Das Kulturmodell – die Paradigmen der Moderne. Eine Kulisse
sozialpädagogischen Verstehens familialer Kultur. 138

2   Die theoretischen Kriterien im Modell der symbolischen Form:
Gestalt, Handlungswesen, Erfahrungskompetenz...........................147

3   Kriterien praktischer Sozialpädagogik in der Symbolwelt von Familien 149

3.1 Arbeitsbegriffe 149

3.2 Die Begegnung..150

3.3 Der Arbeitsplatz 153

3.4 Das Praxisprojekt „Familienleben lernen" 154

4   Formen Sozialpädagogischer Kulturarbeit: Von Mythen und
symbolischer Dekonstruktion...159

4.1 Familien in ihren Geschichten abholen 161

4.2 Formen der Stärkung des Familienlebens 162

4.3 Die Sprache stärken...167

5   Die Familie und ihr Haus – Sozialpädagogische Kulturarbeit mit Familien. 171

5.1 Das geräumige Haus...171

5.2 Das bunte Haus...176

5.3 Das sprechende Haus 181

Literatur...187

Werke von Ernst Cassirer und Kürzel..187

Sekundärliteratur zu Ernst Cassirer...187

Weitere verwendete Literatur...188

Vorwort

Die Arbeit Susanne Weinert Portmanns stellt ein Konzept von Familienhilfe im Horizont eines kulturtheoretischen Konzepts vor. Sie scheint mir unter zwei Aspekten interessant und weiterführend für die sozialpädagogische Diskussion: als Beitrag zu einer fälligen neuen Diskussion zum Verhältnis von Kultur, Kulturtheorie und Sozialpädagogik und – in der Konkretisierung – zu neuen Profilierungen einer sozialpädagogischen Familienhilfe.

Die Beziehung der Sozialpädagogik zur Kultur ist gegenwärtig nicht sehr ausgeprägt; Sozialpädagogik ist fokussiert auf soziale Probleme und belastete Interaktionen und Kommunikationen. Gegen diese Engführung gibt es in der Sozialpädagogik Gegendiskurse, die sich in der Argumentation für einen erweiterten, allgemeinen Kulturbegriff mit den Diskursen der neueren Sozial- und Kulturwissenschaften treffen. – ein solcher Ansatz aber ist bisher nur in den traditionell der Kultur (und Bildung) nahe stehenden Bereichen der Kulturarbeit, der Jugendkulturarbeit, der Jugendarbeit und des Kindergartens von Bedeutung.

Susanne Weinert Portmann erweitert diesen Diskurs und bezieht sich in ihrer Arbeit auf die für die Sozialpädagogik zentrale Aufgabe der Unterstützung von Familien in der Familienhilfe. Sie untersucht, was es für das Verständnis von Familie und das Konzept einer Familienhilfe bedeutet, wenn Familie im Kontext der Kulturtheorie als Symbol der Kultur verstanden wird.

Für dieses Vorhaben greift Susanne Weinert Portmann auf Cassirers Theorie der symbolischen Formen zurück und entwickelt im Horizont der hier gegebenen allgemeinen Bestimmungen ein Konzept von Familie als symbolischer Form, aus dem sie Konsequenzen für eine kulturtheoretisch begründete Familienarbeit ableitet. Ihr Konzept konkretisiert sie in vielfältigen Belegen aus der Praxis.

Der erste Teil der Arbeit dient der Rekonstruktion des Ansatzes und der Grundbestimmungen von Cassirers Philosophie der symbolischen Formen, auch im Rückgang auf erkenntnistheoretische und anthropologische Grundlagen. Susanne Weinert Portmanns Darstellung betont die im Symbolischen gegebene Spannung von Grundmustern und Vieldeutigkeit und deren Interpretationsbedürftigkeit und Offenheit. Sie stellt die Grunddimensionen der symbolischen Welt in ihrer Repräsentanz im Mythos, in der Sprache und in der Wissenschaft dar und betont vor allem die Unaufhebbarkeit der elementaren Lebensform von Mythos und Sprache gegen den Mainstream einer Zeit, in der sie in Gefahr stehen, in der dominierenden Formen wissenschaftlicher Rationalität übersehen, unterschätzt und als nur randständig abgetan zu werden.

Vor diesem Hintergrund entwirft die Verfasserin ein Konzept von Familie als symbolischer Form. Ein solches Konzept ist bei Cassirer selbst nicht gegeben, die Verfasserin gewinnt seine Konturen, indem sie allgemeine Bestimmungen der symbolischen Formen für Familie konkretisiert. Dieses Konzept erweist sich für die sozialwissenschaftliche und sozialpädagogische Diskussion von Familie und Familienarbeit als hoch ergiebig, - ebenso in den hier entfalteten Analysedimensionen wie in dem, im Konzept angelegten Impuls gegen eine vorschnelle Einengung von Familie auf Beziehungs- und Erziehungsfragen und eine damit einher gehende Pädagogisierung.

Weinert Portmann analysiert Familie als Formproblem, in ihrer Funktion und als Erfahrungswelt. Diese Dimensionen konkretisiert sie im Horizont breit beigezogener sozialhistorischer und sozialwissenschaftlicher Literatur. Ich hebe aus der ausholenden und aspektreichen Darstellung nur Weniges heraus.

Weinert Portmann unterscheidet in der historisch gegebenen Vielfältigkeit von Familienformen die Grundmuster von Familie als Verwandtschaftsfamilie und Familie als Ko-Residenz, also als Zusammenleben in einem Raum gemeinsam geteilter Erfahrungen. Diese beziehen sich – und das ist die Funktion der Familie – auf das Besorgen des gemeinsamen Haushalts in der Vielfältigkeit seiner Alltagsaspekte, Familie ist Haushaltsfamilie; dass die Verfasserin dazu die in der Sozialpädagogik weithin nicht benützten, aber für die neueren Familienberichte zentralen Analysen von Rosemarie von Schweitzer beizieht, macht ihre Darstellung besonders ergiebig.

Familie als Haushaltsfamilie repräsentiert die Kultur des Symbolischen und dient ihrer Reproduktion. Sie repräsentiert sie vor allem in den Dimensionen des Mythischen und der Sprache. – Die Verfasserin schärft zunächst noch einmal das Konzept des Mythischen aus gegenüber einem literaturgeschichtlich-kunstgeschichtlichen Verständnis als Medium großer Geschichten. Sie verdeutlicht das Cassirersche Konzept auch in Bezügen zu der heute ja oft beigezogenen Alltagstheorie; sie betont den ursprünglichen, ganzheitlichen Lebenszugang, in dem Dingwelt und Beziehungswelt, Gefühl und Wissen, Einsicht und Handlungsinteresse ineinander liegen und sich gegenseitig stützen und erhellen. Bestimmend in dieser ganzheitlichen Welterfahrung ist die Unmittelbarkeit des Handlungsinteresses. – Dieser mythische Weltzugang repräsentiert sich in Alltag und Alltäglichkeit der je anfallenden Bewältigungsaufgaben. Hier betont die Verfasserin – zum einen – das Interesse an strukturierender Ordnung, an Routinen und Ritualen, das sie – vordergründigen Ordnungskonzepten gegenüber – als Frage nach genereller Strukturierung und Rhythmisierung des Lebens versteht. Hier betont sie – zum zweiten – den Widerspruch des Interesses an Struktur und Konstanz in der Struktur und den Herausforderungen durch die in allem Leben immer gegebenen Unvorhersehbarkeiten, Offenheiten und Krisen. Sie akzentuiert die hohe integrative Kraft des familialen Alltags, Herausforderungen und Überforderungen aufzunehmen und zu neuen wiederum tragfähigen Strukturen der Lebensbewältigung zu finden.

Familie lebt – dies ist ihr zweites konstitutives Merkmal als symbolische Form – im Medium der Sprache. Der Verfasserin gelingt eine differenzierte, aufgefächerte Phänomenologie der unterschiedlichen Formen und Funktionen der sprachlichen Verständigung, in denen Familienleben sich realisiert, vom Gerede (das sie, Heidegger entideologisierend interpretiert) über die Beschreibung zum Gespräch.

Aus dem Konzept der Familie als Versorgungsgemeinschaft, in der Kultur sich repräsentiert und reproduziert, ergeben sich Konsequenzen für eine familienunterstützende Arbeit als Kulturarbeit. Die Verfasserin entwickelt dieser Sicht entsprechend spezifische Zugangsweisen zu Familien, die mit ihrer Aufgabe nicht zurande kommen, also der Unterstützung und Hilfe für überforderte Familien. Es geht um Begegnungen (so in Anlehnung an Buber), es geht um die Rolle des Gastes (also nicht des eingreifenden, im vorhinein schon besserwisserischen Pädagogen), es geht um Verständnis, Aufklärung und – im klärenden Gespräch ebenso wie in realen Hilfen – um Unterstützung der Familien in ihren Fähigkeiten, in ihrem Alltag ihre Struktur zu finden. Besonders wichtig sind hier – dem Verständnis des Mythischen entsprechend – die Synergieleistungen zwischen den unterschiedlichen Erfahrungen und vor allem die Interpretation der Lebensbedeutungen der Dingwelt und der räumlichen Gegebenheiten. – Die Verfasserin konkretisiert ihren Entwurf mit vielfältigen, sehr aussagekräftigen und anschaulichen Materialien, die aus ihrer langjährigen und in den Aufgabenstellungen inzwischen sehr breiten Praxis stammen. Sie präsentiert das Material in einem ersten Durchgang bezogen auf die entwickelten Einstellungen und Handlungsmuster und in einem zweiten Durchgang in Fallvignetten, die sie in der Unterschiedlichkeit von Raumerfahrungen verdichtet. – Diese Darstellungen sind in der Verbindung von stringent entwickelten Kategorien und Anschaulichkeit unmittelbar überzeugend.

Susanne Weinert Portmann versteht ihr Konzept als eine Zugangsmöglichkeit; sie will Orientierung zur Anregung geben und ausdrücklich keine entfaltete Handlungslehre, sie versteht die Konkretisierungen als exemplarische Verdeutlichungen, nicht als Beweis.

Die Arbeit ist in sich schlüssig und darin überzeugend; dies aber hat seinen Preis; manche Aspekte können nur knapp verfolgt werden oder bleiben ausgespart; das so ergiebige Material und die Theorievorgaben aber regen dazu an, solche Aspekte noch weiter zu verfolgen. – Neben den so überzeugenden „gelingenden" Praxisgeschichten könnten Hinweise auf problematische oder misslingende Konstellationen gleichsam als Gegenproben die innere Dynamik der konkreten Arbeit noch prägnanter werden lassen. - Die Darstellung anderer Konzepte sozialpädagogischer Familienarbeit und Familienhilfe ist knapp; wäre sie etwas ausführlicher, würde das spezifische Profil von Weinert Portmanns Konzept im Vergleich, in den Übereinstimmungen, den Parallelen und vor allem den Unterschieden noch deutlicher. – Gesellschaftliche und institutionelle Rahmenbedingungen von Familienarbeit innerhalb der Sozialpädagogik sind nur angedeutet und könnten weiter verfolgt werden, ebenso wie die Begründung des sozialethischen Arbeitsauftrags der Familienhilfe gegenüber der Kulturtheorie und ihrer von Weinert Portmann ja aufgenommenen antinormativen Attitüde. – Schließlich wäre es interessant, Weinert Portmanns Ausgang von der Theorie Cassirers in den weiteren Kontext der Kulturtheorie zu stellen, vielleicht auch in den der im vorigen Jahrhundert ja intensiv diskutierten Kulturpädagogik.

Die Arbeit von Susanne Weinert Portmann scheint mir bedeutsam und für die Fachdiskussion wichtig in ihrem Brückenschlag zwischen Sozialpädagogik und Kulturtheorie und – darin und vor allem – in der Fundierung dieses Bezugs im Kulturkonzept Cassirers, das sie für die Fachdiskussion, in der es nicht präsent ist, wieder zugänglich macht. Die Arbeit scheint mir darüber hinaus bedeutsam in der Stringenz, in der sie Konsequenzen des Ansatzes in der Kultur bis in die Konkreta des pädagogischen Handelns durcharbeitet und so zu einem in sich bündigen und plausiblen Konzept sozialpädagogischen Kulturhandelns in der Familie kommt. Die Arbeit ist, – zum dritten – auch darin gelungen, dass Weinert Portmanns anspruchsvolle und stringente Argumentation mit anschaulichen und plausiblen Belegen verbinden kann.

Hans Thiersch
Dezember 2008

Einleitung

Jedes Merkmal unserer Erfahrung und unseres Erlebens hat
Anspruch auf Wirklichkeit.
Ernst Cassirer

Die Familie ist ein uraltes Gruppenphänomen menschlicher Kultur. Daß sie in ihr weiter-
lebt, scheint heute manchmal nicht mehr so ganz selbstverständlich zu sein. Vieles spricht
dafür, daß die Familie heute für die meisten Menschen ein Wunschbild und ein riskanter
Lebensentwurf zugleich ist. Die Politik, wie auch die Religion, die die Familie traditionell
im Kontext ihrer Deutungen betrachten und sie auch für ihre Interessen vereinnahmen,
zeigen in modernen Gesellschaften deutlich Besorgnis über das Bestehen von Familie ü-
berhaupt. Wie nie in ihrer langen Geschichte steht die Familie auch im Focus humanwis-
senschaftlicher Interessen, und die Sozialpädagogik, als vergleichsweise junge Disziplin,
begründet ihr Selbstverständnis ganz wesentlich durch ihre vielgestaltige Praxis der Hilfe
zur Selbsthilfe für problembelastete Familien.

Wie könnte sich die sozialpädagogische Praxis des Unterstützens, des Helfens und des
Verstehens auf Familien einlassen, wenn die Familie als ein Kulturphänomen zu begreifen
wäre? Wenn die Familie also nicht in ihrer Gefährdung, in ihrer Fragilität und in ihrer Problematik begreiflich würde, sondern in den Eigenschaften, die ihr Sein im menschlichen
Kulturbetrieb ermöglichen und sinnvoll erscheinen lassen? Wenn, anders gewendet, wenn
Familie begreiflich wäre als charakteristische Gestalt menschlicher Kultur, die ein nur ihr
eigenes Kulturgebaren besitzt, und also auch eine Kulturkompetenz ausbildet, die uns Menschen womöglich im kulturellen Arrangement unentbehrlich ist?

Diese und ähnliche Fragen verlangen nach einem Kulturbegriff, bzw. nach einer Kulturtheorie. Folgt man den pädagogischen oder den sozialpädagogischen Theoriemodellen,
so ist die Familie hier wie dort kaum je mit einem Kulturbegriff[1] zusammen gedacht worden. Der Tradition geisteswissenschaftlicher Pädagogik folgend, bietet sich für ein derartiges theoretisches Interesse die Philosophie an, namentlich Ernst Cassirers „Philosophie der
symbolischen Formen". Sie erschließt durch ihren Kulturbegriff eine umfassende Sicht auf
die Bedingungen menschlicher Existenz. Und sie können wir daher fragen: Inwiefern ist die
Familie im Ensemble der Kulturgestaltungen, namentlich der Sprache, der Kunst, der Politik, der Religion, eine eigenständige Größe? Wie zeigt sie sich und von welcher Art ist ihr
kulturschaffendes Handeln? Welchen Sinn macht die kulturelle Existenz familialer Gebilde
für das Individuum und für die Kultur als Ganzes? Und: Wie ist dem „Unbehagen" von
Familien in der modernen Kultur durch sozialpädagogische Praxis zu begegnen?

Die Antwort auf die letzte Frage repräsentiert das Zentrum dieser Untersuchung. Sie
setzt die Integration philosophischen Denkens in sozialpädagogisches Denken voraus, um
ihr Ziel, nämlich die Praxistauglichkeit einer Theorie, zumindest plausibel feststellen und
veranschaulichen zu können. Der Weg zu diesem Ziel führt zunächst weit weg vom Phänomen „Familie" und zwar durch Ernst Cassirers Philosophie der symbolischen Formen

---

[1]   Z. B. bei Klaus Mollenhauer: Vergessene Zusammenhänge: Über Kultur und Erziehung. München 1985;
Wilhelm Flitner: Konrad, sprach die Frau Mama ... Über Erziehung und Nichterziehung. Berlin 1982

mit dem Anliegen, *sein Verständnis vom menschlichen Dasein* kennenzulernen. So skizziert das erste Kapitel eine genetische Sicht auf das Werk Cassirers mit dem Focus auf Cassirers Erfahrungstheorie. Denn durch sie erhellt er das fast paradox anmutende Konstrukt menschlicher Erfahrung, insofern nämlich der subjektive Erfahrungspluralismus als Symboltätigkeit *plurale Erfahrungsräume* zwar erzeugt, gleichwohl aber das Subjekt sich in *einheitlichen* symbolischen *Kulturformen* – im Wortsinn – wiederfindet. Der Mensch als Kulturwesen, das Thema des zweiten Kapitels, widersetzt sich gewissermaßen mittels der von ihm in historischer Größe geschaffenen symbolischen Formen, der Sprache, der Kunst, des Rechts, und anderen mehr, einer relativierenden und indifferenten Wirklichkeit, weil, folgt man Cassirer, das Symbol als deren Ordnungsmodus letztlich keine beliebige Deutung ermöglicht. Die symbolischen Formen Cassirers zeigen daher einen Strukturmodus. Kann dieser Strukturmodus, angewendet, auch „die Familie" als eine symbolische Form begreiflich machen?

Das Konstrukt der *Familie als eine symbolische Form* ist ein Versuch, den Cassirer selbst nicht unternommen hat. Doch sein sozialphilosophisches Interesse läßt keinen Zweifel daran, daß er seine Theorie der Kultur als Verstehensmodell menschlicher Lebenspraxis gedacht hat. So ist es legitim, zu fragen: Ist die Familie als symbolische Form denkbar? Und wenn ja, wie läßt sie sich darstellen? Entlang dem Strukturmodell der symbolischen Form entwickelt sich durch verschiedene zusammenhängende Analyseschritte im dritten Kapitel ein interdisziplinärer Diskurs zum Thema Familie, der diffizile Fragen mit sich bringt. Z. B.: Was kennzeichnet die Erscheinung einer Familie? wie „funktioniert" sie? Wie erfahren wir eigentlich das Leben in Familien? Und eine zentrale Frage ist natürlich: Welche *Kulturkompetenz* generiert sich in Familienleben? Die analytischen Kriterien der symbolischen Form bringen die historische Gestalt der Haushaltsfamilie in den Blick und können auf sie angewendet werden. Die Analysen der symbolischen Form decken ein familiales Gebilde auf, das sich durch das alltägliche Zusammenleben von Erwachsenen und Kindern unter einem Dach, dem „Haus", Gestalt verleiht, und das Familien(er-)leben mit der gemeinsamen Daseinsfürsorge identifiziert. Die Haushaltsfamilie dominiert in den meisten Kulturen, vor allem aber in denen westlicher Prägung. Mit ihr, oder besser, mit den Facetten des Familienlebens, den erfreulichen und den problematischen, hat es die Sozialpädagogik, wie die Sozial- und Verhaltenswissenschaft überhaupt, zu tun, so sie sich dem Thema „Familie" praktisch zuwendet.

Im vierten und letzten Kapitel dieser Untersuchung vollzieht sich die Integration von Cassirers Kulturtheorie in den Kontext der Erziehungswissenschaft. Aus dieser Integration beantwortet sich die Frage: Wie versteht sich sozialpädagogische Praxis selbst, und wie kann sie Familien helfen und fördern, wenn sie sie als symbolische Form erkennt? Wenn also bekannt ist, welche Bedingungen ein Familienleben hier und heute, ebenso wie vor Hunderten von Jahren, an ganz anderen Orten, in allen sozialen Schichten ermöglichen, welche spezifischen Kompetenzen und welche Erfahrungsweisen ihm sinnvollerweise zugehören. Gegen Ende dieses Kapitels werden Möglichkeiten sozialpädagogischen Handelns erwogen. Sie wollen und können jedoch kein „Konzept" sein. Die beschriebenen Beispiele aus der Praxis für aufsuchende Familienberatung veranschaulichen vielmehr die Frage *sozialpädagogischer Kulturarbeit mit Familien*: Das Verstehen der familialen Kulturkompetenz und natürlich: Wie kann deren Dysfunktionalität in der Praxis konstruktiv begegnet werden? Oder – provokant formuliert – welche professionellen Stärkungen kommen bei den ein Familienleben konstituierenden Kräften an, dort, wo dessen Erscheinungs-, Handlungs- und Erfahrungswelt nach Cassirers Kulturmodell letztlich seinen „Grund" hat?

I. Kapitel: Vom Pluralismus der Erfahrung

Die Begriffstheorie als Frage nach dem Menschen

Mag sein, daß sich das Denken Cassirers vor 1910, als er sich ganz ausdrücklich der Erkenntnistheorie gewidmet hat, nicht in die Denkart seiner Kulturphilosophie einordnen läßt, wie sie vor allem in den drei Bänden über Mythos, Sprache und Erkenntnis dargelegt ist. Daß aber sein Buch „Substanzbegriff und Funktionsbegriff" (SuF) von 1910 über die „Grundfragen der Erkenntnis" sein kulturphilosophisches Denken überhaupt auf den Weg brachte, darüber besteht in den Cassirerinterpretationen bisher kein Zweifel. Insofern gehört dieses Werk bereits zur „Philosophie der symbolischen Formen" (PsF), von deren Stil kein Werk Cassirers nach 1910 je mehr abweicht, weshalb sich auch alle darauffolgenden Werke, und nicht nur die so betitelten Bände der PsF, unter dieser Bezeichnung zusammenfassen lassen. Wenn wir also das Thema dieses ersten Kapitels auf die begriffstheoretischen Untersuchungen Cassirers aus SuF beziehen, dann begegnet uns mit diesem Herangehen an Cassirers Werk gewissermaßen das Fundament seiner Kulturtheorie: Der Pluralismus menschlicher Erfahrung.

Indem wir also zuerst die Voraussetzungen der Kulturphilosophie aufsuchen, können wir einerseits der „Systematik" in Cassirers Werk gerecht werden; anderseits klärt Cassirer in SuF mit seiner Grundlagentheorie zur „Bedingung von Erfahrung" etwas sehr entscheidendes, nämlich wie es sein kann, daß die individuelle und sozial-kulturelle Wirklichkeit des Menschen eine mitunter beängstigende Deutungsvielfalt erkennen läßt. Das „Menschenbild", das Cassirer hier durchblicken läßt, auf das wir noch zu sprechen kommen, ist nun heute, gerade was „Familie" angeht, von größter Aktualität. Denn deren Problematik resultiert zweifellos zu einem erheblichen Teil in der Offenheit ihrer Gestaltungsmöglichkeiten – sowohl was die personelle Zusammensetzung eines familialen Gebildes angeht, wie auch das Selbstverständnis der Familienmitglieder als solche betreffend. Doch die derart umschriebene Problematik der „Pluralisierung" und der „Individualisierung"[2] des Lebens, kennen wir nicht nur in familialen Lebensformen, sondern diese Problematik einer mehr oder minder präsenten Desorientiertheit in den Lebenswelten, kennzeichnet das Selbstverständnis moderner Menschen überhaupt. In Philosophie und Sozialwissenschaften ist man weitgehendst einig darüber, daß diese Desorientiertheit in modernen Gesellschaften im Zusammenhang steht mit der Ablösung von Traditionen und Selbstverständlichkeiten, dazu gehören z.B. auch die Wirkungen der Säkularisierung oder der Bruch mit den bürgerlichen Idealen im letzten Jahrhundert, um nur diese Hintergründe zu nennen. Jedenfalls

---

2   Mit Verweis auf das Konzept des 8. Jugendberichts faßt Thiersch (Thiersch 1992 S. 20ff) zusammen, daß der Begriff „Pluralisierung" eine Erklärung geben soll für die Desorientierung in vielschichtigen und multikulturellen, westlichen Gesellschaften, indem die hergebrachten Kriterien der Differenzierung einer Gesellschaft nicht mehr nur an ökonomischen oder statusbezogenen Indikatoren festgemacht, sondern die Vielschichtigkeit von „Lebenslagen" präzisiert werden. Mit dem Gegenbegriff „Individualisierung" soll – ergänzend – erklärt werden, daß den Individuen in der Moderne ein epochal einmaliger Möglichkeitshorizont der „Selbstverwirklichung" zwar offen steht, der anderseits aber, will das Individuum sich in diesen Möglichkeiten nicht verlieren, die Fähigkeit zur Selbstbehauptung verlangt.

scheint es erklärlich, daß Modelle, die die „Pluralität" der Wirklichkeit in irgendeiner Weise begreiflich machen, in Denk- wie auch in Existenzformen Hochkonjunktur haben.

Cassirers erkenntnis- und kulturtheoretischer Ansatz kann eine Möglichkeit sein, die „Pluralität" der Wirklichkeit zu verstehen. Aber sie wird uns keine Zeit- oder Kulturkritik an die Hand geben, denn Cassirer kann in der Vieldeutigkeit unserer Lebenswelt – auch in Anerkennung der modernen Erfahrung individueller und kollektiver Desorientierung – letztlich nichts wirklich befremdliches erkennen, da er davon ausgeht, daß wir die „Gegenstände" unserer Wirklichkeit ja gar nicht anders als *symbolisch*, also vieldeutig, erfahren können. Cassirers Auslegung der *Subjektivität als Kompetenz allen Weltverstehens* behauptet, daß alle Fähigkeiten, mit denen wir unsere Erfahrung konstituieren, die sinnlichen wie die rationalen und die intuitiven, in eigener Weise zum „Verstehen" beitragen. Er stellt sich daher auch entschieden gegen das Ansinnen der Existenz- und Lebensphilosophie, in denen die Forderung zum Ausdruck kommt, das moderne Selbstverständnis mit der Überwindung der Rationalität zu begründen. Belassen wir es bei diesen Vorbemerkungen.

1   Begriffe als Paradigmen menschlicher Erfahrung

In Cassirers Schrift über Substanz- und Funktionsbegriffe (SuF) von 1910 geht es um die Grundfragen der Erkenntnis, wir erwähnten es bereits, also um die „Bedingungen der Möglichkeit" von Erfahrung überhaupt. Wie also Erfahrung *möglich* ist, erforscht Cassirer in Begriffsanalysen von Substanz- und Funktionsbegriffen, die er unter dem Einfluß von Kant, Leibniz und vor allem von Einstein vornimmt. Und es gelingt ihm auf diesem Weg, in der Erfahrung eine „invariante" Regel auszumachen. Sie sagt uns, wie wir Menschen in unseren Welten uns *überhaupt* auskennen können. Wir haben oben angedeutet, daß sich in dieser Erfahrungstheorie ein Menschenbild Cassirers andeutet, man könnte auch von einer Anthropologie sprechen, die in den Begriffsanalysen deutlich wird und die es recht eigentlich erst verständlich erscheinen läßt, warum Cassirer den Menschen in so elementarer Weise in das ihn umhausende Kulturelle eingebunden sieht. Doch wie geht Cassirer dieses Projekt der Erfahrungstheorie nun an?

Bildungsgesetze von Begriffen entsprechen denen der menschlichen Erfahrung, weil sie Begriffe hervorgebracht hat. Dieser transzendentalphilosophischen Maxime folgend, beruft sich Cassirer bei der Analyse von Begriffsstrukturen auf die Psychologie des Denkens[3] ebenso wie auf logische Denkmuster. Denn: „Psychologie und Erkenntniskritik, das Problem des *Bewußtseins* wie das Problem der *Wirklichkeit*"[4] nehmen am Bildungsprozeß von Begriffen teil. In den Phänomenen des Psychischen, des Bewußten und in den Phänomenen des Denkens sind also diejenigen Bedingungen herauszufinden, die für Begriffe konstitutiv sind, das ist Cassirers Annahme. Sein Ziel ist es, aus den Konstitutionsbedingungen für Begriffe eine „invariante" Konstitutionsregel der Erfahrung ableiten zu können. Cassirer setzt nun drei analytische Kategorien ein, die der *Relation*, der *Funktion* und der *Substanz*, und er untersucht mit ihrer Hilfe Begriffe aus unterschiedlichen wissenschaftlichen Kontexten. Dabei stellt er die Kategorien Relation und Funktion derjenigen der Substanz gegenüber. Letztere erweist sich nach seinen Untersuchungen als ein unhaltbares Modell für Begriffsbildung und kommt insofern als Modell für unsere Erfahrungskonstitu-

---

3   Insbesondere beruft sich Cassirer (nicht nur in SuF) auf die Gestaltpsychologie
4   SuF S. 34, Hervorh. E.C.

tion nicht in Betracht. Substanzbegriffe gibt es gar nicht, laut Cassirers Untersuchungen. Die Erfahrungswirklichkeit kann demnach nicht auf den Voraussetzungen des (von Cassirer so aus der aristotelischen Philosophie interpretierten) Substanzmodells, nämlich auf einem vom „Seienden" strikt getrennten „substantiellen Sein", gründen.

Cassirers Nachmetaphysik, denn darum geht es ihm auch, will plausibel machen, daß die Konstanz mit der man die Dinge in Raum und Zeit als dieselbigen identifizieren kann, und die das Substanzmodell einem „Sein" jenseits unserer Erkenntnismöglichkeiten zuschrieb, etwas der Erkenntniskompetenz *Immanentes* sein muß. Zwar räumt Cassirer ein, daß unser spontanes und aus Sicht der Wissenschaft naives Verstehen, immer schon den Gedanken evoziert hat, daß den Dingen eine eigenständige „Substanz" innewohnt, die deren Prägnanz und Stabilität erklären kann. Aber insbesondere die historischen Analysen der fraglichen Begriffe förderten keine „Substanz", sondern ein Geflecht von wissenschaftlichen und vorwissenschaftlichen Annahmen, Interessen und Hypothesen zutage, die alle zusammen in einer Wirkgeschichte die Begriffe, beispielsweise den der Zahl, der Energie, oder des Atoms, mit ganz unterschiedlichen Theoriemodellen und Inhalten belegt hat. Nichts anderes gilt aber auch für den Begriff der Wirklichkeit, den er in den letzten beiden Kapiteln von SuF untersucht.

In der Dialektik der analytischen Modelle von Relation und Funktion versus Substanz läßt sich aus den Begriffsanalysen schließlich für die Frage nach der Möglichkeit von Erfahrung folgern: Es ist kein Moment der Erfahrung vorstellbar, der mit Sicherheit irgendeine Kompetenz der Erfahrung vollständig ausschließt, sondern die *Relationen* des Denkens und Fühlens, von Sinnlichkeit, Körperlichkeit[5] und Verstand konstituieren jeden Moment der Erfahrung. Doch diese, nennen wir sie Potentiale, die die Konstruktion von Erfahrung bewirken, müssen *homogener* Natur sein[6], denn, obwohl von unterschiedlichster Art, und obwohl unauflöslich miteinander verwoben, wirken sie ja offensichtlich niemals vollständig auflösend gegen- und durcheinander und erzeugen insofern kein wirkliches „Chaos einzelner Erlebnisse"[7], ja, wir sind nicht einmal zu einer derartigen Vorstellung fähig. Denn eine solche bildet ja bereits eine Konkretion.

Das heißt: Erfahrung ist immer in einer Weise *konkret* – auch wenn sie als „unnormal" gilt, oder sich als psychotische, traumhafte oder durch toxische oder somatische Einschränkungen irgendwie reduzierte Erfahrung manifestiert. Trotzdem erklärt die Kompatibilität der Erfahrungselemente noch nicht deren *Ordnung* – zum Beispiel in Gestalt eines Begriffs. Daraus folgt: Es muß *den Relationen* unserer Erfahrungsfähigkeiten ein Ordnungsmoment innewohnen. Und dieses Ordnungsmoment modelliert Cassirer am Paradigma der mathematischen *Funktionsgleichung.*

---

5   „Es ist ein natürlicher Zug des menschlichen Denkens, die Sichtung und Ordnung der objektiven Anschauungswelt dadurch zu vollziehen, daß der eigene Leib als Ausgangspunkt der Orientierung genommen wird." WWS S. 44

6   Das heißt, daß die Organe und Rezipienten zwar verschiedenartig „arbeiten", aber dennoch aufeinander abgestimmt sind. So können wir beispielsweise nicht mit einem Fledermausohr hören, es sei denn, es wäre irgendwie an die Möglichkeiten unserer Ohren angepaßt, wie etwa ein Mikroskop unserem Auge.

7   SuF S. 436

2   Funktionslogik und der Pluralismus der Erfahrung

Cassirers Begriffsanalysen zeigen, daß ein Begriff a) immer Bestand eines (u.a. histori-schen) Bedeutungszusammenhangs ist und b) daß – und das ist der entscheidende Gedanke – die Begriffe selbst durch *Verknüpfung* von unterschiedlichen Inhalten *nach einem Ord-nungsmodus* entstehen. Was wir in je verschiedenen Hinsichten von beispielsweise dem Begriff der Zahl erwarten: ob wir Blumenzwiebeln zählen, oder ob wir uns über die Bezie-hung der Zahl zum Unendlichen befassen müssen, bestimmt, was wir mit diesem Begriff verbinden. Denn „all unser Wissen, so vollendet es in sich selbst sein mag, liefert uns nie-mals die Gegenstände selbst, sondern nur *Zeichen* von ihnen und ihren wechselseitigen Beziehungen."[8]

Den Kompetenzen unseres Erkennens ist demnach folgendes zu eigen: Sie vermögen *aus der Verknüpfung des Verschiedenen* eine Hin-Sicht aufzunehmen, und es buchstäblich auf *einen Nenner* zu bringen. Es muß betont werden: Die *Verknüpfung* ist allein der konsti-tutive Akt. Cassirer denkt also nicht etwa an eine Verhältnismäßigkeit *zwischen* „Elemen-ten", die, so durch die Erfahrung „gesetzt", die „Wirklichkeit" abbilden. „Nicht dies ist die Meinung, daß wir stets nur die Beziehungen zwischen den Seinselementen denkend erfas-sen können, wobei diese Elemente selbst doch immer noch als ein dunkler für sich beste-hender Kern gedacht sind, sondern daß wir nur durch die *Kategorie* der Beziehung hin-durch zur *Kategorie* des Dings gelangen können."[9] Die *im Fluß der Zeit* sich ereignenden Verknüpfung von Eindrücken ist das, worum es Cassirer geht.

Cassirer schließt aus seinen Begriffsanalysen nun die folgende Erfahrungsregel: „Alle Bestimmtheit, die wir an der 'Materie' der Erkenntnis festhalten können, kommt ihr ledig-lich relativ zu einer *möglichen Ordnung* und somit zu einem formalen *Reihenbegriff* zu. Die einzelne qualitativ besondere Empfindung empfängt ihre Eigenart erst durch die Unter-scheidung von anderen bewußten Inhalten, denen sie gegenübersteht: sie besteht nur als Reihenglied und kann nur als solches wahrhaft gedacht werden."[10] Erfahrung = f(x). Oder philosophisch gesprochen: „Das Einzelne erhält ... seinen Sinn und Gehalt erst vom Gan-zen."[11] Das Funktionsmodell ist also ein Strukturschema für ein Problem, das bereits die antike Philosophie beschäftigt hat: die *geordnete* Relation des Einen mit dem Vielen.[12] Das Funktionsmodell repräsentiert die Grundstruktur der Erfahrung und damit die „Grundver-fassung der Erkenntnis".[13]

Wir können uns diesen etwas sperrigen Gedanken am Hören einer Melodie verdeutli-chen, die wir ja in der Tat nicht hören können, denn aktual hören wir ja nur einzelne Töne. Daß sie uns aber als zusammengehörig *erscheinen* verdankt sich unserer Fähigkeit, Eindrü-cke zu einem *sinnvollen* Ganzen zu verknüpfen, sonst könnten wir eine *Melodie* nicht hö-ren. Den für diesen Vorgang entscheidenden Ordnungsmodus präzisiert Cassirer durch das Funktionsmodell. Es versteht sich als eine Art *Schematismus* und „funktioniert" immer gleich. Auf diese Weise verwirklicht sich die Melodie ebenso wie eine Schwarzwälder Kirschtorte, oder ein Gedicht, ja auch die subjektiv nicht teilbaren Erfahrungen, wie bei-spielsweise die des Schmerzes.

---

8   SuF S. 402, Hervorh. E.C.
9   SuF S. 407, Hervorh. E.C.
10   SuF S. 412, Hervorh. E.C.
11   SuF S. 420
12   Cassirer erwähnt dieses schwierige philosophische Problem mehrfach, u.a. in EBK S. 169
13   PsF III S. 67

Der zentrale Punkt in diesem diffizilen Gedanken ist der der *möglichen Ordnung*. Doch sie ist nichts, „was sich in den sinnlichen Eindrücken unmittelbar aufweisen ließe, sondern etwas, das ihnen erst kraft gedanklicher Relationen zukommt."[14] Sie entspricht – bildlich gesehen – einem *Standort*, von dem aus wir zu den „Dingen" eine durch diesen Standort bedingten Beziehung haben. Was immer wir „sehen", erkennen, wahrnehmen ist relativ zu unserem „Standort". Wechseln wir den Standort oder unsere Vermögen des „Sehens", so verändern sich damit auch unsere Bezugs-, bzw. Sichtmöglichkeiten, und mit ihnen der Horizont und die Gegenstände, die nun in ihren Dimensionen ja anders erscheinen müssen, als zuvor. Vielleicht sind sie völlig verändert und wir erkennen nicht wieder was uns zuvor als selbstverständlich erschienen ist, oder vielleicht erkennen wir unter einem veränderten Standort auch wirklich Neues, oder auch Altes, das wir nunmehr anders betrachten können – auch so, daß wir Gründe dafür finden, uns gegenseitig umzubringen.

Jedenfalls: Aus dieser Zuordnung von Standort und Umgebung *als einem Ganzen*, läßt sich unter keinen denkbaren Umständen ein Bestandteil so isolieren, daß es auf jegliche Bezugnahme zu anderem in dieser Ganzheit verzichten könnte.[15] Auf die Frage: Wie ist Erfahrung möglich? bedeutet dieses Prinzip nun: a) Es kann keinen Bereich der Erfahrung geben, der von theoretischen Elementen frei, also „rein" sinnlich ist, und umgekehrt kann es keinen intellektuellen Vorgang geben, der nicht irgendeine sinnlichen Komponente aufgreift. b) Erfahrung ist abhängig von *sämtlichen* Kompetenzen des Subjekts. c) Die mannigfaltigen Elemente und Eindrücke, die sich dem Erkennen präsentieren, sind niemals isolierte „Substanzen", sondern an sich schon *Verknüpfungen*. Und schließlich ist es d) die eigentliche Leistung der Erfahrung, diese Verknüpfungen überhaupt als ein *sinnvolles* Konstrukt zu bilden. Und sie erfüllt diese Leistung nach einem funktionalen Schema, „kraft ›dessen‹ wir die Einzelglieder in ihrer wechselseitigen Abhängigkeit geordnet denken."[16]

Phänomenologisch inszeniert sich „Erfahrung" als *Ausdruck* dessen, was sich uns *eindrücklich* präsentiert. *Eindrücke* zum *Ausdruck* zu bringen, das ist Cassirers Grundformation einer Erfahrung. „Erfahrung" ist daher nicht allein eine sich im Horizont pluraler Wirksamkeit beständig vollziehende ganzheitliche Lern- und Verstehensleistung, sie umfaßt als solche auch das Handeln, sie ist immer ein *Tun*. „Am Anfang ist die Tat"[17], so Cassirer. In der Philosophie der Symbolischen Formen differenziert Cassirer das Geschehen der Umbildung von Eindrücken zu Ausdruck terminologisch noch weiter. Aber das *Konstrukt* der Verarbeitung von Eindrücken zu Ausdrucksphänomenen bleibt gleichwohl die grundlegende Erfahrungsstruktur.

Wir vollziehen sie in jedem Moment unserer leib-seelischen Lebendigkeit, als hungrige oder zufriedene Säuglinge, als ärgerliche Eltern, als träumende Kinder und was immer noch. Wir vollziehen sie, indem wir unsere Eindrücke durch mimische, sprachliche und andere Symbole zum Ausdruck bringen. Wir haben typisch menschliche Ausdrucksformen. Dazu gehören nonverbale, wie das Weinen, das Lachen, Schreien und eine weitere Anzahl von mimischen Ausdrucksformen. Sie sind gewissermaßen unsere Ursprache, denn Menschen können bei ihrem Anblick nachvollziehen, was Menschen bewegt. Was es allerdings ist, das Menschen zum Lachen und Weinen bringt, das mag nicht nur in verschiedenen

---

14   SuF S. 57
15   Auch wenn wir uns ganz spontan und unvermittelt einen Knopf von den Kleidern reissen (so der Versuch des Krimiautors Manzoni, der Gleichförmigkeit der Ereignisse zu entgehen), ist das Cassirersche Prinzip der Wirklichkeit: das Ineinandergreifen von Ereignissen, nicht überlistet.
16   SuF S. 354
17   LK S. 51

Ethnien, sondern sogar unter Ehepartnern verschieden sein. Doch auch die Sprache und die Schrift, Zeichen, der künstlerische Ausdruck und die Symbolsprache der Wissenschaft bringen *Erfahrungen* zum Ausdruck, wenn auch auf anderer Ebene als der des rein spontanen Ausdrucks.

Exkurs: Bewußtsein

Der Ort des funktionalen Geschehens der Erfahrung ist für Cassirer das Bewußtsein. Deswegen spielt es in seinen Untersuchungen stets eine Rolle. Aber ist Cassirer deswegen schon ein „Bewußtseinsphilosoph"?[18] Eher nicht. Für ihn ist das Bewußtsein das Organisationsprinzip für *alle* möglicherweise einnehmbaren Perspektiven. Was heißt das? Nun, je mehr „Inhalte" das Bewußtsein aufnimmt, je mehr es speichert und verschalten kann, desto mehr Deutungen vermag – der Möglichkeit nach – „das Bewußtsein in einem einzelnen Moment zu umspannen und zu überschauen."

Aber die Flexibilität des Bewußtseins ist nicht auf die Masse seiner Inhalte angewiesen, denn: „Jedes seiner Elemente ist gleichsam gesättigt mit Funktionen. Es steht in mannigfachen Sinnverbänden, die systematisch unter sich wiederum zusammenhängen, und die kraft dieses Zusammenhangs jenes Ganze konstituieren, das wir als die Welt unserer ‚Erfahrung' bezeichnen. ... Welchen Komplex man immer aus dieser Gesamtheit der ‚Erfahrung' herauslösen mag" sie besitzen alle „einen gemeinsamen formalen Grundcharakter. Sie sind so geartet, daß von jedem ihrer Momente ein Übergang zum Ganzen möglich ist, weil die Verfassung dieses Ganzen in jedem Moment dargestellt und darstellbar ist. Kraft des Ineinandergreifens dieser Darstellungsfunktionen gewinnt das Bewußtsein die Fähigkeit, Erscheinungen zu buchstabieren, um Erfahrungen lesen zu können'".[19]

Das Bewußtsein fungiert insofern bei Cassirer als ein Einheitsbegriff, der nichts anderes bezeichnet als eine Instanz, die Erfahrungsinhalte – seien es sinnliche Affektionen im Hier und Jetzt, oder schon längst abgespeicherte Erinnerungen – miteinander *nach dem Prinzip der Funktionslogik* verschaltet[20]. Die Struktur, die Cassirer dadurch dem Bewußtsein zuspricht, ist eigentlich ein Aktionsprinzip. Ein Mechanismus, überspitzt formuliert, der als „natürliche Symbolik"[21] funktioniert, weil er das Ganze des Bewußtseins in jedem Augenblick auf ein bestimmtes Moment hin zu konkretisieren weiß. Cassirers Bewußtseinsbegriff fehlt jede hinlänglich das Sein wertende Aussage, wie sie den Bewußtseinsphilosophien sonst meist zukommt. „Die Dinge der Natur in ihrem objektiv-realen Dasein mögen allenfalls einen festen ‚Bestand', eine relative Dauer aufweisen: dem Bewußtsein ist ein solcher durch seine eigenste Natur versagt. Es besitzt kein anderes Sein als das der freien Tätigkeit, als *das Sein des Prozesses*. Und in diesem Prozeß kehren niemals wahrhaft identische Bestandteile wieder. Hier findet nur ein stetiges Fließen statt, ein lebendiges Strömen, in dem alle feste Gestaltung, kaum daß sie gewonnen, wieder zergehen muß. Und eben dies bezeichnet nun die eigentümliche Antinomie, den immanenten Widerspruch des Bewußtseins selbst."[22]

---

18   Wie es z.B. Andreas Nießeler betont in seinem Buch „Formen symbolischer Weltaneignung. Zur pädagogischen Bedeutung von Erst Cassirers Kulturphilosophie." Würzburg 2003; S. 52
19   PsF III S. 222
20   So auch Graeser, 1994, S. 40f
21   PsF I S. 41
22   WWS S. 177 Hervorh. S.W.

Das Bewußtsein kann bei Cassirer nicht „unglücklich" und nicht „verzweifelt" sein, es ist generell nur an Konkretionen und darüber hinaus weder an „Freiheit" noch am „Selbst" und auch nicht am „Gelingen" des bewußten Seins interessiert. Es geht seinen funktionslogischen Bestimmungen nach und konkretisiert (bei Bedarf) auch „Freiheit", Ich-Identität oder „das Gute Leben". Wir können das Bewußtsein bei Cassirer als ein *holistisches* System betrachten. „Alles Bewußtsein verlangt irgendeine Art der *Verknüpfung*: und jede Form der Verknüpfung setzt eine Relation des Einzelnen zu einem umfassenden Ganzen, setzt eine Einordnung des individuellen Inhalts in irgendeinen Gesamtzusammenhang voraus. So primitiv und unentwickelt dieser Zusammenhang auch gedacht werden mag: er läßt sich dennoch niemals gänzlich aufheben, ohne den einzelnen Inhalt selbst zu zerstören."[23] Nehmen wir dazu bewußt ein „primitives" Beispiel: Der Anblick eines Spinnenbeins affiziert dann und nur dann die Vorstellung einer Spinne, wenn ein entsprechender Erfahrungsinhalt vorliegt. Sein Anblick kann nun den Griff zum Staubtuch (der auf die mütterliche Erziehung verweist) ebenso zur Folge haben, wie Ignorieren (weil man zur Bahn muß) oder eine entsetzte Flucht, so die Spinne an Erfahrungen geknüpft wird, die eine phobische Reaktion nahelegen.

Kurzum: In der *Zeitlichkeit* von Ereignissen ist unendliches möglich, weil die „Dinge" im Bewußtsein alle und jederzeit in irgendeinen sinnhaften Zusammenhang zueinander gebracht werden *können*. Überspitzt kann man sogar sagen: Unser Bewußtsein agiert wie ein „Orchester ohne Dirigent".[24] Demnach: *Möglich* sind unserer Erfahrung „viele Welten", auch eine, die wir „natürlich" nennen, doch auch sie ist uns seit Menschengedenken zum Begriff geworden. „Natur" bedeutete beispielsweise zu Zeiten der Romantik etwas anderes als heute. Sie, die „Natur", ist nicht natürlich im Sinne eines an sich Gegebenen, das seine eigene Sprache spricht. Wir können „das Natürliche" nur in seiner *für uns* spezifischen Eindrücklichkeit verstehen. Und das ist kulturell codiert, wie jede uns Menschen erfahrbare Wirklichkeit. Für Cassirer ist überhaupt nur eine *kulturelle* Wirklichkeit denkbar, weil, was uns erscheint, niemals etwas „an sich Gegebenes", sondern nur etwas von uns „Geformtes" sein kann. Jeder Versuch, dieses durch den menschlichen Geist „gegebene" *Formprinzip* der Wirklichkeit zu unterlaufen, käme dem Blick hinter den Spiegel gleich, der bekanntlich nichts von dem offenbart, was uns der Blick in den Spiegel zu verbergen scheint. So kann man Cassirers Kulturbegriff durchaus unterstellen, er wolle sich auch als Inbegriff von „Wirklichkeit" verstehen.

3 Was können wir tun? Eine Bemerkung zur Frage von Machbarkeit und Lebendigkeit

Die Struktur des Bewußtseins entspricht bei Cassirer der nicht weiter hinterfragbaren Erfahrungsorganisation des *Subjekts*. Sie verknüpft, um es nochmals zu sagen, unterschiedlichste Impulse (im Anblick einer Spinne z.B.), und inszeniert derart ein Spektrum *möglicher* Erfahrung (je nachdem, wie wir situativ und überhaupt zu Spinnen stehen). Es liegt also in den „Funktionen" unserer subjektiven *Lebendigkeit*, unendlich viele Hinsichten zur, *und* entsprechende Aktivitäten in der Welt herstellen zu *können*. Dem *Möglichkeitshorizont*

---

23   SuF S. 394, Hervorh. E.C.
24   So der Hirnforscher Wolf Singer bei einer Diskussion zum Thema Biowissenschaft am 18.01.05, die von der *Neuen Zürcher Zeitung* veranstaltet worden.

unserer Lebendigkeit sieht Cassirer schlicht keine Grenze gesetzt wozu auch gehört, daß wir das Denkbare gerne für *machbar* halten. Dazu kommt: Annahmen wie etwa, daß der Mensch „von Natur aus" gut oder schlecht sei, oder auch daß die tätige Beziehung zwischen Ich und Welt eine Regel für das „Gute Leben" enthalte, sind von Cassirer nicht zu bekommen. Unser *Tun* ist insofern „nicht von vornherein an einen bestimmten, klar abzugrenzenden Kreis von Möglichkeiten gebunden, sondern muß sich ständig neue Möglichkeiten suchen und schaffen."[25] Ob es uns Segen oder Fluch ist, ob es unsere Bedürfnisse angemessen oder in riskanter Weise befriedigt, ist nicht in letzter Konsequenz vorhersehbar, denn „das Tun erkennt sich erst in seinem eigenen Vollzug...."[26]

Legt es das Subjektivitätsmodell Cassirers nahe, daß die Ethik des Handelns in den Dimensionen von Machbarkeit und Lebendigkeit unausgesprochen bleiben muß? Oder: Wäre Ethik und Moral als eine „symbolische Form" zu präzisieren? Die Antwort ist schwierig. Aber wie auch immer man sie ausdenken mag, Cassirer selbst jedenfalls hat keine Inszenierung der Kultur je einer wertenden Kritik, höchstens einer beschreibenden, also letztlich einer *aufklärenden* Analyse unterzogen[27]. Und so erscheint es immerhin verständlich, daß bei Cassirer die „spezifische Differenz moralischer Fragestellung freilich – *im Ansatz* steckenbleibt."[28] Vielleicht sogar steckenbleiben muß, denn seine Sorge gilt weniger einer mangelhaften Ethik im Kulturraum als der Symptomatik mangelhafter Beziehungen der Menschen zum Ensemble ihrer kulturellen Schöpfungen; in diese Richtung geht jedenfalls seine Bemerkung zur Kritik einiger Zeitgenossen an der modernen Technik: „Das Ich, die freie Subjektivität, hat diese Sachordnungen aus sich heraus geschaffen; aber es weiß sie nicht mehr zu umspannen und nicht mehr mit sich selbst zu durchdringen. Die Bewegung des Ich bricht sich an seinen eigenen Schöpfungen; sein ursprünglicher Lebensstrom verebbt, je größer der Umfang und je stärker die Macht dieser Schöpfungen wird. Nirgends vielleicht tritt dieser tragische Einschlag aller Kulturentwicklung mit so unerbittlicher Deutlichkeit hervor wie in der Entwicklung, die die moderne Technik genommen hat. Aber diejenigen, die sich auf Grund dieses Tatbestandes von ihr abwenden, pflegen zu vergessen, daß in das Verdammungsurteil, das sie über die Technik fällen, folgerecht die *gesamte* geistige Kultur mit einbezogen werden müßte. Die Technik hat diesen Tatbestand nicht geschaffen, sondern sie stellt ihn nur an einem besonders markanten Tatbestand eindringlich vor uns hin; sie ist, sofern man hier von Leiden und Krankheit spricht, nicht der Grund des Leidens, sondern nur eine Erscheinung, ein Symptom desselben."[29]

Es ist also ein „Symptom" aller Kulturentwicklung, daß die Schöpfungen des Subjekts von ihm selbst nicht mehr durchschaut werden. Das Machbare ist der Lebendigkeit nicht mehr verbunden. Die Beziehung zwischen Subjekt und seinen „Sachordnungen", so könnte man auch sagen, ist brüchig oder gar verloren gegangen. Die Politik, die Wirtschaft, die Religion, sie alle entfalten augenscheinlich eine globale, die Menschen überwältigende Eigendynamik, die eindrücklicher denn je beweist, daß sich die Entwicklung der Kultur weder ermessen, noch voraussagen läßt. Vielleicht deutet Cassirer mit dieser Art der Kulturkritik an, daß wir Zeitgenossen der Moderne nicht hinlänglich, oder zumindest unter falschen Fragestellungen, über die *Möglichkeiten* unseres Könnens ins Bild gesetzt sind.

---

25   EBK S. 260
26   EBK S. 260
27   So jedenfalls läßt sich sein letztes Buch über die politischen Mythen lesen.
28   Recki Birgit: Kultur ohne Moral? Warum Ernst Cassirer trotz der Einsicht in den Primat der praktischen Vernunft keine Ethik schreiben konnte. Hervorh. B.R. In: Frede et al. Darmstadt 1997
29   STS S. 76f, Hervorh. E.C.

Müßten wir diese Art der Kulturkritik als Bildungskritik interpretieren? Als lückenhafte oder gar versäumte Aufklärung über die Lebensbedingungen der Moderne? Darüber, daß ein „höchstes, durch sich selbst gewisses Wertkriterium"[30], das die Ethik des Könnens anleitet, nicht im Gesetz unseres Handelns verankert ist? Darüber, daß wir uns statt dessen auf ein *Wissen* um unsere „formbildenden Kräfte"[31] verlassen müssen? Ist ein „Wissen" möglich, das, über die Pädagogik der subjektiven Gefühle von Angst, Furcht, Staunen, Euphorie, Mit-Leiden erworben, die Relation von Machbarkeit und Lebendigkeit erkennen kann?

4 Von der Beziehung zwischen Ich und Welt

Die Klärung der „Grundfragen der Erkenntniskritik" durch die Analyse wissenschaftlicher Begriffsbildung in SuF hat ergeben: Kein Detail unserer Erfahrung kann uns je ein unhintergehbares „Sein" preisgeben, denn für unsere Erfahrung ist *jeder* Gegenstand „eine Summe tatsächlicher und möglicher Wirkungsweisen."[32] Die „Stabilität" der geformten Welt ist also relativ und wird in den Erfahrungsmodalitäten immer wieder neu ausgewiesen, wird neu interpretiert. „Das 'Ding' erscheint demgemäß nicht nur den verschiedenen Sinnen selbst als ein Verschiedenes, sondern es ist auch für das gleiche Organ, je nach Zeitpunkt und den wechselnden Bedingungen der Wahrnehmung, ein grenzenlos Veränderliches. Denn all seine Bestimmtheit hängt völlig von den Verhältnissen ab, unter denen es sich uns darstellt. Kein Inhalt ist uns in der Erfahrung unvermischt mit anderen in identischer Bestimmtheit gegeben, sondern was sich uns darbietet, ist immer nur der allgemeine Zusammenfluß der Eindrücke."[33] Also: „mit der Art und Richtung der Vergegenständlichung wandelt sich auch der angeschaute Gegenstand"[34]. Damit ist etwas für Cassirers Menschenbild grundlegendes gesagt: Das „Ich" hat zur „Welt" eine *perspektivische* Beziehung und dieser Befund berechtigt dazu, die *Veränderlichkeit als das Charakteristikum der Beziehung von Ich und Welt* festzuhalten.

Die derart von Cassirer beschriebene Dynamik der Unstetigkeit und Spontaneität in unserer Erfahrungswelt läßt es fast vergessen, daß er davon überzeugt ist, daß sie bis in ihre kleinsten Denk- und Handlungsräume durch kulturelle Interpretationen stabilisiert ist, die im Bewußtsein gespeichert sind. Wir „sehen" nur, was wir (schon) kennen. Daraus folgt: Menschen sind auf die Kultur angewiesen, weil sie die notwendige Ordnung in ihren Lebenswelten mit der Plastizität ihres Erfahrungsvermögens nicht ständig spontan hervorbringen können. Diese Macht der interpretierten Welt, die allein es vermag, den Subjekten die lebensnotwendige *Orientierung* zu geben, bedeutet für Simmel eine tragische Asymmetrie zwischen „Ich und Welt". Cassirer hingegen beklagt die Kulturdominanz der „Welt" zum „Ich" nicht[35]. Sie scheint ihm natürlich, ja, sie hat für ihn sogar eine eigentümlich beruhigende Gegenseite: Sie bewahrt uns vor der chaotischen Erfahrung, denn etwas vollkommen Unverstandenes kann es für uns eigentlich gar nicht geben: „Ein schlechthin regelloses und

---

30 Cassirer 1975; S. 267; Kants Leben und Lehre
31 S.a. EBK S. 260, 261
32 SuF S. 250, Hervorh. E.C.
33 ZMP S. 43
34 WWS S. 209
35 LK S. 109 Siehe Cassirers Entgegnung zu Georg Simmels Kulturkritik „Die Tragödie der Kultur"

ungeordnetes Etwas von Wahrnehmungen ist ... ein Gedanke, der nicht einmal als methodische Fiktion vollziehbar ist ...".[36]

Jene Kulturkritik also, die das Individuum und die Kultur auseinander dividiert: "auf der einen Seite steht das Leben, auf der anderen Seite steht das Reich idealer, an sich geltender, objektiver Werte,"[37] hat genau das übersehen. Denn der *Kulturprozeß*, den die asymetrische Beziehung von Ich und Welt inszeniert, synthetisiert seine Beteiligten; er besitzt auch keinen Gegenbegriff, denn er bezeichnet eine *Totalität*. Cassirer würde daher, selbst im Fall berechtigter Kritik, niemals die Kultur als Ganzes verdammen, denn ein solches Urteil würde zwangsläufig das Menschliche schlechthin verdammen. Der Kulturprozeß repräsentiert die *Dynamik des menschlichen Handelns*. Und mit welchen Deutungen von „Freiheit" etwa, man diese Dynamik auch versucht zu erfassen, sie *zeigt* sich jedenfalls als die Dynamik des Veränderlichen schlechthin.

Sicher ist es eine unstrittige Wahrnehmung in aller Kultur, daß die „Bewegung des Ich ... sich an seinen eigenen Schöpfungen ›bricht‹."[38] Denn: „Die Kultur ist ‚dialektisch', so wahr sie dramatisch ist. Sie ist kein einfaches Geschehen, kein ruhiger Ablauf, sondern sie ist ein Tun, das stets von neuem einsetzen muß, und das seines Zieles niemals sicher ist. So kann sie sich niemals schlechthin einem naiven Optimismus oder einem dogmatischen Glauben an die ‚Perfektibilität' des Menschen überlassen. Alles, was sie aufgebaut hat, droht ihr immer wieder unter den Händen zu zerbrechen. Demgemäß behält sie stets etwas Unbefriedigendes und etwas Tief-Fragwürdiges, wenn man sie allein im Licht ihres Werkes betrachtet."[39] Zu dieser Unstetigkeit des Kulturprozesses kommt noch hinzu, daß die Gestalten der Kultur weniger friedlich koexistieren als vielmehr um Vorherrschaft im Kulturraum rivalisieren. Religion, Wissenschaft, Sprache, Technik u.a., ist „das Bestreben eigen, sich nicht als einen Teil, sondern als ein Ganzes zu geben und somit statt einer bloß relativen eine absolute Geltung für sich in Anspruch zu nehmen."[40]

Cassirer erklärt uns die Dynamik des Veränderlichen, die wir, aus unserem modernen historischen Bewußtsein am Kulturprozeß zumeist beklagen, als Manifestation eines zutiefst menschlichen Anliegens: „In allen menschlichen Aktivitäten begegnen wir einer grundlegenden Polarität, die sich auf unterschiedliche Weise beschreiben läßt. Wir könnten von einer Spannung zwischen *Verfestigung* und *Evolution* sprechen, zwischen einer Trennung, die zu festen, stabilen Formen führt, und einer anderen Tendenz, die dieses strenge Schema aufbricht. Der Mensch steht zwischen diesen beiden Tendenzen, von denen die eine *alte* Formen zu bewahren sucht, während die andere *neue* hervorzubringen strebt. Es herrscht ein unablässiger Kampf zwischen *Tradition* und *Innovation*, zwischen *reproduzierenden* und *kreativen* Kräften. Auf diesen Dualismus trifft man in allen Kulturbereichen; unterschiedlich ist nur das jeweilige Kräfteverhältnis zwischen den gegensätzlichen Faktoren."[41] Und diese Spannung „zwischen *Tradition* und *Innovation*, zwischen *reproduzieren-*

---

36   SuF S. 394
37   LK S. 109
38   STS S. 76
39   LK S. 109 Es ist Oswald Schwemmer zu widersprechen, der den Werkbegriff von Cassirer der Auslegung ethischer Dimensionen zugrundelegt. (Schwemmer, 1997, Kap. IV)
40   PsF I S. 13 Damit ist die heikle Frage von Herrschaft, resp. Regulierungsinstanz im Kulturprozeß wenigstens angedeutet.
41   VM S. 339 Hervorh. S.W. Die Dominanz beispielsweise des Religiösen über alle Lebensbereiche, nein: über alle Kulturbereiche, wie es in unseren Breiten in der Zeit des frühen Mittelalters der Fall war, war irgendwann nicht mehr aufrechtzuerhalten, so daß die sie auflösenden Kräfte, von denen die Reformation bestenfalls ein Teil war, die erhaltenden überwiegen konnten. Die Dominanz des Religiösen wurde in unserem

den und *kreativen* Kräften" wirkt heute, so meinen wir jedenfalls, mehr als zu anderen Zeiten, auch im Kulturphänomen des Familiären. Und darauf werden wir wieder zu sprechen kommen.

5   Vom Sinn der Kultur – oder: Wie können wir uns „kulturell" verständigen?

Der Turm von Babel konnte mangels Verständigung nicht gebaut werden, was verständlich erscheint, denn Menschen sprechen nicht nur verschiedene Sprachen, sondern sie gehen ganz unterschiedlich mit den Dingen um; sie denken und handeln überhaupt sehr uneinheitlich. Daß sich Menschen über kulturelle Deutungen verständigen *wollen*, das setzt i.d.R. eine tolerante und wertschätzende Gesinnung voraus. In Familien ist heutzutage die Frage, wie man sich miteinander verständigt, von besonderer Bedeutung. Wenn wir hier, im Vorgriff auf derartige Fragen, einen Entwurf zu dem suchen, was Verständigung sein könnte, so geht es um eine Richtungssuche: was müßte nach Cassirer *notwendig* beachtet werden, wenn das Kulturelle der Verständigung dienen soll, denn für Cassirer kann der Sinn der Kultur zweifellos nur der sein, der Verständigung zwischen Ich und Du zu dienen. Er kann also nicht darin liegen, gewisse auserwählte Kulturwerke hervorzubringen, wie manch eingeschränkter Kulturbegriff es ja nahelegt, in deren „beharrender Existenz der schöpferische Prozeß erstarrt"[42]. Alle Kulturwerke sind vielmehr auf das „Du" gerichtet, auf „das andere Subjekt, das dieses Werk empfängt, um es in sein eigenes Leben einzubeziehen und es damit wieder in das Medium zurückzuverwandeln, dem es ursprünglich entstammt." Subjekte sollen, so könnte man daraus schließen, die Perspektiven auf sich selbst und auf die Welt aus den Erzeugnissen der Kultur gewinnen.

Nun ist es ja gewiß nicht neu, das Kulturelle hinsichtlich seiner Materialisierungen und seiner ideellen Geltungen als Verstehensmedium zwischen „Ich und Du" überhaupt zu begreifen. Bei Cassirer geschieht dies insofern überzeugend, als er ja anhand seiner Kriterien nachweist, daß das Kulturelle und das Subjektive in einem konstitutiven Bedingungszusammenhang stehen. „Ich" und „Du" sind für Cassirer nicht „fertige *Gegebenheiten* ... die durch die Wirkung, die sie aufeinander ausüben, die Formen der Kultur erschaffen. Es zeigt sich vielmehr, daß in diesen Formen und kraft ihrer beiden Sphären, die Welt des ‚Ich', wie des ‚Du', sich erst *konstituieren*."[43] Deswegen bestehen das Ich und das Du „vielmehr nur insoweit, als sie ‚füreinander' sind, als sie in einem funktionalen Verhältnis der Wechselbedingtheit stehen. Und das Faktum der Kultur ist eben der deutlichste Ausdruck und der unwidersprüchlichste Beweis dieser wechselseitigen Bedingtheit."[44]

Diese „wechselseitige Bedingtheit" bewirkt, so Cassirer, daß sich Ich, Du und die kulturelle Welt „niemals als etwas schlechthin Starres, Verfestigtes" gegenüberstehen können. Insofern ist ein „Werk" der Kultur, so gefährlich es seinen Möglichkeiten nach und auch tatsächlich sein mag, kein „Absolutes", das zwischen den Menschen steht, „sondern es ist die Brücke, die von einem Ich-Pol zum anderen hinüberführt. Hierin liegt seine eigentliche und wichtigste Funktion. Der Lebensprozeß der Kultur besteht eben darin, daß sie in der

---

Kulturkreis abgelöst. Heute scheint es, als besitze statt ihrer die moderne Technik, oder auch die moderne Wirtschaft diese Dominanz.

42   LK S. 110
43   LK S. 50f, Hervorh. E.C.
44   LK S. 49

Schaffung derartiger Vermittlungen und Übergänge unerschöpflich ist."[45] Und „ihr Gehalt besteht für uns nur dadurch, daß es ständig von neuem angeeignet und dadurch stets aufs neue geschaffen wird."[46] Revolutionär hier, fast unbemerkt dort. Zwischen Generationen hier, zwischen Interessenkollektiven dort. Der *Sinn* der Kultur als solche, ihre *Funktion*, anders gesagt, liegt für Cassirer allein darin, daß sie „Brücken" der Verständigung aufzeigt.

Dabei gilt es nun folgendes zu betonen: Das Kulturelle ist *nicht* auf das Soziale und auch *nicht* auf die Materialisierungen der Kultur hin festzulegen. Das Kulturelle läßt sich nur angemessen beschreiben, wenn es als *Beziehungsgeflecht zwischen Ich, Du und der dinglichen Welt* gedacht wird. Das heißt: Wir haben, ob uns das paßt oder nicht, eine *Beziehung zu Dingen*, die im Vergleich zu unserer Selbst- und unserer Ich-Du-Beziehung, meistens sehr oberflächlich betrachtet wird. Dinge haben wir *sinnvoll* mit all unseren Kompetenzen hergestellt. Dinge umgeben uns beständig in jedem Augenblick, sie sind uns nahe, sind Teile unserer Erfahrung in einem tieferen Sinn als nur dem des Brauchens und Gebrauchens. Das Kulturelle als Rahmenbegriff für die Verflechtung von Ich, Du und dinglicher Welt?

„Es gibt keine Wahrnehmung, die nicht einen bestimmten ‚Gegenstand' meint und auf ihn gerichtet ist. Aber dieser notwendige objektive Bezug stellt sich uns in einer zweifachen Richtung dar, die wir kurz und schematisch, als die Richtung auf das ‚Es' und als Richtung auf das ‚Du' bezeichnen können. Immer besteht in der Wahrnehmung eine Auseinanderhaltung des Ich-Poles vom Gegenstands-Pol. Aber die Welt, die dem Ich gegenübertritt, ist in dem einen Falle eine Ding-Welt, in dem anderen Falle eine Welt von Personen. Wir betrachten sie das eine Mal als ein Ganzes räumlicher Objekte und als den Inbegriff zeitlicher Veränderungen, die sich an diesen Objekten vollziehen, während wir sie das andere Mal als etwas ‚unseresgleichen' betrachten. Die Andersheit bleibt in beiden Fällen bestehen; aber in ihr selbst zeigt sich ein charakteristischer Unterschied. Das ‚Es' ist ein anderes schlechthin, ein *aliud;* das ‚Du' ist ein *alter ego.* Es ist unverkennbar, daß, je nachdem wir uns in der einen oder der anderen Richtung bewegen, die Wahrnehmung einen anderen Sinn und gewissermaßen eine besondere Färbung und Tönung gewinnt. Daß der Mensch die Wirklichkeit in dieser doppelten Weise *erlebt,* ist unverkennbar und unbestritten. Hier handelt es sich um ein einfaches Faktum, an dem keine Theorie rütteln und das sie nicht aus der Welt schaffen kann. Warum fällt es der Theorie so schwer, dieses Faktum zuzugeben? Warum hat sie immer wieder den Versuch gemacht, nicht nur von ihm zu abstrahieren – was methodisch durchaus erlaubt ist -, sondern es auch geradezu zu leugnen und zu verleugnen?"[47]

Ganz offensichtlich übernimmt Cassirer hier eine Sichtweise Martin Bubers, nämlich die beiden Grundhaltungen, – Buber hat sie „Grundworte"[48] genannt – mit denen wir „der Welt" begegnen: Die vom „Ich-Du" und die vom „Ich-Es". Und mit Übernahme dieser Sichtweise gibt er einen ganz grundlegenden und für das menschliche Zusammenleben ganz entscheidenden Hinweis: Die Beziehung zur personalen und zur dinglichen Welt ist eine grundlegend verschiedene. „Sage ich zu einem Menschen ‚Du', so weiß ich in diesem Moment nichts einzelnes über ihn – ich weiß überhaupt nichts *über* ihn -, ich kann ihn nicht beschreiben, einreihen, einordnen, gebrauchen, verwenden oder erobern. Er ist mir nicht Gegenstand, sondern Gegenüber. Auch das Ich des Grundwortes Ich-Du ist unbeschreibbar.

---

45   LK S. 110
46   LK S. 111
47   LK S. 39; Hervorh. E.C.
48   Zitiert nach Tyrangiel 1981, S. 17

In der Beziehung kann ich nie sagen: ‚So bin ich'. Aber ich kann sagen: ‚Ich bin'" ... „Wenn ich zur Welt ‚Es' sage, wird sie mir zum Objekt. Objekte kann ich einreihen, ordnen, gebrauchen, beschreiben und erobern. Sie haben ihren festen Platz in Raum und Zeit, aber ich teile mit ihnen keine Gegenwart. Ich kann sie erfahren – dann sind sie in mir – aber ich kann mit ihnen nicht in Beziehung treten."[49] Es ist Cassirers Apell, die personale und die dingliche Welt in ihrer unterschiedlichen Bedeutsamkeit für unser *Erleben* zu erkennen.

Unsere Eingangsfrage war, was im Anschluß an Cassirer notwendig beachtet werden muß, wenn man seiner Maxime folgt, die den Sinn aller Kultur in der Förderung menschlicher Kommunikation sieht. Die Antwort könnte lauten: Menschen können sich, sei es auch in bester Absicht, nicht nur dem *alter ego* zuwenden, sondern *Verständigung* bedeutet notwendig die Hinwendung zur *Andersheit überhaupt*. Es geht also um ein *Dreiecksverhältnis*. Der dritte im Bund ist für Cassirer die materiale Welt, die von Menschen *tätig gestaltete* Welt. Die künstliche Welt letztlich. Die „Dinge" leiten unsere Orientierungen im Alltäglichen, wie im Außeralltäglichen an und sind auch vom „Ich" und „Du" nirgends abzulösen. Die Dingwelt zeigt die Menschenwelt an. Aber es ist so, daß unsere intuitive Wahrnehmung von Situationen und Menschen die Ding- und die Personenwelt nicht ineins setzt. Nicht ineins setzen soll, will sie das menschliche Wesen – oder auch die Lebewesen überhaupt – in ihrer *Unverfügbarkeit*, und will sie die Dinge in ihrer *Verfügbarkeit* respektieren. Wenn wir die Kulturgestalt Familie betrachten, werden wir also diesem Punkt, der Dingwelt, Aufmerksameit zuwenden müssen.

---

49   Tyrangiel 1981, S. 17f

II. Kapitel: Von der Einheit der symbolischen Welt

Fragen nach dem Menschen als Kulturwesen

Was heißt es, Fragen nach dem Kulturwesen Mensch zu stellen? Bei Cassirer heißt das zumindest einmal zu klären, wie sich aus der Offenheit menschlicher Erfahrungsfähigkeit dennoch raum-zeitlich relativ geordnete „Welten" gestalten. Oder anders: Ein Fragen nach dem Menschen als *Kulturwesen* kann nicht nur die *Pluralität* menschlichen Daseins, sondern muß auch die *Ordnungen* darin aufsuchen. Dies ist das wichtigste Thema der PsF, insbesondere natürlich das der so genannten drei Bände.

Es wird uns also hier nicht mehr jene invariante Erfahrungsregel beschäftigen, kraft derer Cassirer die plurale Erfahrungswelt des Menschen zu begründen weiß. Vielmehr wird uns unter ihrer Voraussetzung nun beschäftigen, welche mehr oder weniger stabilen „Ordnungen" sich im Dasein des Kulturwesens Mensch erkennen lassen. Und zu diesem Zweck wollen wir uns zuerst mit den wichtigsten „Denkinstrumenten" der PsF vertraut machen, nämlich mit dem Symbolbegriff und mit der symbolischen Form. Beide werden wir etwas ausführlicher betrachten, denn beide ermöglichen letztlich auch ganz grundlegende Einsichten darüber, wie sich die Relation zwischen dem Erfahrungspluralismus des Menschen und seinen relativ geordneten Kulturwelten verstehen läßt.

Auf der tendenziell anthropologischen Basis dieser beiden „Denkinstrumente", die einen besonderen Blick auf die menschliche Weise pluraler Wirklichkeitskonstitution ermöglichen, wollen wir uns sodann das Modell der PsF, wie es in den drei Bänden gedacht ist, vergegenwärtigen. Wir werden versuchen, in diesem Modell die Bausteine für das Konstrukt des Familiären als eine symbolische Form zu finden. Diese Bausteine und auch der Bezug zum kulturwissenschaftlichen und kulturtheoretischen Kontext der PsF, wird uns bei der Frage helfen müssen, wie denn überhaupt eine symbolische Form zu konstruieren sei. Die Beantwortung dieser Frage soll uns am Schluß dieses Kapitels schliesslich zu einem Entwurf für das Konstrukt „Familie als Kulturgestalt" verhelfen. Ihn auszuführen bedeutet: Das Familiäre als Lebensform in das Zentrum unseres Interesses zu rücken, was uns dann für den Rest der Untersuchung beschäftigen wird.

1 Vom Symbolischen als „Schlüssel" des Verstehens

1927 schildert Cassirer den Anwesenden des „III. Kongresses für Ästhetik und allgemeine Kunstwissenschaft" in Halle in knapper Form die Grundzüge seines Symbolbegriffs[50]. Sie erfahren, daß der Begriff des Symbols in der Religion seine Wurzeln hat und daß das Symbol dort als das „Geheimnisvolle und Gottgewirkte"[51], als Mysterium, dem Profanen gegenübersteht. Aber wenn Cassirer seiner Zuhörerschaft gewisse Vereinnahmungen des Symbolbegriffs durch die Ästhetik, die Logik und die Naturwissenschaften zu Gehör bringt, so

---

50   STS S. 1-22
51   STS S. 2

mit der Absicht ihn vom Verdacht der Beliebigkeit zu rehabilitieren und aufzuzeigen, daß der Symbolbegriff als vielseitiges Denk- und Erklärungsmodell auch für die Anliegen der theoretischen und praktischen Philosophie bestens geeignet ist.

Diese Anwendung des Symbolbegriffs in seiner Kulturphilosophie läßt ihn 1944 in seinem Buch „An Essay on Man" resümieren: „Das Prinzip des Symbolischen mit seiner Universalität, seiner allgemeinen Gültigkeit und Anwendbarkeit ist das Zauberwort, das ‚Sesam öffne dich!', das den Zugang zur menschlichen Welt, zur Welt der menschlichen Kultur, gewährt. Sobald der Mensch diesen Zauberschlüssel besitzt, ist der weitere Fortschritt gesichert."[52] Er meint u.a. damit: Weil im Begriff des Symbolischen die „Regel" festgehalten ist, nach der wir Menschen unsere Wirklichkeit konstruieren, können wir uns in unserem So-Sein auch endlich begreifen. Der Symbolbegriff bietet, nach Cassirer, all unseren menschlichen Fragen das angemessene *Verstehensmodell*. Und dieses besagt für die Wissenschaft, wie für die alltäglichen Kulturwelten ganz grundsätzlich: Was immer wir „verstehen" wollen – nichts wird für uns eindeutig und in ewiger Gültigkeit erkennbar sein. Wir Menschen haben uns abzufinden mit den Möglichkeiten des von uns vieldeutig gestalteten symbolischen Universum.

Gehen wir wenigstens auf einige Aspekte des Symbolischen, bzw. des Symbolbegriffs ein: Ein *Symbol* ist nach unserem Alltagsverständnis ein Gegenstand, dem unterschiedliche *Bedeutungen* anhaften. Das Kreuz und der Fisch sind beispielsweise Symbole der christlichen Religion, ein Rolls Royce eines für Reichtum. Aber als Symbole repräsentieren das Kreuz, der Fisch und der Rolls Royce eine ganz spezielle Bedeutsamkeit: einen *Sinn*. Was Cassirer unter „Sinn" versteht, wird uns später noch eingehend interessieren. Grundsätzlich aber gilt: Als Träger von Sinn weist ein Symbol über das unmittelbar Bedeutsame hinaus: in die Dimension kollektiven, historisch kontextualisierten Verstehens. Genau dies unterscheidet bei Cassirer das Symbol vom *Zeichen*. Beide sind Träger von Bedeutung, aber sie unterscheiden sich gewissermaßen graduell. Zeichen sind *unmittelbar* auf eine bestimmte Sache bezogen, wie etwa ein Piktogramm – es weist z.B. möglichst *eindeutig* den Fluchtweg in einem Kaufhaus. Aber als Symbol interpretiert kann es auch als Kunstobjekt betrachtet werden, ebenso repräsentiert es unsere Bedürfnisse nach Orientierung und Sicherheit, usw. Als Träger von Sinn, lassen sich also „Symbole – im strengen Sinne des Begriffs – ... nicht auf bloße Signale reduzieren"[53]

„Was ist eine Frau?", oder „was ist ein Mann?" Diese Fragen wären auch für Cassirer selbstverständlich nur in Anwendung des Symbolbegriffs zu beantworten gewesen. Mit dem heute bekannten Resultat, daß Geschlechterdifferenz ein Kulturkonstrukt ist. Und auch Familie ist natürlich ein Symbolbegriff, wie wir noch sehen werden. Aber auch jede Familie ist in ihrer Erscheinung ein Symbol. Ein Symbol für das Familiäre schlechthin, so wie eine Kirche ein Symbol ist für Religion. Sie ist aber auch ein Symbol für ihre sie umgebende Kultur. Eine Familie aus dem heutigen Lappland verweist auf einen anderen Kulturraum als eine Familie aus dem Pariser Bürgertum des vergangenen Jahrhunderts. Familien sind Symbole für humanitäre Verhältnisse. Symbole für die Schicksalhaftigkeit des Daseins, für die Bewältigung menschlicher Probleme oder auch eines für das Zerbrechen an ihnen. Familie kann das Symbol für Glück und Grausamkeit sein. Für Solidarität und Egoismus. Und jedes Mitglied einer Familie wird in seiner individuellen Existenz Symbole aus den Familien wiedererkennen, denen es zugehört oder zugehört hat. Ganz einfach vielleicht an spe-

---

52   VM S. 63
53   VM S. 58

ziellen Vorlieben oder Abneigungen, oder auch an solchen die erklären, warum es sich dazu entschieden hat, selbst keine Familie zu gründen. In den Familienromanen des letzten Jahrhunderts, etwa von Thomas Mann, ist „die Familie" Symbol für den Zerfall des Bürgertums. Die Deutungskraft des Symbolischen ließe sich also allein an diesem Thema unendlich vielfältig veranschaulichen. Daß „das Prinzip des Symbolischen" für Cassirer auch im Sinne einer conditio humana zu verstehen ist, könnte man an zwei Aspekten darstellen:

Das Symbolische als anthropologische Interpretation: Unter Berufung auf den Biologen Uexküll erleichtert sich Cassirer die Antwort auf die Frage, wie denn das Symbolische die Beziehung zwischen Ich und Welt konstituiert. Denn das ist es, was ihn als Kulturphilosophen am Symbolischen prinzipiell interessiert.[54] Uexküll ist, wie er selbst auch, davon überzeugt, daß Lebewesen nur entsprechend ihrem Erfahrungsvermögen in der Welt aktiv werden können. Organismen verfügen über ein „Merknetz", so nennt Uexküll die Fähigkeit, Eindrücke aufzunehmen, und sie verfügen über ein „Wirknetz", das Reaktionen zeitigt. Das „Merknetz" und das „Wirknetz" der Spezies bilden aber nicht etwa getrennte Sphären, sondern einen für das Überleben notwendigen, aufeinander abgestimmten *ganzheitlichen* Bedingungszusammenhang, den für jede Spezies eigentümlichen sogenannten „Funktionskreis". Die Funktionskreise der Spezies sind inkommensurabel. In der Welt der Fliegen gibt es nur Fliegen-Dinge, in der Welt der Pferde nur Pferde-Dinge. Nach dieser Logik existieren Menschen in „Kulturdingen" und können niemals wirklich wissen wie es ist, beispielsweise eine Fledermaus zu sein.

Cassirer sieht nun unter Berufung auf Uexküll das menschliche „Funktionsnetz" in seiner Eigenart genetisch und qualitativ von dem der Tiere verschieden. Denn Menschen reagieren nicht allein aufgrund unmittelbarer Wahrnehmung, und sie sind nicht an einfache Zeichen gebunden, wie etwa Tiere. Menschen ist eine andere Dimension der Wirklichkeit möglich: das Symbolische. Menschen sind nämlich in der Lage, ihre *Eindrücke* ganz *verschiedenartig* zum *Ausdruck* zu bringen. Alle Menschen können beispielsweise Freude oder Wut mimisch, sprachlich, schriftlich, sie können sie auch durch ein Bild zum Ausdruck bringen. Die Formen ihrer Lebendigkeit können Menschen also, im Gegensatz zu Tieren, symbolisch zum Ausdruck bringen. Aber zur Freude oder zur Wut können sich Menschen sowohl individuell wie kulturell durch völlig verschiedene Eindrücke veranlaßt sehen. Anlässe zur Freude oder Wut und auch ihre Ausdrucksformen sind also zwischen Menschen nicht zweifelsfrei zu identifizieren, nachzuvollziehen oder gar teilbar. Denn Geist, Sinne und Körper eines jeden Individuums konstituieren eine einzigartige *„symbolische Phantasie und eine symbolische Intelligenz"*[55].

D.h.: Jedes menschliche Individuum ist ein symbolisches Wesen. Es benötigt die Symbolwelt der Kultur, die der symbolischen Phantasie und der symbolischen Intelligenz Halt vorgibt in Gestalt recht eindrücklicher Deutungen. Cassirer bestreitet nun nicht, daß das Individuum immer in der Gefahr lebt, mit der ihm eigenen symbolischen Deutungskraft einerseits und anderseits in der *Pluralität*, und damit meint er eine Indifferenz individueller und kultureller Interpretationen der „Wirklichkeit", sich nicht selbst zu finden, sondern vielmehr sich selbst zu verlieren. Denn: „So sehr hat er (der Mensch S.W.) sich mit sprachlichen Formen, künstlerischen Bildern, mythischen Symbolen oder religiösen Riten umgeben, daß er nichts sehen oder erkennen kann, ohne daß sich dieses artifizielle Medium zwischen ihn und die Wirklichkeit schöbe. Dabei ist in der theoretischen Sphäre die Situation

---

54   WWS S. 208
55   VM S. 60, Hervorh. E.C.

für ihn die gleiche wie in der praktischen. Auch hier lebt er nicht in einer Welt harter Tatsachen und verfolgt nicht unmittelbar seine Bedürfnisse oder Wünsche, sondern vielmehr inmitten imaginärer Emotionen, in Hoffnungen und Ängsten, in Täuschungen und Enttäuschungen, in seinen Phantasien und Träumen."[56] Und „der Begriff der Vernunft ist höchst ungeeignet, die Formen der Kultur in ihrer Fülle und Mannigfaltigkeit zu erfassen. Alle diese Formen sind symbolische Formen. Deshalb sollten wir den Menschen nicht als *animal rationale*, sondern als *animal symbolicum* definieren."[57]

Das Symbolische als Selbstdeutung: „Das Verhältnis von Seele und Leib stellt das erste Vorbild und Musterbild für eine rein *symbolische* Relation dar, die sich weder in eine Dingbeziehung noch in eine Kausalbeziehung umdenken läßt. Hier gibt es ursprünglich weder ein Innen und Außen, noch ein Vorher oder Nachher, ein Wirkendes oder ein Bewirktes; hier waltet eine Verknüpfung, die nicht aus getrennten Elementen erst zusammengefügt zu werden braucht, sondern die *primär ein sinnerfülltes Ganzes ist, das sich selbst interpretiert.*"[58] Was heißt das? Oder anders gefragt: Was braucht ein leib-seelisches Ganzes, um primär ein „sinnerfülltes Ganzes" zu sein, das sich *selbst* interpretiert? Wohl keinen vollkommenen Körper, keinen vollkommenen Geist, keine Erfolgsbiographie. Denn kein Mensch bleibt „beim Aufbau seiner Welt ... von der Beschaffenheit des Materials abhängig ..., das ihm seine Sinne liefern"[59] wie Cassirer nicht müde wird, am Beispiel der blinden Helen Keller zu beweisen. Dafür aber ist er angewiesen auf das Du, auf die Einbindung in die sozial-kulturelle Welt.

Selbstinterpretation geschieht im „Symbolnetz"[60] *sozialer* Erfahrungen. Selbstinterpretation besagt, daß der Mensch als „animal symbolicum" eben nicht unbehelligt in der Fülle der äußeren Eindrücke als Individuum aufgehen kann, sondern daß er sich erst in der Sozialität leib-seelisch als ein solches *erfährt* und *interpretiert*[61]. Oder anders: Daß er sein Denken, Fühlen und Handeln in der Komplementarität von Ich und Du erfährt und interpretiert. Selbstinterpretation als „Musterbild" allen symbolischen Formens und mithin als Ursprung kulturellen Schaffens, wird nach diesem Verständnis in keiner menschlichen Gemeinschaft allein dem Individuum überlassen. Selbstinterpretation ist vielmehr Gegenstand von Erziehung, Bildung und auch Ausbildung. Ein Selbst wäre nach Cassirer insofern ein leibhaftiges Symbol sowohl für individuelle „formgebende" Kompetenzen, wie auch für die Eigenart einer zeitgenössischen Kulturwelt, wie auch für das Schicksal seiner Herkunft, seiner Chancen usw. „Dem individuellen Sein und dem individuellen Tun ... eine selbständige Bedeutung und einen selbständigen Wert"[62] zu vermitteln, ist daher nicht eine Frage, die sich in erster Linie der Kulturphilosophie stellt, wie Cassirer meint, sondern bestenfalls deren Anspruch an die Pädagogik.

Fassen wir zusammen. Das Symbolische, als die Weise, wie das Kulturwesen Mensch sein Dasein erfährt und organisiert, ist nicht an Eindeutigkeit, sondern an Vieldeutigkeit orientiert. Es stellt *Bezüglichkeit* her. D.h., nichts ist in seiner Wirklichkeit so, daß es nicht auch irgendwie anders sein könnte. Es kann also immer Gründe zur Hoffnung und solche

---

56   VM S. 50
57   VM S. 50
58   PsF III S. 117, Hervorh. E.C.; S.W.
59   VM S. 63
60   VM S. 50
61   EBK S. 247
62   EBK S. 245

zur Resignation geben. Denn im symbolischen Universum gibt es nach Cassirer keine letzt-gültige Gewißheit.

2 Symbolische Formen. Oder: Von der Einheit des Wirklichen

Will man sich über Cassirers Begriff der symbolischen Form verständigen, dann ist es viel-leicht zweckmäßig, sich nochmals kurz seine erkenntnistheoretischen Grundlagen in Erin-nerung zu rufen: Die Funktionslogik, als *Konstruktionsprinzip menschlicher Erfahrung*, will uns versichern, daß *jede* Erfahrung zwar allein *relative* Identität und Stabilität besitzt und dennoch *regelgeleitet* ist. Die Transformation dieses Prinzips läßt sich nun wiederer-kennen in Cassirers berühmter, wenn auch schwierig verständlichen Definition dessen, was wir unter einer symbolischen Form zu verstehen haben: „Unter einer 'symbolischen Form' soll jede Energie des Geistes verstanden werden, durch welche ein geistiger Bedeutungsge-halt an ein konkretes sinnliches Zeichen geknüpft und diesem Zeichen innerlich zugeeignet wird."[63]

Auf den ersten Blick offenbart diese Definition eine Entsprechung von Gestaltungs-prinzip und Gestalt: Die Funktion des Verknüpfens, begriffen als jedem menschlichen *Indi-viduum* mögliche „Energie des Geistes", – ist einer symbolischen Form *äquivalent* gesetzt: *Jede* Energie des Geistes, durch die die Verknüpfung von Sinn und sinnlichem Zeichen sich vollzieht, versteht sich *als* symbolische Form. Aber: Die „Energie des Geistes" erkennt Cassirer nur in dieser *Formkraft des Verknüpfens von Sinn und Zeichen* und nicht anders. Also: *Jede* Konkretion, sei sie individueller oder kultureller Art, sei es ein Traum, ein Kuß, die Sprache, ein Gesetzbuch, der Holocaust, die Sixtinische Kapelle, das Familiäre, ist in ihrem sinnlich-sinnhaften So-sein *symbolisch geformt*. Es vollzieht sich für Cassirer offen-bar die Art und Weise des menschlichen In-der-Welt-seins vollständig im symbolischen Formen.

Aus diesem Verständnis kann Cassirer sagen: „Es ist ein gemeinsames Charakteristi-kum aller symbolischen Formen, daß sie auf jeden beliebigen Gegenstand angewendet werden können. Nichts ist für sie unzugänglich oder undurchdringlich: der spezielle Cha-rakter eines Objekts beeinflußt ihre Aktivität nicht."[64] Eine „Welt" jenseits symbolischer Formen, und das müßte heißen: jenseits der symbolisch formenden Energie des Menschen, scheint Cassirer demnach nicht denkbar. Aber der seiner Philosophie zentrale Begriff, der Begriff der symbolischen Form, will nicht auf diese „Grundformel" von Wirklichkeit fest-gelegt werden. Eine symbolische Form versteht sich als eine *Kategorie kultureller Gestal-tung*; u.a. nennt Cassirer die Kunst, den Mythos, die Wissenschaft, worauf wir noch aus-führlich zu sprechen kommen werden. Als eine solche Kategorie verneint der Begriff der symbolischen Form gleichwohl nicht die Einheit der individuellen mit der kulturellen Welt, sondern versucht, deren konstitutiven Zusammenhang zu erklären. Die symbolischen For-men sind dem Menschen das „Eigentümliche seines Wesens und Könnens."[65]

Ein Kulturbegriff, getragen vom Theorem der symbolischen Formen, will „allgemeine Formprinzipien" aufzeigen, will in jedem Sondergebiet der Kultur neue Gestaltungsweisen und Gestaltungen darstellen und ist daher natürlich hilfreich, um die *Pluralität der Men-*

---

63   WWS S. 173, Hervorh S.W.
64   MdS. S. 49
65   LK S. 126

schenwelten als *Einheit* von Gestaltungen und gestaltenden Kräften durchschaubar zu machen, so daß „ersichtlich wird, wie in ihnen allen eine ganz bestimmte Gestaltung nicht sowohl *der* Welt, als vielmehr eine Gestaltung *zur* Welt, zu einem objektiven Sinnzusammenhang und einem objektiven Anschauungsganzen sich vollzieht."[66] Dieses Unterfangen der PsF betreibt Cassirer nach dem kantischen Konzept einer Kritik. Er will sie aber, gemessen an Kants Inhalten, erheblich erweitern und als eine „Kritik der Kultur"[67] verstanden wissen. Wir werden gleich noch darauf zurückkommen.

Stellen wir zunächst klar: Das Theorem der symbolischen Form ist mit einem traditionellen Kulturbegriff, der sich den Ansehnlichkeiten menschlichen Tuns verschrieben hat, nicht vereinbar. Denn mit dem Begriff der symbolischen Form schließt Cassirers Kulturbegriff auf den Ebenen des Individuellen wie des Überindividuellen auch das weit hinter seinen Möglichkeiten zurückbleibende „Tun" des Subjekts mit ein, das unzulängliche, das mißlingende, das verwerfliche Handeln. Bomben sind auch Erzeugnisse menschlichen Kulturhandelns. Will sich menschliches Handeln allerdings als „Humanität" ausweisen, dann wird es sich als „Leistung" für die Kultur erweisen müssen, und das nicht lediglich „innerhalb der Grenzen sittlicher Form. Es erstreckt sich vielmehr auf jegliche Gestaltung überhaupt, gleichviel in welchem besonderen Lebenskreise sie sich vollziehen mag."[68] Symbolische Formen „streben in verschiedene Richtungen und gehorchen unterschiedlichen Prinzipien. Aber diese Vielfalt und Disparatheit bedeutet nicht Zwietracht und Disharmonie. Alle diese Funktionen vervollständigen und ergänzen einander. Jede von ihnen eröffnet einen neuen Horizont und zeigt uns einen neuen Aspekt der Humanität."[69]

Cassirer hat seine Kritik der Kultur nicht vollständig geschrieben. Aber er hat ihre Programmatik vorbereitet, indem er die *Formprinzipien* von Mythos, Sprache und Erkenntnis aufgesucht hat, anhand derer es möglich sein soll, kulturelle Phänomene von ihren Bedingungen her zu verstehen und darzustellen. Das Politische, das Religiöse, die Technik, Sprache, Wissenschaft, das Familiäre. Alle diese *Richtungen*, die der „Geist" in seiner konkreten „Selbstoffenbarung" verfolgt, können, von Cassirers Voraussetzungen her gesehen, ihr eigenes Kapitel in dieser „Kritik der Kultur" schreiben[70].

3   Die Philosophie der symbolischen Formen: Von den Ordnungen des Daseins

Wenn es richtig ist, daß Cassirer den Plan einer Kulturtheorie 1917 in der Straßenbahn entwarf[71], so war der entscheidende Auslöser ihn auszuführen, die Begegnung mit der kulturwissenschaftlichen Bibliothek Warburg in Hamburg 1920[72]. Cassirer war zu dieser Zeit Rektor der Hamburger Universität. Toni Casssirer erinnert sich, wie ihr Mann „nach dem ersten Besuch der Bibliothek in einer für ihn sehr ungewöhnlichen Erregung nach Hause

---

66   PsF I S. 11
67   PsF I S. 11
68   EBK S. 247; Cassirer bezieht sich bei dieser Aussage vor allem auf Winckelmann, Herder, Goethe, Humboldt, und auch auf Schiller und Kant.
69   VM S. 346
70   PsF S. 12 "Das philosophische Denken tritt all diesen Richtungen gegenüber – nicht lediglich in der Absicht, jede von ihnen gesondert zu verfolgen oder sie im ganzen zu überblicken, sondern mit der Voraussetzung, daß es möglich sein müsse, sie auf einen einheitlichen Mittelpunkt, auf ein ideelles Zentrum zu beziehen."
71   ML S. 120
72   Paetzold, Darmstadt 1995, S. 69

kam und mir erzählte, daß diese Bibliothek etwas ganz Einmaliges und Großartiges wäre und daß Dr. Saxl, der sie ihm gezeigt hatte, ein äußerst merkwürdiger, origineller Mann zu sein schien, daß Ernst ihm aber nach der Führung durch die langen Bücherreihen gesagt habe, daß er nie wiederkommen würde, da er sonst ganz sicherlich in diesem Labyrinth verlorengehen würde. Ich konnte nicht ganz verstehen, was Ernst damit meinte, aber ich war um so sicherer, daß er sehr bald wieder hingehen würde und daß er in keinem Labyrinth jemals verlorengehen würde."[73]

Was könnte ihn, den ja zweifellos die Atmosphäre in einer Bibliothek nicht wirklich irritiert hat, in speziell dieser so „labyrinthisch" angemutet haben? Wir können eher annehmen, daß diese Bibliothek ihm den Weg aus einem Labyrinth wies, das er womöglich schon 1910 betreten hat: Er fand hier was er brauchte, um seine Theorie der Erfahrung von 1910 zu vervollständigen, die zwar einen „Beweis" für die *Pluralität* von Erfahrung, nicht aber eine ebenso schlüssige Erklärung für die zweifellos bestehenden *Ordnungen* in der Erfahrungswelt bietet. Später berichtete er selbst über die Eindrücke, die ihn beim Betreten der Bibliothek überkommen hatten: „Wie von Zauberhauch schien mir dieser nicht abbrechende Zug der Bücher umwittert; wie ein magischer Bann lag es über ihnen. Und je mehr ich mich sodann in Inhalt und Gehalt dieser Bibliothek versenkte, um so mehr verstärkte und bestätigte sich mir dieses erste Gefühl. Aus der Reihe der Bücher löste sich immer klarer eine Reihe von Bildern, von bestimmten geistigen Urmotiven und Urgestaltungen ..."[74]

Diese „Bilder, Urmotive und Urgestaltungen"[75] im bunten „Fluß"[76] menschlicher Geschichten waren ebenso, wie vormals die Begriffe der Wissenschaft, *charakteristische* Zeugnisse der Erkenntnistätigkeit menschlichen Geistes von historischer Dimension. Ihre Phänomenologie zu erstellen und ihre Konstruktionsprinzipien herauszufinden, das sollte per Symbolbegriff in der PsF geschehen. In ihren drei systematisch zusammengehörenden Bänden konnte Cassirer plausibel machen, daß die „Pluralität" der Erfahrung nicht beliebig funktioniert und zwar vermittels der bereits erwähnten „Kritik der Kultur. Sie sucht zu verstehen und zu erweisen, wie aller Inhalt der Kultur, sofern er mehr als bloßer Einzelinhalt ist, sofern er in einem allgemeinen *Formprinzip* gegründet ist, eine ursprüngliche Tat des Geistes zur Voraussetzung hat."[77] Man könnte auch sagen, die PsF sucht nach fundamentalen Ordnungen in der Menschenwelt. Ordnungen a) in den *Erfahrungsdimensionen* der Menschen, die Welt zu verstehen und in ihr tätig zu sein, und Ordnungen b) in den *Erscheinungen*, die durch diese Erfahrungsdimensionen der Menschen erzeugt wurden, bzw. erzeugt werden können. Weil Cassirer das *Korrelat* von a und b zur „Kritik der *Kultur*" erklärt, mußte er, anders als die kantische Kritik der *Vernunft*, „die Welt" als „Gesamtheit der geistigen Ausdrucksformen"[78] zu erfassen versuchen. Und weil die Gestaltungsund Erscheinungsweisen symbolischer Formen das menschliche Dasein letztlich undurch-

---

73   ML S. 126
74   Zitiert nach: Paetzold, Darmstadt 1995; S. 69f
75   Zitiert nach: Paetzold, Darmstadt 1995; S. 69f
76   Rill betont, daß Cassirer in seinem gesamten Werk die Flußmetaphorik dazu verwendet, um Ordnungen zu beschreiben. „Unter Verwendung der Strommetapher gibt Cassirer eine genetische Rekonstruktion des Aufbaus eines stabilen Verweisungshorizontes, der selbst durch Dynamik charakterisiert bleibt." (Rill, Würzburg 1995; S. 64)
77   PsF I S. 11 (Hervorh. S.W.)
78   PsF II S. 258

dringlich wie ein „Gespinst"[79] umschließen, gerät das Unternehmen einer „Kritik" entsprechend schwierig.

Um dieses „Gespinst" wenigstens durchsichtig zu machen, ergeben sich für Cassirer aus der Korrelation von a und b zwei Blickrichtungen, nämlich: „ob wir a) die Funktion aus dem Gebilde oder b) das Gebilde aus der Funktion zu verstehen suchen"[80], ob wir also „diese in jenem oder jenes in dieser ‚begründet' sein lassen."[81] M. a. W.: Man kann die funktionalen, d.h. die formgebenden Kräfte aus Erscheinungsformen erklären, oder auch umgekehrt. De-konstruieren oder konstruieren. Cassirer hat sich in kritischer Methode auf den Zugang a) verlegt, die „Funktion aus dem Gebilde" zu erklären. Das heißt, er stellt die Frage nach den Erfahrungsbedingungen des *Subjekts*, so sie sich *kulturell* manifestiert haben: Er hat untersucht, welche symbolische Formkraft zur *Sprachlichkeit* führt, welche es ist, die das *mythische Denken* konstituiert und welche die des *wissenschaftlichen Erkennens* ist.

Die „Gebilde" des mythischen Denkens (Bd. II PsF), der Sprache (Bd. I PsF) und der Wissenschaft (Bd. III PsF), wie wir sie in der Welt, in der wir leben, kennen, repräsentieren für Cassirer insofern drei grundlegende Möglichkeiten des Menschen mit den sinnlich-sinnhaften Eindrücken unserer Lebendigkeit überhaupt umzugehen. In diesen Medien sozusagen, verständigen wir uns in all unseren Lebenswelten, egal, ob wir in unseren Breiten wie Kaspar Hauser, oder ob wir in Tadschikistan mit Zugang zu adäquater Bildung aufgewachsen sind, ob wir als Mutter oder als Priesterin auftreten. Und sie begegnen uns in jeder Kulturgestalt. Alle Kultur hat mythische Wurzeln – überall in der Kultur treffen wir auf Sprachformen, und ebenso treffen wir überall auf wissenschaftliche Deutungen. Sprache, Mythos und Wissenschaft sind sozusagen die „Module", aus denen sich das Ensemble der symbolischen Formen generiert. Und zu diesem Ensemble gehört auch die Familie als symbolische Form.

Die PsF eruiert also in den „Gebilden" von Sprache, Mythos und Wissenschaft drei *Formprinzipien* der subjektiven Erfahrung. Ihre erste Stufe nennt Cassirer die *Ausdrucksfunktion* des Bewußtseins. Er nennt sie auch die *Fähigkeit des mythischen Denkens*, denn diese Fähigkeit hat sich in den Gebilden mythischer Erzeugnisse und archaischer Lebensformen eine eigenständige Kulturgestalt geschaffen. In ihrer Dimension hat die Welt „im ganzen wie im einzelnen, noch ein eigentümliches ‚Gesicht', das in jedem Augenblick als Totalität erfaßbar ist, ohne daß es sich jemals in bloße allgemeine Konfigurationen ... auflösen ließe."[82] Wir werden darauf noch zurückkommen. Die zweite, die *Darstellungsfunktion* des Bewußtseins, sie steht für unsere Fähigkeit, uns sprachlich und technisch, beziehungsweise herstellend zu verwirklichen. Mit ihr nämlich beginnt „der Modus der ‚Es-Wahrnehmung' zu entstehen."[83] Sie hat, als die ihr entsprechende Form, die *Sprache* als Kulturgestalt hervorgebracht. Und die dritte Erfahrungsfunktion unseres Bewußtseins, die *Bedeutungsfunktion*, sie steht für die Fähigkeit, reine Bedeutung zu erkennen. Das heißt: hochabstrakte Symbole zu entwerfen und zu verstehen. Sie „ist von der Sphäre der Darstellung dadurch getrennt, daß sie sich von dem Grunde der *anschaulichen* Gestaltung, in welchem die Darstellung wurzelt, ... gelöst hat. ... Das Zeichen im Sinne des reinen Bedeutungszeichens drückt nichts aus und stellt nichts dar – es ist Zeichen im Sinne einer bloß abstrakten Zuordnung."[84] Ihr verdanken wir die Kulturge-

79   VM S. 50
80   PsF I S. 10
81   PsF I S. 10
82   PsF III S. 80
83   PsF III S. 143
84   STS S. 10, Hervorh. E.C.

stalt der *Wissenschaft*. Cassirer hat also an drei symbolischen Formen aufgezeigt, daß und wie im einzelnen sie sich den symbolischen Erfahrungsmodi des Subjekts verdanken und umgekehrt – wie diese Erfahrungsmodi sich kulturell objektiviert haben.

Gleichwohl repräsentieren Sprache, Mythos und Wissenschaft, ebenso wie Kunst, Religion, Recht, Technik, Wirtschaft, Familie, in ihrer historisch gewachsenen Form einen besonderen *Sinn*. D.h., wie alle symbolischen Formen, so repräsentieren auch diese drei gewisse Anliegen, Fähigkeiten, Notwendigkeiten, ohne die Menschen offenbar nicht auskommen, denn sonst gäbe es sie wahrscheinlich nicht mehr. Sie alle machen Sinn für das menschliche *Dasein*, sie bilden unser „symbolisches Universum"[85] und damit die Folie für unsere Erfahrungswelten. Aber als charakteristische Manifestationen der drei dem Subjekt möglichen Modi des symbolischen Formens, muß der Sprache, dem mythischen Denken und der Wissenschaft eine besondere Bedeutung in der PsF zukommen. Denn: Alle symbolischen Formen sind in ihren Erscheinungen durchdrungen von drei sie konstituierenden Kräften: dem mythischen Denken, der Sprache und der Wissenschaft.

In methodischer Anlehnung an Kant bezieht Cassirer diese drei „Dimensionen" auch auf die (von Kant für absolut gehaltenen) Kategorien von Raum, Zeit, Zahl und von der Ich-Anschauung. So kann beispielsweise deutlich werden, daß Räumliches und Zeitliches, daß Ich-Beziehung und auch die Größenverhältnisse, die wir in verschiedenen „Wirklichkeiten" empfinden, im mythischen Denken, in Sprach- und Wissenschaftskonstrukten, ganz verschieden erfahren werden. Diese *Dreiteilung* der Phänomenologie der symbolischen Formen kann zum Einen zeigen, daß wir völlig unterschiedliche, aber *in sich* „logische" und kohärente Erfahrungswelten von universeller Art erzeugen können. Zum Anderen läßt sie auch ein dreiteiliges Stufenmodell der zunehmenden Symbolisierungsleistung des Subjekts erkennen. Dabei drängt sich ein Vergleich mit der Entwicklungspädagogik auf – sie bestätigt uns, daß sich Kinder die Welt zuerst *spontan* über Wahrnehmung und Empfinden, also über das „mythische Denken" erschließen, bevor sie zu *Sprachformen* übergehen und dann ihre Fähigkeit des *abstrakten* Denkens entdecken. Sie vermag sodann zu erklären, daß archaische Kulturen gänzlich in der mythischen Lebensform verharren, wohingegen sich die moderne westlich geprägte Kultur schon mehrere Jahrhunderte darum bemüht, eine Welt aufzubauen, die sich nach sprachlichen und wissenschaftlichen Kriterien zu verstehen und zu verwirklichen sucht.

Deswegen kann die PsF auch als eine Bildungstheorie gelesen werden[86]. Aber, und das ist gegen eine naive Fortschrittsidee gedacht, der entscheidende Punkt ist: Keine der drei Erfahrungsdimensionen können wir je überwinden oder gar aus der Welt schaffen. Es besteht für jeden Einzelnen von uns, wie auch in unseren Kollektiven, immer die Möglichkeit, eine Situation oder einen Gegenstand im mythischen, sprachlichen oder wissenschaftlichen Medium zu verstehen. So glaubte Cassirer, das Volk der Deutschen sei, was Hitler anbelangte, (zumindest auch) in einer mythischen Beschränktheit befangen gewesen, die durch technische Inszenierung politischer Mythen gezielt von den Nazis intendiert wurde. Auch wenn wir das Cassirer gerne glauben wollen, so dürfen wir nach seiner Deutung das Mythische dennoch nicht abwerten, wie es häufig geschieht. Die Überwindung des Mythos ist gar nicht möglich und wäre auch nicht vernünftig. Vielmehr sind diese drei Dimensionen uns *konstitutiv* eigen.

---

85   VM S. 50
86   Nießeler, Würzburg 2003

Daher gilt für Cassirer: Die *Erfahrungskompetenzen*, seien es die des Ausdrucks, die des darstellenden oder des abstrahierenden Vermögens, sind *gleichberechtigt*. Die Möglichkeit „Gutes" oder „Böses" zu tun, ist keine spezielle, aus diesen drei Dimensionen abgelöste Kategorie, sondern sie wohnt ihnen allen inne. Ob jemand seinem Kummer beispielsweise in gewalttätigen Gefühlsausbrüchen Luft macht oder ihn vertrauten Menschen erzählt, oder ob er dieses Gefühl mit entsprechender Hilfe rein rational zu begreifen und zu analysieren sucht, das steht keinem von uns wohl jederzeit völlig frei, aber hinter diesen drei konkreten Möglichkeiten stehen drei Dimensionen, in denen wir Menschen Eindrücke symbolisch zum Ausdruck bringen können. Der Respekt vor der Ganzheit der Erfahrung, vor der *Subjektivität*, gebietet es, keine dieser Dimensionen zu vernachlässigen, abzuwerten oder auszublenden. Denn: „Jedes Merkmal unserer Erfahrung und unseres Erlebens hat Anspruch auf Wirklichkeit"[87] Mit ihren „guten" und ihren „bösen" Seiten angemessen umzugehen, ist, zumindest auch, der Anspruch an eine humane Kultur. Sehen wir uns diese Dimensionen nun im einzelnen an.

4   Wie wir unsere „Welten" gestalten: mythisch, sprachlich, wissenschaftlich

Wir werden uns mit einer Skizze begnügen müssen, wenn wir nun Cassirers Phänomenologie der mythischen, der sprachlichen und der wissenschaftlichen Erfahrung vorstellen. Daß die mythische Erfahrung, wenn es um das Familiäre geht, womöglich eine entscheidende Bedeutung hat, das wurde schon verraten. Deswegen werden wir diesem Thema bereits hier mehr Aufmerksamkeit zukommen lassen, als der Sprache und der Wissenschaft.

Was für Facetten menschlichen Daseins Cassirer im *mythischen Denken* entdeckt, das begann in der Bibliothek Warburg und endete 1945 in seinen Studien über politische Mythen. Doch warum sich Cassirer in erkenntnistheoretischer Absicht gerade mit Mythen beschäftig hat, ist sicher erklärungsbedürftig, auch für ihn selbst, wie wir noch sehen werden. Nun, was sind und was sollen überhaupt Mythen? Mythen sind Geschichten. Geschichten, die schriftlich oder mündlich tradiert werden. Homer, aus der Zeit des antiken Griechenland, ist wohl einer der bekanntesten Mythenschreiber gewesen; seine Odyssee, seine Ilias, sie zählen zu den bedeutendsten Mythen unseres Kulturraums. Und wenn das so ist, dann können Mythen kaum historischer Wahrheit verpflichtete Geschichten sein. Mythen schreiben also nicht Geschichte und sie sind auch nicht dazu da, Menschen zu unterhalten und zu amüsieren. Mythen sind vielmehr Geschichten zu Fragen, die Menschen bedrängen; zu Fragen, die offenbar unbedingt einer Antwort bedürfen, damit sich Menschen in der Welt heimisch und nicht befremdet und bedroht fühlen. Etwa der Art: Wie ist die Welt entstanden? Wo kommen wir her? Warum gibt es zwei Geschlechter? Warum müssen wir oftmals so viel Mühe und Plage erdulden? Warum ist uns die Natur nicht immer wohl gesonnen? Was bedeutet der Tod, und was ist nach dem Tod?

Zu diesen Rätseln, die die Menschen immer wieder und immer wieder neu beschäftigen, erzählten die Mythen früherer Zeiten von heroischen oder göttlichen Frauen und Männern, auch von tierischen Wesen, die es mehr oder weniger erfolgreich verstanden, diese Rätsel mit den Menschen nicht verfügbaren Mitteln, und mit den Menschen nicht verfügbaren Kräften zu lösen. Aber Mythen beschreiben die Auflösung dieser ganz grundlegenden Rätsel in Handlungen und Geschehnissen, die bis tief in die subjektiven Erfahrungswelten

---

87   VM S. 124

ihrer Gestalten dringen. Mythen veranschaulichen also grundlegende menschliche Daseins-*verhältnisse.* Arbeit, Liebe, Habgier, Verrat, Trauer, Wahnsinn, Angst, Mut, Grausamkeit, Schicksal, Fürsorge, Sex. So kann die Erdmutter Demeter ihre Fürsorge den Menschen gegenüber eben nicht immer unabhängig von ihren Angst- und Wutgefühlen ausüben. Von Eifersucht und Intrige, aber auch von Leidenschaft und Charme erzählen die Mythen über die Ehe zwischen Hera und Zeus. Narziß hingegen verliebt sich in sich selbst, er verliert so den Kontakt zu seiner sozialen Welt und damit auch sein Leben. Herakles wiederum muß es vielen recht machen; er arbeitet unter Mobbing, bis er dem Wahnsinn verfällt, um sich dann an seinen Peinigern furchtbar zu rächen – und es wären noch viele Mythen zu nennen, in denen sich Menschen aller Zeiten und in ihren ganz individuellen Lebensbedingungen wiederfinden können.

Mythen sind also Geschichten zur Klärung grundlegender Fragen menschlichen Daseins, und ineins damit sind sie „mit tiefen Erkenntnissen über die Situation und die Lebensnot des Menschen ausgefüllt."[88] In dieser Funktion sollten sie vormals einerseits eine Form wissenschaftlichen Interesses befriedigen und anderseits sollten sie – und das gilt wohl bis heute – auch Sitten und Gebräuche, Weisen des zwischenmenschlichen Umgangs, des Miteinander, erklären und begründen helfen. Und so kann man durchaus dem bekannten rumänische Religionshistoriker, Mircea Eliade, folgen, wenn er sagt: „Die Hauptfunktion des Mythos besteht darin, die exemplarischen Modelle für Riten und alle wesentlichen Betätigungen des Menschen (Ernährung, Sexualität, Arbeit, Erziehung usw.) zu ‚fixieren'."[89]

Und nun zu Cassirers Interesse am Mythos. Etwas, das sei als Bemerkung vorausgeschickt, folgt sein Interesse am Mythos auch dem Zeitgeist der damaligen psychologischen Forschung, vor allem im Anschluß an Freud, der Cassirer seine erkenntnistheoretische Interpretation des Mythos entgegenhalten wollte. Denn Gefühle sind für ihn eben nicht vom Denken abzulösen und schon gar nicht auf einen bestimmten „Trieb" zurückzuführen. Nun ist für Philosophen das Interesse an Mythen immer begründungspflichtig. Denn seit der Antike folgt die Philosophie ihrem Grundverständnis nach dem Logos, also demjenigen Denken, das sich an dem „was ist" orientiert und nicht am Schein oder an Irrealität. Deswegen hat sich das logische Denken unbedingt vom mythischen Denken sorgfältig abzugrenzen, das sich in seinen Erklärungen, Einsichten und Darstellungen um „Wahrheit" und Realität nicht sonderlich kümmert[90].

Aber genau das hat den Erkenntnistheoretiker Cassirer am Mythos gereizt. Denn seiner Überzeugung nach tritt das Denken in den Mythen sozusagen in seiner Urgestalt auf und zeigt, was aller „Erkenntnis" ohnehin anhaftet, nämlich: zwischen Realität und Schein prinzipiell nicht verläßlich unterscheiden zu können. Und weil das so ist, können sich Menschen immer nur auf *symbolische* Konstruktionen von Welt und Dasein berufen, und derartige Konstruktionen ermöglichen es selbstverständlich, daß „der Mensch sehr leicht und relativ häufig zwischen radikal entgegengesetzten Betrachtungsweisen der Welt hin und her wechseln kann – Weisen, die ohne Zusammenhang nebeneinander stehen und durch kulturelle Gräben getrennt sind."[91] Cassirer meint also keineswegs, daß das *Denken,* das sich in den Mythen repräsentiert, überwunden ist, oder sich überwinden ließe. Er sieht vielmehr,

---

88   Grant et al, München 1976, S. 7
89   Eliade, Frankfurt 1987, S. 87
90   U.a. um diese Grenze ziehen zu können und für entsprechende Spannung zu sorgen, ist jedoch der Einbezug
      von Mythen in philosophisches Denken schon bei Platon ein geschätztes Stilmittel.
91   Geertz, Frankfurt 1991, S. 88

daß auch in der modernen Welt *Lebensformen* vital sind, die dieses Denken repräsentieren. Der Mythos generiert also nach seiner Hypothese eine universelle Form des *Erfahrens*. Doch um sie zu belegen, konnte sich der Erkenntnistheoretiker Cassirer, im Gegensatz zu Religionswissenschaftlern oder Psychologen, nicht auf die sprachlichen Mythen berufen, sondern mußte andere Phänomene für seine Analysen heranziehen.

Was heißt das nun? Um die mythische *Erfahrungsform* zu erforschen, vereinnahmte Cassirer gewissermaßen die ihm seinerzeit zu seinem Thema verfügbaren soziologischen, psychologischen Erklärungen ebenso wie Forschungsdaten aus Ethnologie, Religionsgeschichte und Literaturgeschichte. Er vereinnahmte sie für den phänomenologischen Nachweis, daß diese Erfahrungsform gleichsam eine eigenständige, sehr komplexe „Wirklichkeit" zu entfalten imstande ist. Vollständig sieht Cassirer das mythische Denken in Lebensformen archaischer Kulturen ausgeprägt. In Lebensformen, in denen Menschen beispielsweise den benötigten Regen durch Riten versuchen herbeizuzwingen, in denen Menschen noch an Mythen über die Entstehung der Welt glauben, die nach dem Stand der modernen Wissenschaft schlicht unmöglich sind. Bei Menschen also, die in einer Form vorwissenschaftlichen *Bewußtseins* eine dementsprechende *Erfahrungs- und Lebenswelt* ausgebildet haben.

Cassirers Forschung ermöglicht es, das mythische Denken als ein *anthropologisches Fundament* zu betrachten, derart, daß es jeglicher Entwicklung menschlichen Lebens, und d.h. für Cassirer, der menschlichen *Kultur* zugrunde liegt. „Das ergibt sich sofort, wenn man sich die Genesis der Grundformen der geistigen Kultur aus dem mythischen Bewußtsein vor Augen hält. Keine dieser Formen besitzt von Anfang an ein selbständiges Sein und eine eigene klar abgegrenzte Gestalt; sondern jede tritt uns gleichsam verkleidet und eingehüllt in irgendeine Gestalt des Mythos entgegen ... Die Gebilde der Kunst wie die der Erkenntnis, – die Inhalte der Sitte, des Rechts, der Sprache, der Technik: sie alle weisen hier auf das gleiche Grundverhältnis hin. Die Frage nach dem ‚Ursprung der Sprache' ist unlöslich mit der Frage nach dem ‚Ursprung' des Mythos verwoben – beide lassen sich, wenn überhaupt, so nur miteinander und in wechselseitiger Beziehung aufeinander stellen. Nicht minder führt uns das Problem der Anfänge der Kunst, der Anfänge der Schrift, der Anfänge des Rechts und der Wissenschaft auf eine Stufe zurück, in der sie alle noch in der unmittelbaren und ungeschiedenen Einheit des mythischen Bewußtseins ruhen. Aus dieser Umschließung und Verklammerung lösen sich die theoretischen Grundbegriffe der Erkenntnis, die Begriffe von Raum, Zeit und Zahl, oder die Rechts- und Gemeinschaftsbegriffe, wie etwa der Begriff des Eigentums, weiterhin aber auch die einzelnen Gestaltungen der Wirtschaft, der Kunst, der Technik nur ganz allmählich los."[92]

Im Vergleich zu sprachlichen oder wissenschaftlichen Konstruktionen repräsentieren demnach die des mythischen Denkens die „elementare Form des Erlebens."[93] Das heißt schlicht: „Es gibt keine Naturerscheinung und keine Erscheinung des menschlichen Daseins, die sich nicht mythisch deuten ließen und eine solche Deutung nicht nahelegten."[94] Und natürlich hat auch das Familiäre, wie es in verschiedenen Kulturen sich ausprägt, mythische Wurzeln. Daß sich aber die Erfahrungswelt von Familien auch heute noch mythisch inszeniert, können wir hier lediglich einmal behaupten, und wir stützen diese Behauptung hier auf Cassirers Annahme: „der soziale Grundcharakter des Mythos ist unbestritten."[95]

---

92   PsF II, S. IX
93   VM S. 123
94   VM S. 117
95   VM S. 128

Das allerdings gilt auch für die Sprache, deswegen wird sich die eben genannte Behauptung im Verlauf dieser Untersuchung noch durch andere Befunde erhärten müssen. Zunächst erweitern wir aber unsere Skizze über das mythische Denken noch etwas, indem wir auf die Wissenschaft zu sprechen kommen. Cassirer beginnt Band II der PsF über das mythische Denken, indem er die mythische Lebensform durch Abgrenzung vom wissenschaftlichen Denken herausarbeitet. Wir folgen diesem Konzept, bevor wir zum Schluß unsere Aufmerksamkeit der Sprache zuwenden.

Mythos und Wissenschaft:
Die Wissenschaft trachtet danach, die Wirklichkeit hinsichtlich allgemeingültiger, gesetzlich fixierbarer Konstanten zu erforschen. Etwa in Begriffen, Urteilen und Prinzipien. In wissenschaftlichen Gegenständen ist die Alltagserfahrung der Welt, der Natur, der Subjektivität, umgeformt in Konstanten, die sich in der Neuzeit am Paradigma der Mathematik orientieren. Um zu wissenschaftlichen Gesetzmäßigkeiten zu gelangen, werden „Dinge" und Erfahrungen selektiert, zerteilt, ja, „sie müssen," so Cassirer, „auf letzte, nicht mehr im unmittelbaren sinnlichen Eindruck faßbare, sondern nur im theoretischen Denken setzbare 'Elemente' zurückgeführt und in sie gewissermaßen aufgelöst sein."[96] D.h., so Cassirer weiter, „die objektive Bedeutung eines Erfahrungselements hängt jetzt nicht mehr von der sinnlichen Gewalt ab, mit der es sich als einzelnes dem Bewußtsein aufdrängt, sondern von der Klarheit, mit der sich in ihm die Form, die Gesetzlichkeit des Ganzen ausdrückt und reflektiert."[97]

„Die Sprache der Wissenschaft spricht also nicht mehr die Sprache der gewöhnlichen Erfahrung", so sagt Cassirer an anderer Stelle, „sie spricht die pythagoreische Sprache. Die reine Zahlensymbolik überlagert und verdrängt die Symbolik der gewöhnlichen Sprache", unserer Empfindungen und Erfahrungen und, so könnte man weiter ausführen, sie hat die Erlebniswirklichkeit, „um ins Gebiet des reinen Wissens vorzudringen", notwendig „von Grund aus umgestaltet."[98] Aber die wissenschaftliche Erfahrung kann gleichwohl nicht frei sein von subjektiven, spontanen Elementen. Bereits in der Antike betrachtet man ja das Erstaunen als den Ursprung wissenschaftlichen Interesses. Doch um dem Erstaunen zu geben, was die Wissenschaft meint, daß es will, werden die eigentlichen Formen des Subjektiven, des Spontanen, „bewußt eliminiert"[99] und bilden insofern kein konstitutives Moment mehr für die Gegenstände der Wissenschaft. Ihr Denkprinzip ist daher nicht hinreichend, um Lebenswelten zu erzeugen, wie es dem mythischen und dem sprachlichen Formprinzip jeweils möglich ist.

Ganz im Gegensatz dazu besteht die „Wahrheit" des mythischen Denkens im reinen subjektiven Erleben. Man könnte sogar sagen: Gefühl und Ratio stehen bei der Konstitution des mythischen Gegenstandsbewußtseins im umgekehrten Verhältnis zum wissenschaftlichen Gegenstandsbewußtseins. Und sind wir, wohl auch zurecht, der Überzeugung, daß Bildung aller Art unsere rationalen Kräfte stärkt und uns in die Lage versetzt, vom bloßen Moment abstrahieren zu können – so gilt das für die Funktionalität des mythischen Denkens gewiß nicht, oder nicht in gleicher Weise. Es findet (auch im Notfall) immer und für alles irgendeine Erklärung. Seine Inhalte und seine „Logik" generieren sich in informellen

---

96   PsF II S. 43
97   PsF II S. 45
98   PsF III S. 376, Hervorh. E.C.
99   PsF III S. 473

Lernsituationen. Es steht sozusagen dem gebildeten, wie dem ungebildeten „Geist" zur
Verfügung. Deswegen ist das mythische Denken in den uns umgebenden Kulturmustern der
Hochkultur, mit ihren technischen und politischen Errungenschaften, nicht so einfach auszumachen. Es kann in der Sprache der Wissenschaft, wie in der Sprache sozialer Randgruppen zum Ausdruck kommen. Ja, gerade die in unserer Gesellschaft vorherrschende
Meinung und das Bestreben, immer rationalen Kriterien zu genügen, oder genügen zu wollen, kann „dialektisch" zum Gegenteil, also zum mythischen Denken führen, wie Cassirer
Horkheimer und Adorno zustimmen würde. Doch für Cassirer durchsetzen die Elemente
des mythischen Denkens eben nicht nur die Kriterien der Ratio. Ihr Wirken ist vielmehr
jederzeit in allen kulturschaffenden Kräften möglich. In der Sprache wie in der Religion,
wie in der Technik, in der Wissenschaft ohnehin. Aber im Gegensatz zu Horkheimer und
Adorno, ist das nach Cassirers Überzeugung nicht immer zu unserem Schaden.

„Auch der Mythos besitzt seine eigene Weise, das Chaos zu durchdringen, zu beleben
und zu lichten."[100] Er ist an bestimmten Orten daher sogar sehr vonnöten und zwar, wie wir
schon angedeutet haben, in sowohl geordneten, wie auch in desorientierten *sozialen* Lebensräumen. Und dazu kommt: „Der Mythos ist ein Abkömmling der Emotion"[101]. Mythisches Denken setzen wir also immer dort ein, wo wir Vieldeutigkeit, Spontaneität, Unmittelbarkeit und Gefühlsdominanz auszuhalten, zu verstehen und auch praktisch zu bewältigen haben. Genauer: Dort wo es sinnvoll scheint aus dem Moment heraus zu entscheiden.
Dort ist das mythische Denken sozusagen in seinem Element, denn ihm fehlt „jede Möglichkeit, den Augenblick über sich selbst zu erweitern, über ihn voraus und hinter ihn zu-
rückzuschauen, ihn als einen besonderen auf das Ganze der Wirklichkeitselemente zu beziehen." Es verharrt in der, so Cassirer, „bloßen Hingabe an den Eindruck selbst und an
seine jeweilige 'Präsenz' .... Es gibt hier keine verschiedenen Realitätsstufen, keine gegen-
einander abgegrenzten Grade objektiver Gewißheit. Dem Bilde der Realität, das auf diese
Weise entsteht fehlt somit gleichsam die Tiefendimension – die Trennung von Vordergrund
und Hintergrund..."[102]

Insofern steht das mythische Denken dem wissenschaftlichen Denken weder an Phantasie noch an Logik nach. Es konstruiert eigensinnige „Gegenstände", ist differenziert und
in sich durchaus schlüssig. Um *Erklärungen und Deutungen* zu finden, konstruiert es ganz
genau so wie das wissenschaftliche Denken Kausalketten, in denen ein Vorgang auf den
anderen bezogen ist. Der Donner ist eben vom Donnergott verursacht, um nochmals einen
Mythos zu nennen, der mit seinem Wagen durch den Himmelsraum rumpelt. Mythen, auch
das hatten wir schon angedeutet, haben insofern auch eine wissenschaftliche *Funktion*.
Aber, und hier ist der wesentliche, der funktionale Unterschied: Die Begriffe der Wissenschaft, oder die „reinen" Symbole der Wissenschaft wie $\sum$ oder $\prod$, müssen, um ihre Er-
kenntnisse darzustellen oder hervorzubringen, von aller sinnlichen Entsprechung möglichst
abstrahieren. Hingegen *sieht* die Magie, für Cassirer die wissenschaftliche Form des mythischen Denkens, an Raupen, die um Mitternacht einen Weg von links nach rechts queren,
welches Wetter morgen sein wird.

Im Mythos, wie auch in der Wissenschaft, wird also eine Kontinuität von „Ereignissen" gedacht. Aber im Gegensatz zur Wissenschaft *übersieht* der Mythos, ja er verhindert
jede Art von Abstraktion, weil nichts *als* etwas anderes dargestellt werden, sondern alles

---

100   STS S. 101
101   VM S. 131
102   PsF II S. 47f

mit irgend etwas beliebig anderem für *identisch* erklärt wird. Es ist für Cassirer ein „Mysterium des Wirkens"[103], was die mythische Lebensform beherrscht, und dieses Mysterium besteht darin, daß Dinge und Bedeutungen „unterschiedslos ineinander aufgehen, daß sie hier in eine unmittelbare Einheit zusammengewachsen, ‚konkresziert' sind."[104] Das Charakteristikum des mythischen Gegenstandsbewußtseins, bzw. des mythischen Denkens ist daher die Fähigkeit zum „sympathetischen Denken" und die Unfähigkeit zur Differenz. „In diesem Zuge erweist sich das mythische Denken als 'konkretes' Denken im eigentlichen Wortsinne: was immer es ergreift, das erfährt selbst eine eigenartige Konkretion, es wächst miteinander zusammen." Es besitzt zwar qualitative und quantitative Bestimmungen, ebenso wie räumliche und zeitliche, aber es differenziert nicht: Alles kann mit allem in Zusammenhang gebracht werden. Im mythischen Verstehen *ist* eine ungespülte Kaffeetasse die materialisierte Mißachtung etwa des Partners. Etwas anderes kann sie gar nicht sein. Die Schwalbe *macht* den Sommer. Derart ist das „Mysterium des Wirkens" bestrebt, die Differenzierung von Sinn und Erscheinung zu ignorieren. Jegliche *Abstraktion* wird dadurch unterbunden. Und natürlich auch jede Möglichkeit, die eigenen kulturschaffenden Kräfte *als solche* zu erkennen. Doch genau diese Fähigkeit, nämlich zu erkennen, daß „der Geist in seinen eigenen Bildungen nicht nur ist und lebt, sondern daß er sie als das, was sie sind, begreift"[105], ist für Cassirer die Bedingung einer kulturellen Weiterentwicklung – auch um den Preis der Entfremdung von den angestammten Gestaltungen der Kultur. Das mythische Denken allerdings, das geht uns dennoch nicht verloren.

Sprache:
Eine etwas andere Funktion zeigt die nach gleicher Methode verfertigte genetische Analyse der *Sprache* in Band I der PsF. Die Formkraft des Sprachlichen vermag es ebenso wie das mythische Denken, eine eigene Erfahrungswelt zu erzeugen, die das Selbstbild, wie auch das Gemeinschaftserleben prägt. In der Sprache vermag sich das mythische, wie das wissenschaftliche Denken *darzustellen*. Im mythischen Denken wird der Name einer Person mit ihr selbst *identifiziert* – in der Wissenschaft hingegen ist der Begriff ein vom Gegenstand völlig *abstrahiertes* Symbol. Was die Sprache jedoch charakterisiert, ist etwas, das der Mythos kraft seiner Funktionalität eben ignoriert, nämlich, daß sie die *Distanz* zum „unmittelbar Gegebenen und unmittelbar Erlebten"[106] ermöglicht. Sprache ist also der Weg aus der passiven Hinnahme von Eindrücken zur aktiven *Darstellung* der Erfahrung. Ein Wort, eine Zahl, ein Begriff, ein Werkzeug[107], ja, alles was wir *herstellen,* verdankt sich diesem darstellenden Formvermögen des Sprachlichen. Sprache ist mithin das bedeutendste Instrument zur Überwindung mythischen Denkens, wenn nötig, und sie ist (daher) das bedeutendste *Bildungsgesetz* unserer Erfahrung. Diese konstitutive Funktion des „sprachlichen Denkens" stellt Cassirer neben Wittgenstein und Heidegger in die Reihe derjenigen Philosophen, die den sog. „linguistic turn" vollzogen haben, d.h. „den Übergang von der Bewußtseinsphilosophie zum Denken im Zeichen der Sprache"[108]

---

103   PsF III S. 119
104   PsF II S. 32
105   PsF II S. 34
106   Paetzold, Hamburg 2002, S. 66
107   Dazu der Aufsatz „Form und Technik" in STS
108   Paetzold, Hamburg 2002, S. 72

Das Wort, der Satz, das Bild, sie sind Instrumente, die wir *in der Absicht* hervorbringen, auf etwas *hinzuweisen*. Und weil dadurch nicht etwa nur Signale oder „Zeichen"[109] gesetzt, sondern eine je *eigene Bildung* von Wirklichkeit in den Blick kommt, ist es durchaus statthaft, Worte mit Werkzeugen und technischen Instrumenten immerhin zu vergleichen. In ihrer *Darstellungsfunktion* ermöglicht uns also die Sprache den entscheidenden Schritt in die Distanz zum „Ich" und zur „Welt", um gleichzeitig in eine neue und vielleicht unsagbare Nähe zu diesen Dimensionen gehen zu können. In seinem Vortrag „Die Sprache und der Aufbau der Gegenstandswelt"[110] von 1932 erschließt Cassirer, ausgehend von der Sprachentwicklung des Kindes, diese Funktion des Sprachlichen und entfaltet deren Möglichkeiten. Sie reichen von der Bewußtwerdung ob der eigenen Subjektivität, wie auch der des sozialen Miteinander, bis zur Konstitution von theoretischem und praktischem Handlungsvermögen. Sprache ist für Cassirer (in Anlehnung an Humboldt) das wichtigste Medium zur Weltaneignung. „Sie wirkt nicht nur im Aufbau der Objektwelt, der Welt der Wahrnehmung und gegenständlichen Anschauung mit; sondern sie ist auch für den Aufbau der reinen Phantasiewelt unentbehrlich."[111]

Doch ebenso wie das mythische oder das wissenschaftliche Wirklichkeitskonstrukt bietet auch die Sprache kein „Wahrheitskriterium", kein Orientierungsschema für das was „wahr und wirklich" sei. Ganz im Gegenteil. „Die Sprache ist kein Organon der Erkenntnis, der echten Wesenserfassung, sie ist es vielmehr, die beständig zwischen den Menschen und die Wirklichkeit tritt, die unablässig am Schleier der Maja webt und uns mehr und mehr in ihn einhüllt. ... Wo wir versuchen, den Gehalt des inneren, des persönlichen Daseins auszusprechen, es in irgend einer Weise in Worte zu fassen, – da ist eben damit schon der letzte Sinn dieses Daseins verloren und vernichtet. Das ist der ständige Fluch, unter dem die Sprache zu stehen scheint, daß alle ihre Offenbarung zugleich Verhüllung ist und sein muß, daß sie das Wesen der Dinge, in dem Streben, es bewußt und manifest zu machen, in seiner Wesenheit angreifen, es umbilden und verzerren muß." [112]

Die wirklichkeitskonstitutive *Funktion* der Sprache ist für Cassirer also etwas anderes als die Sprache, mit der wir uns verständigen. Denn das Sprechen allein läßt uns leider noch keine Verständigung erreichen. Ja, „der *Fremdsprachige* erscheint als der *Fremde* schlechthin."[113] Und gemäß dieser Funktion gibt es im menschlichen Sprachschatz „in Wirklichkeit ... kein einheitliches Maß für den Reichtum oder die Armut einer Sprache. Jede Klassifikation wird von bestimmten Bedürfnissen gelenkt und geformt, und es versteht sich, daß die Bedürfnisse entsprechend den gesellschaftlichen und kulturellen Lebensverhältnissen der Menschen variieren."[114] Wenn wir hier nun die Skizze zur „klassischen" Triade der symbolischen Formen abschließen, dann stellt sich jetzt die Frage, was sie uns über die Kulturgestalt „Familie" erklären kann, ist sie doch ein Teil der *„Totalität der Formen"*[115], die wir in der menschlichen Kultur kennen.

---

109   s.o.
110   STS S. 121 bis 152
111   STS S. 144
112   STS S. 148
113   STS S. 143, Hervorh. E.C.
114   VM S. 210
115   LK S. 76, Hervorh. E.C.

5 Familie als symbolische Form – ein Entwurf

Cassirer ging es darum, die Kultur von ihren *Voraussetzungen* her zu begreifen, so daß *Kultur als Ensemble symbolischer Formen* überhaupt denkbar wird. Und das bedeutet für ihn als Philosoph: Seine „Kritik der Kultur" will nicht nur für die Philosophie, sondern auch für *andere* Wissenschaften eine Voraussetzung dafür schaffen, aus einer je eigenen Perspektive „Kultur" verstehen zu können. Mit dem Thema Familie hat sich Cassirer wissenschaftlich nicht befaßt. Also müssen wir uns entlang seiner theoretischen Voraussetzungen selbst an die Konstruktion dieser symbolischen Form wagen. Dabei dürfen wir als erstes einmal davon ausgehen, daß das Familiäre ist, was Cassirer als eine Kulturgestalt „sui generis" bezeichnet. Wie Religion, Sprache, Technik oder die Kunst, so beharrt auch das Familiäre in der menschlichen Kultur, es macht also offenbar für das menschliche Dasein als solches *Sinn*. Was ist die Aufgabe, wenn wir *Familie* als eine symbolische Form darstellen wollen? Können wir uns an Cassirers Konstruktionsmodus orientieren, nach dem er seine symbolischen Formen dargestellt hat? Gibt er uns überhaupt einen „Plan", nach dem kulturrelevante symbolische Formen zu re-konstruieren wären?

Man könnte sagen, er gibt uns hinsichtlich eines *Strukturmodells* einer symbolischen Form einige Hinweise und einige Interpretationsfreiheit. Nun werden wir wohl dieses Strukturmodell an Cassirers eigener Methodik ablesen und aus ihr ableiten müssen. Das heißt aber: Der „Gegenstand" Familie wird, wenn wir mit Cassirers Kulturtheorie arbeiten, zum Einen als Gegenstand der Philosophie, zum Anderen als Gegenstand der Erziehungswissenschaft, bzw. der Sozialpädagogik erscheinen. Widersprüche sind deswegen nicht zu erwarten, weil die *kulturwissenschaftliche* Denkrichtung, so jedenfalls Max Weber, für beide Disziplinen[116] zutrifft. Cassirers Ansicht dazu versuchen wir anhand, wenigstens eines kurzen Blicks auf sein Wissenschaftsverständnis, einzuschätzen[117]:

Zunächst: Für Cassirer ist alle Wissenschaft Kulturwissenschaft, weil alle wissenschaftliche Arbeit Teil der Kultur ist. Allerdings, die tragenden Säulen aller wissenschaftlicher Erkenntnis wurden von Cassirer schon in SuF verabschiedet, so der Glaube an die „*Objektivität*" der Erkenntnis[118], wie auch die Annahme der *Kausalität* als Ursachenfaktum von Ereignissen[119]. Für ihn beruht das wissenschaftliche Erkenntnisvermögen allein auf der reinen „Bedeutungsfunktion" der Erfahrung[120]. Als solches ist es jedoch Teil des „natürlichen Weltbegriffs"[121] und jedem Menschen möglich. Die wissenschaftliche Erkenntnis und die Wirklichkeitserkenntnis sind also für Cassirer lediglich zwei Formen des *einheitlichen Wirklichkeitsverstehens*. Beide beruhen auf der gleichen Erkenntniskompetenz, nämlich der, *Symbole* zu bilden.

---

116 „Will man solche Disziplinen, welche die Vorgänge des menschlichen Lebens unter dem Gesichtspunkt ihrer Kulturbedeutung betrachten ‚Kulturwissenschaften' nennen, so gehört die Sozialwissenschaft in unserem Sinne in diese Kategorie hinein" und damit auch die Sozialpädagogik. Weber, Max: Gesammelte Aufsätze zur Wissenschaftslehre. Hrsg. J. Winkelmann, Tübingen, 7. Aufl. 1988 (1913) 1988a S. 165, Hervorh. v. Verf.

117 Bekanntlich war ja Cassirer in den wissenschaftstheoretischen Diskurs seiner Zeit, der maßgebend durch Dilthey beeinflußt wurde, involviert. Wir werden darauf aber nicht näher eingehen, zumal Cassirers Standpunkt dazu auch indifferent erscheint (so auch Graeser 1994 S. 115f).

118 „Sie setzt einen Maßstab voraus, der in der Erkenntnis niemals gegeben sein kann" und die Frage „nach der Objektivität der Erfahrung überhaupt ›beruht‹ im Grunde auf einer logischen Illusion." SuF S. 369

119 „Die Frage nach dem ‚Woher' ist nicht anderes als eine bestimmte Form der logischen Beziehung ..." SuF S. 411

120 PsF III Dritter Teil: Die Bedeutungsfunktion und der Aufbau der wissenschaftlichen Erkenntnis.

121 PsF III S. 329

Daß zwischen wissenschaftlicher Erkenntnis und der alltäglichen Wirklichkeitser-kenntnis eine unüberwindlich scheinende Differenz besteht, das lastet Cassirer der Wissen-schaft an und beklagt: Es gelingt der Wissenschaft insgesamt nicht, die den modernen Men-schen bedrängenden Fragen nach dem richtigen Denken und Handeln in angemessener Weise aufzunehmen. Daher trägt die Wissenschaft Mitverantwortung für die moderne „Kri-se der Selbsterkenntnis."[122] Dabei wirft Cassirer der Wissenschaft nicht etwa vor, daß sie sich von den Lebenswelten der Menschen abspaltet, sondern ihre „Krise" besteht im ersatz-losen Zerfall von tragenden Theorien, so daß wissenschaftliches Denken in einer Flut von Theorien zur „Anarchie verschiedener Denkansätze" mutiert, denn „Tatsachenreichtum erzeugt nicht notwendig Ideenreichtum."[123] Und es ist Cassirers Bedenken, daß wissen-schaftliche Interessen „zu wirklichen Erkenntnissen über den Charakter der Kultur nicht gelangen; wir werden uns in einer Masse unverbundener, zusammenhangloser Daten verlie-ren, der jede konzeptionelle Einheit zu fehlen scheint."[124]

Cassirer empfiehlt – vielleicht als möglichen Ausweg aus dem o.g. Dilemma – die Trennung der Wissenschaften in solche, die nach *Bedeutungen* fragen und solche, die nach *Gesetzen* fragen. Es wären dies im ersten Fall Kulturwissenschaften, die ihre Gegenstände anhand von Stil- und Formbegriffen beschreiben, wohingegen im zweiten Fall die Natur-wissenschaften sich Ding- und Gesetzesbegriffen bedienen[125]. Es geht ihm also um die Geltung zweier „Wahrheitsansprüche". Der naturwissenschaftliche Wahrheitsanspruch ist „der Kulturwissenschaft nicht erreichbar. Dem Anthropomorphismus und Anthropo-zentrismus kann sie nicht entsagen. Ihr Gegenstand ist nicht die Welt als solche, sondern nur ein einzelner Umkreis von ihr, der, vom rein räumlichen Standpunkt aus, als ver-schwindend=klein erscheint. Aber wenn sie bei der Menschenwelt stehenbleibt und damit innerhalb des Grenzen des engen Erdendaseins gefangen bleibt, so strebt sie um so mehr danach, diesen zugewiesenen Bereich vollständig zu durchmessen."[126]

Die Kulturwissenschaft, also auch die Sozialpädagogik, ist demnach weder an einer „Universalität der Gesetze", interessiert, noch sollte sie „die Individualität der Tatsachen und Phänomene"[127] kümmern. Die Kulturwissenschaft kann nämlich nach Cassirer ein eigenes „Erkenntnisideal"[128] vorweisen: „Was sie (die Kulturwissenschaft S.W.) erkennen will, ist die *„Totalität der Formen*, in denen sich menschliches Leben vollzieht. Diese For-men sind unendlich=differenziert, und doch entbehren sie nicht der einheitlichen Struktur. Denn es ist letzten Endes ,derselbe' Mensch, der uns in tausend Offenbarungen und in tausend Masken in der Kultur immer wieder entgegentritt. Dieser Identität werden wir uns nicht beobachtend, wägend und messend bewußt; und ebensowenig erschließen wir sie aus psychologischen Induktionen. Sie kann sich nicht anders als durch die Tat beweisen."[129]

Diesem Erkenntnisideal widmet Cassirer sein Theorieangebot, die „Philosophie der symbolischen Formen". Dieses Angebot muß daher „bewegliche und bildsame Gedanken-symbole"[130] bereit stellen, die sich dafür eignen, „*Symbole* zu deuten, um den Gehalt, der in

---

122   VM S. 15-47
123   VM S. 44f
124   VM S. 46
125   LK S. 56 ff
126   LK S. 76
127   LK S. 76
128   LK S. 76
129   LK S. 76, Hervorh. E.C.
130   FF XIII

ihnen verschlossen liegt, zu enträtseln – um das Leben, aus dem sie ursprünglich hervorgegangen sind, wieder sichtbar zu machen."[131] Denn „Die Konstanz, deren wir hier (in der Kulturwissenschaft S.W.) bedürfen, ist nicht die von Eigenschaften oder Gesetzen, sondern von Bedeutungen."[132]

Als Theorie verspricht die PsF also eine Anleitung, um in der *Pluralität* kultureller Gestaltungen gleichwohl *Identität* zu finden. D.h.: einheitliche Erscheinungen und die sie gestaltenden menschlichen Kräfte *in ihrer Symbolik* zu erkennen: Was bedeuten sie für die menschliche Kultur? Oder: Welche *Funktion* haben sie in der Kultur, oder welche *Leistung* erbringen sie für die menschliche Kultur? In dieser Art jedenfalls erschließt Cassirer die Funktion der Sprache aus dem „Gebilde" der Sprache, die Funktion des Mythos aus den Gebilden des Mythos und die Funktion der Wissenschaft aus deren Gebilden. Die Philosophie der symbolischen Formen als Theoriemodell für sozialpädagogisches Forschen wird uns demnach keine konkrete Vorgabe anbieten können für professionelles sozialpädagogisches Handeln. Aber sie wird uns dieses begründen lassen, weil sie ein Verstehensmodell für den „Gegenstand" dieses Handelns, für „Familien", aufzeigt, das – so wäre es Cassirers Anspruch – auch in der Alltagswirklichkeit verstanden werden kann.

Verdichten wir diese Überlegungen einmal: Die „Konstruktion" einer symbolischen Form zielt darauf, eine spezifische Gestaltung des menschlichen Kulturraums zu begreifen, und das verlang 1., ein *Formproblem* zu lösen. In unserem Fall stellt sich daher die Frage: Wie erscheint „Familie" konkret? Welche „Gebilde" des Familiären lassen Einheitlichkeit, lassen eine *Form* desselben erkennen? Es wird uns also zuallererst eine *Formanalyse* beschäftigen. Sodann werden wir die „Sinnfrage" stellen müssen, d.h. 2., eine *Funktionsanalyse* vornehmen[133]. Hier geht es darum: Was „tun" Menschen, wenn sie sich die Lebensform „Familie" geben? Was *geschieht* in den Gebilden „Familie"? Es muß etwas sein, das für die Kultur *Sinn* macht, denn sonst, vermuten wir mal, gäbe es die Form des Familiären ja nicht mehr. Es geht darum, das „Handlungswesen" Familie zu präzisieren; für Cassirer ist das wahrscheinlich der entscheidenste Schritt zur Darstellung einer symbolischen Form. Aber an die Frage nach dem „Tun" knüpft sich noch ein weiterer Analyseschritt: Es interessiert, 3. welche *Erfahrungswelt* eine symbolische Form prägt. Wir nennen dieses dritte Strukturmoment die *Konstitutionsanalyse*.

Aber wir erklärt sich dieser dritte Analyseschritt? Eine jede historische Kulturgestalt inszeniert sich in ihren aktuellen Gestalten durch das *Teilhaben* an den drei für Cassirer tragenden Erfahrungsebenen: Mythos, Sprache und Erkenntnis, hervorgebracht durch die Bewußtseinsfunktionen von Ausdruck, Darstellung und Bedeutung. „Legen wir nun diese allgemeine Unterscheidung der *Ausdrucksfunktion*, der *Darstellungsfunktion* und der *Bedeutungsfunktion* ... zu Grunde: so besitzen wir an ihr einen allgemeinen Plan der ideellen Orientierung, innerhalb dessen wir nun gewissermaßen die Stelle jeder symbolischen Form bezeichnen können. Freilich nicht in dem Sinne, daß diese Stelle ein für alle Mal fixiert, daß sie innerhalb dieses Grundplans durch einen festen *Punkt* zu bezeichnen wäre. Vielmehr ist es für jede Form bezeichnend, daß sie in verschiedenen Phasen ihrer Entwicklung, in den verschiedenen Stadien ihres geistigen Aufbaues, sich zu den drei Grundpolen ... verschieden verhält. Sie rückt in dieser Entwicklung von Ort zu Ort – und sie erfüllt erst in

---

131 LK S. 86, Hervorh. S.W.
132 LK S. 75
133 Diese „Konstruktionsanweisung" stammt aus dem Aufsatz „Form und Technik" in STS; wir werden darauf noch eingehen.

dieser Bewegung und kraft ihrer den Kreis des Seins und den Kreis des Sinnes, der ihr zugemessen ist."[134]

Was heißt das? Diese drei Funktionsebenen konstituieren symbolische Formen. Und weil wir hier nach einer Kulturgestalt und nicht nach einem individuellen Ausdruck symbolischen Formens fragen, stehen wir vor dem Problem, die *Anteile* dieser drei Erfahrungsfunktionen für die Kulturgestalt Familie herauszufinden. Es leuchtet ein, daß die Fähigkeit des wissenschaftlichen Denkens als bestimmendes Konstitut im Lebensraum „Familie" keine nennenswerte Rolle spielen kann (s.a. Kap. II, Abschn. 4). Bleiben das mythische Denken und die Sprachlichkeit. In welcher dieser Erfahrungsmodalitäten findet Familienleben statt? Ist es in der mythischen Lebensform verblieben, denn ursprünglich fand ja das gesamte Kulturgeschehen in mythischen Denk- und Lebensformen seinen Ausdruck. Oder erfahren wir uns im Familienalltag eher im sprachlich-darstellenden Erfahrungsmodus? Oder müssen wir gar über verschiedene Anteile dieser beiden Erfahrungsmodi nachdenken? Dies wird zu klären sein, wenn wir uns via Funktionsanalyse über den Sinn des speziellen „Tuns" im Klaren sind, welches das Familiäre als solches konkret hervorbringt. Grundsätzlich aber wird die Konstitutionsweise einer symbolischen Form uns die *Lebendigkeit* einer symbolischen Form vergegenwärtigen. D.h., wir können vielleicht am ehesten in ihren Ausführungen erkennen, daß es letzten Endes immer ‚,derselbe' Mensch, ist „der uns in tausend Offenbarungen und in tausend Masken in der Kultur immer wieder entgegentritt."[135]

Fassen wir zusammen: Es geht bei der Konstruktion einer symbolischen Form offenbar darum, die *Form- und Funktionsanalyse* einer Kulturgestalt in zwei Schritten zu vollziehen. Genauer: Neben 1. einem charakteristischen *sinnlichen* Erscheinungsbild wird 2. von Interesse sein, in welcher Weise diese Kulturgestalt für die menschliche Kultur *Sinn* macht. Dieser Sinn wird sich über die Frage nach der Art des *Handelns* erklären müssen. Dieses wieder müßte uns 3. Hinweise zum Modus des *Erfahrens* geben, das wir zuletzt dann in einer, nennen wir es *Konstitutionsanalyse,* zu ergründen suchen. Und wenn es darüber hinaus etwas gibt, das uns bei den einzelnen Untersuchungen leiten kann, dann wäre es vielleicht folgendes: Cassirer suchte immer nach dem Eigensinnigen in der Welt, resp. in der Kultur und nicht nach Formen von Moral und Sittlichkeit. Er war davon bewegt, jede Wirklichkeit in ihre Weise zunächst einmal zu *erkennen* und *gelten* zu lassen, bevor ein Urteil über ihren „Wert" gesprochen werden kann. Diesen Anspruch an sich selbst, die eigenen Vorurteile aufzudecken und sich für andere Sichtweisen offenzuhalten, diesen Anspruch der *Toleranz* erhebt er auch für das Nachdenken über symbolische Formen: „Um die Eigentümlichkeit irgendeiner geistigen Form sicher zu bestimmen, ist es vor allem notwendig, daß man sie mit ihren eigenen Maßen mißt. Die Gesichtspunkte, nach denen sie beurteilt und nach welchen ihre Leistung abgeschätzt wird, dürfen nicht von außen an sie herangebracht, sondern müssen der eigenen Grundgesetzlichkeit der Formung selbst entnommen werden."[136]

---

134 STS S. 11, Hervorh. E.C.
135 LK S. 76.
136 PsF I S. 124

III. Kapitel: Familie als symbolische Form

A Eine Formanalyse: Familie als Kulturgestalt

Nach dem oben besprochenen Entwurf zur Konstruktion einer symbolischen Form steht nun der erste Schritt an: Die *Formanalyse*. Sie stellt die Frage: Welche kulturellen Gebilde erkennen wir als familiäre Gebilde? So verlangt die Frage nach der *Form*, jedenfalls nach dem Anspruch der Kulturwissenschaften, eine recht umfassende Hermeneutik des „Gegebenen" mit dem Ziel, letztlich die Erkenntnis einer charakteristischen *Gestalt* des Familiären zu ermöglichen. Aber woher sollen wir nach Cassirer diese Erkenntnis beziehen? „Die Analyse jeder symbolischen Form ist auf historische Fakten angewiesen. Was Mythos, Religion, Kunst, Sprache (resp. das Familiäre S.W.) ‚sind', läßt sich nicht rein abstrakt mit einer logischen Definition erklären. Anderseits geraten wir (er meint die Philosophen S.W.) bei der Beschäftigung mit Religion, Kunst, Sprache immer wieder in allgemeine strukturelle Probleme, die einem anderen Typus von Wissen und Erkenntnis angehören. Sie müssen gesondert erwogen werden; mit historischen Untersuchungen allein lassen sie sich nicht aufschließen."[137]

Oder kürzer gesagt: Es sind Untersuchungen aus der *historischen Familienforschung* in Augenschein zu nehmen. Sie wiederum geben Anstöße für interdisziplinäres Arbeiten. Es sind also bei der Frage nach der Form des Familiären verschiedene Erkenntnisfelder zur Sprache zu bringen. Aber, wovon sprechen wir überhaupt, oder besser: Was für Bilder tragen wir in uns, wenn wir von „Familie" sprechen? Um uns die Vielfalt dessen, was wir mit dem Phänomen „Familie" verbinden, einmal vor Augen zu führen, wollen wir die Formanalyse, d.h. die Frage nach den charakteristischen Phänomenen des Familiären in der Kultur, mit einer Begriffsfindung einleiten. Nun verlangt aber das Ansinnen einer Begriffsfindung bei Cassirer ein paar Vorbemerkungen. Beispielsweise können wir seinen Vorschlag, in kulturwissenschaftlichen Untersuchungen Form- und Stilbegriffe zu verwenden, nicht annehmen, weil sie von ihm vorzugsweise für die Gegenstände der Kunst- und Literaturwissenschaft und nicht für solche der Sozial- und Verhaltenswissenschaften gedacht waren. „Familie" läßt sich auch nicht als ein „Werk" der Kultur oder gar als ein „Kulturobjekt" bezeichnen.

Gleichwohl, Begriffe sind für Cassirer ein unabdingbares wissenschaftliches Instrument, oder anders, sie „sind zuletzt nichts anderes als die Werkzeuge, die wir uns für die Lösung bestimmter Aufgaben geschaffen haben und immer aufs neue schaffen müssen. Begriffe beziehen sich nicht gleich der sinnlichen Wahrnehmung auf ein einzelnes Gegebenes, auf eine konkrete gegenwärtige Situation; sie bewegen sich vielmehr im Kreis des Möglichen und wollen gewissermaßen den Rahmen des Möglichen abstecken."[138]

Und genau dieser Funktion versuchen wir hier etwas näher zu kommen, indem wir Familie als einen *Symbolbegriff* darstellen – ungeachtet der umfangreichen Theoriediskus-

---

137 VM S. 185
138 LK S. 26

sion mit und nach Cassirer über seine Version dieses Begriffs[139]. Als bloßes „Denkwerkzeug" verspricht er uns folgende Erkenntnis, nämlich a) Symbolbegriffe relativieren den Wahrheitsanspruch an Begriffskonstruktionen und stellen in den Vordergrund, daß in Begriffen, als Repräsentanten unserer Erfahrung, „das Verschiedenste ... noch in irgendeiner Beziehung als ähnlich oder gleich, auch das Ähnlichste noch in irgendeiner Beziehung als verschieden betrachtet werden ›kann‹: und Sache des Begriffs ist es, eben diese Beziehung, diesen determinierenden Gesichtspunkt, zu fixieren und zum bestimmten Ausdruck zu bringen."[140] Ob man allerdings, wie es Umberto Eco ankündigt, auch Kant und ein Schnabeltier in eine sinnvolle Beziehung bringen kann[141], lassen wir einmal dahingestellt. Jedenfalls: „Familie" als einen Symbolbegriff zu konstruieren, ermöglicht vor allem b), die Vielfalt der Themen, Ansichten, Einsichten und auch Aspekte der Lebenswirklichkeit dieses Kulturphänomens einmal zu skizzieren. Denn diese Pluralität ist es, die uns in der soialpädagogischen *Praxis* begegnet, und dort müssen wir uns mit ihr handelnd arrangieren.

1   Familie. Symbolik und Deutungshorizont eines Begriffs

Es ist nicht weiter verwunderlich, wenn eine Sichtung des Begriffs „Familie" in verschiedenen Wissenschaften erbringt, daß der Blick auf die *Wandlungen des Familiären* in allen Disziplinen Vorrang hat. Gehen wir doch einmal auf einige Deutungen und Symbolgehalte des Familiären ein und schauen; vielleicht kann sich ja ein spezieller „Blickpunkt" zur Weiterarbeit für uns daraus nahe legen.

Was ist das Familiäre? Das Resümee der Historikerin Tamara K. Hareven formuliert eine Beobachtung, die wohl in allen kulturwissenschaftlichen Disziplinen, die sich mit dem Phänomen des Familiären heute befassen, zutrifft: „In den zweieinhalb Jahrzehnten ihrer Existenz hat sich auch die historische Familienforschung selbst sehr verändert. Anfangs sah sie die Familie verengt als *statische* Einheit in einer bestimmten historischen Epoche, inzwischen analysiert sie die Familie jedoch als einen *Prozeß*, der das gesamte Leben ihrer Mitglieder mehr oder weniger prägt. Anfangs untersuchte sie die Strukturen einzelner Haushalte, mittlerweile geht es um die Erforschung der Beziehungen der Kernfamilie zum erweiterten Verwandtschaftsverband. Vom Studium der Familie als einer geschlossenen Haushaltseinheit hat sich die historische Familienforschung den Wechselbeziehungen der Familie mit Religion und Arbeitswelt, mit dem Erziehungswesen, mit Straf- und Wohlfahrtseinrichtungen und mit Prozessen wie Migration, Industrialisierung und Verstädterung zugewandt."[142]

Der Symbolbegriff Familie hat also bei genauerer Betrachtung weder in der Geschichts,- noch in der Humanwissenschaft eine einheitliche Grundform oder Grundaussage. Ja „das Wort ‚Familie' drang im Deutschen erst seit dem ausgehenden 17. Jahrhundert – aus dem Französischen kommend – in die Alltagssprache ein. Es war zunächst noch gleich bedeutend mit dem älteren germanischen Begriff des Hauses."[143] Und so ist es nicht erstaunlich, wenn sich allein an Harevens Beschreibung spiegelt, wie sehr sich beim Thema

---

139   Graeser 1994, S. 186f; so auch Cassirers Zeitgenosse Konrad Marc-Wogau, siehe dazu die Schrift Cassirers „Wesen und Wirkung des Symbolbegriffs"
140   WWS S. 10
141   Eco 2000
142   Hareven 1999; S. 48; Hervorh. S.W.
143   Gestrich et al. 2002, S. 367

Familie ganz unterschiedliche gesellschaftliche, kulturelle und wissenschaftliche Dimensionen überschneiden, wie sie sich hin und wieder in die Quere kommen oder, wie es die Soziologin Martine Segalen sieht, ohne einander gar nicht auskommen.[144] Ähnlich disparat ist „die Familie" im Verständnis verschiedener Kulturen. Insofern muß wohl jeder Familienbegriff auch gewisse Lebensformen per definitionem ausschließen, will der der Gefahr entgehen, letztlich eine indifferente Menge menschlicher Vergemeinschaftungen als „familial" bezeichnen zu müssen. Mit Sinn kann man allenfalls vom Familiären als einer Universalie sprechen.[145]

Natürlich ist auch in unserem Alltagsverständnis das Familiäre nicht eindeutig definiert. Wer gehört tatsächlich zu einer Familie? Was fühlen wir, wenn wir über unsere Familie reden sollen? Was haben wir für ein Bild von „Familien" überhaupt und nicht zuletzt, was wünschen wir uns für eine Familie, was wünschen Kinder sich für eine Familie? Könnten wir sagen, ob und was unsere Kultur für ein „Leitbild" von Familien hat?[146] Alle Antworten auf derartige Fragen würden zu allen Zeiten, in denen man sie den Menschen stellt, ganz sicher Hinweise sowohl auf individuelle Erfahrungen als auch auf überindividuelle Geltungen enthalten. Die begriffliche Wandlung des Familiären zeigt, worum es sich handelt: um „ein flexibles Gebilde, dessen Gestalt sich durch je andere Alters- und Geschlechtsstrukturen von einer Epoche oder von einer Region zur anderen ändert."[147] Mit ihr verknüpfen sich in Evolution und Geschichte unterschiedlichste Inhalte und Erscheinungsformen in Begriffen wie Sippe, Verwandtschaftsfamilie, Herkunftsfamilie, Kernfamilie, Normalfamilie, Haushaltsfamilie, Ein-Elter-Familie, Großfamilie, Gruppe[148], Mehr-Generationenfamilie, Kleinfamilie, Zwei-Kindfamilie[149], Drei-Generationenfamilie[150], Stammfamilie, Zadruga[151], und noch viele mehr. Die „moderne" Form des Familiären im europäischen Raum könnte man grob skizzieren als ein „Viel-Positionen-Spiel zwischen Frau, Mann und Kindern mit jeweils individuellen Interessen an der Ganzheitlichkeit der Familie."[152] Und man könnte sagen, daß diese Skizze, wie alle Formen von Familie „in bezug auf ihre definitorische, strukturelle und normative Ausgestaltung, in einem dynamischen Wechselverhältnis zu den umgebenden gesellschaftlichen Verhältnissen"[153] steht.

Doch die Flexibilität des Familiären in seinem Werdegang weist eher darauf hin, daß diese Form menschlicher Gemeinschaft, trotz ihrer Unentbehrlichkeit, es offenbar nie zu einer hinlänglich eigenständigen Kulturgestalt gebracht hat. Oder könnte es auch sein, daß eine ihrer spezifischen Leistungen es ist, sich in ihren Ausprägungen jeweils an bestehende Verhältnisse anzupassen? Hans Bertram zeigt beispielsweise auf, wie drei revolutionäre Entwicklungsströme: Industrialisierung, veränderte Biographien durch veränderte gesellschaftliche Rollen, und die Abflachung geltender Werte und Normen, durch hohe Anpassungsleistungen im Familiären integriert worden sind. Fehlt also dem Familiären allerorts

---

144 Segalen 1990
145 Hill et al. 2004, S. 73f
146 Böhnisch et al. 1997; Zu diesen Fragen Klaus Wahl: Familienbilder und Familienrealität. Und: Familie: Leitbilder – Leidbilder. In: Badelt et al. 1994
147 Hareven 1999, S. 47
148 Tyrell: Zwischen Interaktion und Organisation I: Gruppe als Systemtyp. S. 75-87 In: Neidhard 1983, F., Gruppensoziologie: Perspektiven und Materialien. Sonderheft 25 der KZfSS, Opladen, S. 75-87
149 Segalen 1990
150 Gestrich et al. 2003
151 Eine besondere Familienform im Balkan. Dazu u.a. Segalen 1990, S. 39f
152 Wahl: Familienbilder und Familienrealität. In: Böhnisch et al. 1997, S. 106
153 Gerlach 1999; S. 14

die nötige Selbstreferenz und das nötige Durchsetzungsvermögen im kulturellen Zusammenspiel?[154] Oder ist seine Eigenart die, sich in Wandlungen zu vollziehen? Oder noch anders: Zeigt sich seine Eigenart gerade daran, in den Veränderlichkeiten von Lebensbedingungen als Lebensform zu beharren?

Denn unstrittig bleibt das Familiäre, trotz seiner vermeintlich schwachen Eigendynamik gegenüber anderen Kulturgestalten, in der menschlichen Kultur erhalten. Und auch die ihm in der Moderne, vor allem in der westlichen Welt, zugeschriebenen Krisenszenarien, nämlich Wert- Erziehungs- und Bindungskrisen, stützen sich weniger auf tragfähige empirische Analysen als auf kulturpessimistische Standpunkte. Die Familiensoziologen Hill und Kopp u.a. verweisen in diesem Zusammenhang auf aktuelle Befragungen von Jugendlichen und auf Umfragedaten des European Social Survey aus dem Jahr 2002 und resümieren: „wenn auch andere Lebensformen an Akzeptanz gewonnen haben, ist die Familie – und dies so gut wie unabhängig von Alter, Geschlecht oder anderen soziodemographischen Merkmalen – immer noch mit Abstand das Lebensmodell mit der höchsten sozialen Erwünschtheit und eine der wichtigsten gesellschaftlichen Institutionen."[155] Insofern erscheint sicher, „daß wichtige Funktionen, die bislang meist in familialen Kontexten erbracht wurden, den beteiligten Personen auch in Zukunft von Wichtigkeit sein werden, so daß sie weiterhin Familien, familienähnliche Konstellationen oder andere funktionale Äquivalente schätzen werden."[156]

Also bleibt die Frage: Worum geht es überhaupt, wenn wir uns hier über das „Familiäre" verständigen wollen? Wo und mit welchen Voraussetzungen müssen wir beginnen, wenn wir beginnen über das Familiäre zu verhandeln? Cassirer denkt, unsere Vor-Urteile könnten unseren Überlegungen durchaus brauchbare Anstöße geben, denn: „Wie weit wir auch in die Urschichten des menschlichen Daseins und in die primitiven Schichten des kollektiven Bewußtseins zurückzudringen streben: immer finden wir schon entwickelte Lebensformen und entwickelte Gesellschaftsformen vor...."[157] Der Mensch ist eben ein Gemeinschaftswesen. Wir können also nicht quasi „hinter" ein Phänomen, das wir als das „Familiäre" ansprechen, zurückgreifen, ohne Mythen zu bilden oder das Thema selbst an metaphysische Konstrukte zu verlieren.

Deswegen hilft auch der Versuch nicht, die Vielgestaltigkeit des Familiären auf das factum brutum des biologisch Bedingten zurückzudatieren. Darauf etwa, daß Frauen Kinder gebären und diese strapazierte Dyade notwendig als „Urgestalt" des Familiären zu gelten hat, wie dies etwa Lothar Böhnisch und Karl Lenz unlängst versucht haben[158]. Denn das Bedürfnis eines Babys nach Schutz und Nahrung kann sofort nach der Geburt von jedem anderen sachkundigen Lebewesen übernommen werden: „zwischen Geschlechtern oder Altersgruppen zu unterscheiden ist nicht Sache eines Babies."[159] Und es ist zwischenzeitlich allgemein bekannt: Die biologische Qualität der Mutter-Kind-Beziehung berechtigt nicht[160], ihr auch ein verläßlich funktionierendes Brutpflegemotiv zu unterstellen, vielmehr läßt sich diese Unterstellung leicht als Mythos[161] entlarven. Das „Mütterliche" ist bereits ein Sym-

---

154   Bertram 1997
155   Hill et al. 2004, S. 315
156   Hill et al. 2004, S. 320
157   VM S. 91
158   Böhnisch et al. 1997; S. 25
159   Liedloff 1980, S. 49
160   Brezinka 1995, S. 128ff
161   Drerup: Mütterlichkeit als Mythos. In: Böhnisch et al. 1997, S. 81-99

bolbegriff für eine Rolle, die vor allem kindlichen Bedürfnissen gegenüber Verantwortung übernimmt.

Bleiben wir also lieber noch bei Deutungen, die uns die historisch erwiesene Tatsache des Beharrungsvermögens des Familiären nahelegen. Dieses Beharrungsvermögen läßt die Haushaltswissenschaftlerin Rosemary von Schweitzer ungezwungen festellen: „Familiale Systeme überleben Zusammenbrüche von Staaten, während Staaten ohne die grundlegenden Ressourcen ihrer ‚Familienhaushaltssysteme' nicht denkbar sind."[162] Denn, so der Ökonom Gary Becker: „Familien sind ein Hauptfaktor der Produktion und Verteilung von Gütern und Leistungen in praktisch jeder bekannten Gesellschaft – einschließlich antiker, primitiver, in Entwicklung begriffener und entwickelter Gesellschaften. Besonders wichtig sind sie für Erzeugung, Versorgung und Erziehung von Kindern,"[163] und ineins damit natürlich auch „für die Vermittlung von Werten und kulturellen Verhaltensmustern, die Weitergabe von Eigentum und sozialer Stellung über Generationen."[164] Familien sollten also tunlichst geschützt werden durch die Verantwortlichen in den sie beherbergenden Sozialverbänden. In modernen Verfassungen[165] ist der Schutz der Familie immerhin ein Grundrecht, das auch auf internationale Einigkeit zählen kann.[166]

Im Kontext von Familienrechtsfragen, so der Rechtswissenschaftler Matthias Pechstein, ist zu diesem Zweck allerdings eine heikle Relation zu bilden. Es muß nämlich a) klar sein, was eine „Familie" denn für Personen meint, b) was eigentlich „Schutz" meint, warum er zu beanspruchen sei und gar, c) was für ein Ordnungsbegriff den der „staatlichen Ordnung" bestimmt, die diesen Schutz übernehmen soll. Dieses Rechtsgut des Schutzes ist aber schwierig festzulegen, denn Familien kann offenbar nicht vorbehaltlos Schutz gewährt werden. Sollten nämlich Familien aufgrund ihrer unverzichtbaren Leistungen eine kulturelle Eigenständigkeit oder gar Dominanz entwickeln, so könnte das für Staatswesen in der Tat unübersehbare Folgen zeitigen. Schon Platon[167] und nicht erst Fichte hat daher dem Staat eine Familienpolitik empfohlen, die sich unnachgiebig am Erhalt und am Gedeihen des Staatsgefüges orientiert, und zwar durch die vollständige Übertragung aller Versorgung und Erziehung von vielversprechenden Kindern auf staatliche Institutionen.

Nun, jedenfalls erfaßt diese antike Idee die Widersprüche der modernen Familienpolitik in ihrem Grundsatz, nämlich deren Ambivalenz zwischen Schutz und Kontrolle. Sie verstärkt sich auch noch mit der Entwicklung des Staatsbürgertums in der Neuzeit deutlich[168] und bringt an den Tag, daß das Familiäre sowohl politisch wie auch gesellschaftlich widersprüchlichen Deutungen und Interessen ausgesetzt ist. „Familienpolitik" als Muster gesellschaftspolitischer Ordnungsvorstellungen, repräsentiert, so Kurt Lüscher[169], ja nicht nur die Interessen des Staates, sondern ebenso die der Kirche, der Wirtschaft, der Betriebe, der Familienverbände, Wohlfahrtsverbände usw. Und last not least – „die Familie" kann in

---

162 Krüsselberg et al. 2002 S. 199
163 Becker 1996 S.101
164 Gestrich et al. 2003, S. 366
165 Pechstein 1994
166 Pechstein 1994 S. 58: „Ausgehend von Art. 16 Abs. 3 der Allgemeinen Erklärung der Menschenrechte der Vereinten Nationen von 1948, der lautet: ‚Die Familie ist die natürliche und grundlegende Einheit der Gesellschaft. Sie hat Anspruch auf den Schutz der Gesellschaft und des Staates'."
167 Im Dialog: Der Staat
168 Gestrich et al. 2003, siehe insbesondere der Abschnitt über „Konträre Perspektiven: Ehe- und Familienlehren im 19. und 20. Jahrhundert. S. 379ff
169 Kurt Lüscher: Warum Familienpolitik? Hrsg. Eidgenössische Koordinationskommission für Familienfragen 2003

jedem von uns durchaus gemischte Gefühle hervorrufen. Das „Mißtrauen gegen die Institution der Familie als einem zentralen Ort der Unterdrückung und der Stabilisierung umfassender sozialer Ungleichheit zieht sich wie ein roter Faden durch die politischen und sozialen Emanzipationsbewegungen des 19. und 20. Jahrhunderts."[170] Dem entgegen steht eine „zweite Tradition normativer Familienliteratur des 19. und 20. Jahrhunderts ..., die zur Verklärung der Familie neigte. Hier wurde die Familie zwar nicht mehr als ein zentrales Element der göttlichen Weltordnung angesehen, indem sie jedoch zur natürlichen und sittlichen Grundlage aller menschlichen Gesellschaften stilisiert wurde, entzog man sie ebenfalls der Kritik."[171]

Insofern erstaunt das Urteil der Politikwissenschaftlerin Irene Gerlach nicht, die den Begriffen des Familiären, wie sie in den politischen und rechtlichen Feldern verwendet werden, nachsagt, daß sie schlicht transportieren, was den jeweiligen politisch wirksamen Interessen dient.[172] Je nach Bedarf sozusagen werden die „Grundkomponenten" des Familiären im Biologischen oder im Sozialen festgelegt, und derart generiert dann je nach Deutungsperspektive und Deutungsinteresse der Begriff der Familie zu einem eher naturalistischen oder einem eher sozialen Konstrukt. Und entsprechend gewinnen auch eher naturwissenschaftliche oder gesellschafts- und humanwissenschaftliche Daten der Familienforschung Bedeutung. Denn eines darf man in diesem ganzen Zusammenhang auch nicht übersehen, nämlich daß die Familie für die Sozial- und Verhaltenswissenschaften seit dem letzten Jahrhundert von größtem Interesse ist. Dem kulturellen Konstrukt Familie wird also aus unterschiedlichsten Richtungen häufig eine „gegebene Ordnung" zugewiesen, die für Zuschreibungen aller Art tauglich sein kann. U.a. auch dafür, das Familiäre für politische Mythen zu instrumentalisieren, wie in der Nazizeit in Deutschland geschehen, oder – so aktuelle Tendenzen – sie für Aufgaben in die Verantwortung zu nehmen, die tatsächlich sozial- und wohlfahrtsstaatlicher Art sind. Das Familiäre kann überhaupt, im Vergleich etwa zur Kulturgestalt der Religion oder der Wirtschaft, verhältnismäßig leicht instrumentalisiert werden. Ist dieser „Kulturschwäche" abzuhelfen?

Wir lassen diese Frage offen und beenden mit ihr unsere Auswahl an Deutungsperspektiven des Familiären. Zugegeben, sie alle bieten nicht einmal einen Hinweis auf die Frage nach der symbolischen *Form* des Familiären. Aber sie sollten eher dem Aspekt der *Vielseitigkeit und Wandelbarkeit* einer universalen Erscheinung Rechnung tragen, oder anders: eines speziell menschlichen Erfahrungsraumes. Doch wenn wir jetzt beginnen, die Kulturgestalt Familie anhand Cassirers Modell einer symbolischen Form darzustellen, dann müssen wir uns allerdings über eine in den Grundzügen *einheitliche* Gestalt des Familiären Gedanken machen. Nach ihr suchen wir in den nächsten beiden Abschnitten.

2   Koresidenz und Verwandtschaft: Was Familienformen prägt

Die Historiker Gestrich, Krause und Mitterauer betrachten „die Familie" in ihrer Kulturgeschichte ganz in Cassirers Sinn, mithin als einen Teil des „symbolischen Universums", das uns in einer eigenen und charakteristischen Weise „befähigt, ... Erfahrungen zu verstehen, und

---

170   Gestrich et al. 2003, S. 380
171   Gestrich et al. 2003, S. 381; der Text verweist insbesondere auf Hegels Interpretation des Familiären
172   Gerlach 1996

zu deuten, zu gliedern und zu ordnen, zu synthetisieren und zu verallgemeinern."[173] „Kultur" verstehen die Historiker dem entsprechend als ein „Orientierungssystem, ... als ein System von Standardisierungen, das bewirkt, daß bestimmte Gruppen ihre natürliche und soziale Umgebung auf gleiche Weise wahrnehmen und sich so verständlich und verläßlich darin verhalten, ohne daß dies auf biologische Determinanten zurückgeführt werden kann."[174]

Das kulturhistorische Interesse dieser Autoren an Familien richtet sich daher auf „grundlegende Bereiche und Formen der Wahrnehmung und des sozialen Handelns, Basisstrukturen und -regeln des täglichen Lebens, ihre historischen Veränderungen und regionalen Variationen, aber auch ihre langfristig Konstanz und Einheitlichkeit."[175] Kurz: Auf das Familiäre als eine *Lebensform*. Sie erschließt sich aber nicht dadurch, daß man genau sagen kann, wie viele und welche Personen zur Familie gehören und welche nicht. Diese Lebensform kann sich vielmehr nur durch das vergleichende „Erkennen von Räumen, die durch gemeinsame Strukturen, Institutionen und Lebensweisen gekennzeichnet sind"[176], erschließen. So kommen „die Unterschiede, die diese Räume voneinander abgrenzen, ebenso in den Blick wie die verbindenden Elemente."[177]

Aber diese historische Perspektive *vergleicht* nicht nur, sondern sie sucht auch die Schaltpunkte des Wandels in den Blick zu nehmen. Denn, „Gesellschaften sind nicht statisch. Auch die europäischen Gesellschaften haben sich im Lauf der Zeit teilweise durch die Ausbreitung bestimmter Institutionen in ihren Strukturen einander angenähert, teilweise aber auch deutlich auseinander entwickelt."[178] Dieser kulturtheoretische Ansatz der Historiker versagt es also nicht nur, die „Geschichte der Familie" auf biologische, sondern er versagt es auch, sie auf (National-)staatliche Gegebenheiten zurückzuführen. Zu unserem Vorteil erfahren wir deswegen, was für Grundformen des Familiären sich im europäischen Großraum durchgängig, von der Antike bis in unsere Tage, herausgebildet haben. Und wir können festhalten, daß diese kulturhistorische Perspektive ganz eindeutig im Sinne Cassirers ist.

Nun ist die Frage: Welche Grundformen des Familiären haben die Historiker in den verschiedenen zeitlichen, geographischen und politischen Räumen erkennen können? Sie nennen uns zwei Familientypen, die wir alle aus unserem eigenen familiären Alltagserleben kennen. Wenn wir beispielsweise Familienfeste planen, dann laden wir in der Regel *Verwandte* ein. Denn, ganz gleich wo sie wohnen, betrachten wir sie als zur Familie gehörig. Aber wenn wir vom „Familienleben" sprechen, dann beziehen wir uns kaum auf die Tante in Südfrankreich, sondern auf die Menschen, mit denen wir *zusammenleben*: Auf Ehe- oder Lebenspartner, auf die Stieftochter aus erster Ehe oder das gemeinsame Kind, auf das uneheliche Kind der Lebenspartnerin, auch auf das Rentnerpaar von nebenan, das für die Kinder die Großelternrolle übernommen hat. Sie alle gehören in unserem Verständnis deswegen zur „Familie", weil wir mit ihnen räumlich zusammen leben. Familien in diesem Sinne teilen einen Alltag, haben gemeinsame Örtlichkeiten, in denen sie sich in ausdrücklich oder unausdrücklich geregelten Zeiträumen begegnen.

Die Vorstellung, der Vetter aus Amerika besäße genau den gleichen Einfluß auf unsere Familie, als wenn er bei uns leben würde, das scheint uns zumindest befremdlich. Eine Sonderrolle genießen bei uns lediglich die Großeltern als Vertrauenspersonen für ihre er-

---

173 VM S. 335
174 Gestrich et al. 2003, S. 1
175 Gestrich et al. 2003, S. 1
176 Gestrich et al. 2003, S. 4
177 Gestrich et al. 2003, S. 5
178 Gestrich et al. 2003, S. 5

wachsenen Kinder und auch für ihre Enkelkinder Die Verwandtschaft ist für uns ansonsten meist nur zu besonderen Ereignissen wichtig, seien sie erfreulicher oder betrüblicher Art. An Festen etwa, wenn jemand krank ist und besucht, oder versorgt werden muß, in Unglücksfällen, wenn Eltern ausfallen, oder auch wenn jemand dazukommt, sei es durch Geburt, oder durch Liebschaft oder Heirat. In den beiden letztgenannten Fällen ist es oft von großer Bedeutung die „erwählte" Person „in die Familie einzuführen". Damit scheint für die Individuen einer Familie eine wichtige Gruppenidentifikation vollzogen. Dieses eher formale Verständnis von Verwandtschaft schmälert ihre Bedeutung im Einzelfall keineswegs, aber es gibt einen Familientyp, dem dieser Einbezug der Verwandtschaft bei weitem nicht genügt, der seine familiären Bande mit der Verwandtschaft sehr viel enger empfindet und praktiziert, als mit den Personen, mit denen er häuslich zusammenlebt. In den Kulturen des Balkan vor allem, aber auch in Familien aus dem arabischen Raum ist das der Fall. Sie identifizieren das Familiäre mit der Abstammungslinie. Und in der Kulturarbeit mit diesen Familien spielt das u.U. eine große Rolle.

Jedenfalls: Die „Kultur" des Familiären läßt sich auf den beiden genannten Voraussetzungen, *Koresidenz* und *Abstammung*, begründen, da sich nach ihnen zwei differente Erscheinungsformen grundsätzlich prägen: Familien, die ihre Identität ungeachtet ihrer Abstammungsverhältnisse aus der Tatsache der Koresidenz ableiten, sie nennt man *Haushaltsfamilien*. Und solche, die ihre Identität ungeachtet ihrer Lebensform aus ihren Abstammungslinien ableiten, sie nennt man *Verwandtschaftsfamilie*. Im ersten Fall handelt es sich um die Familie als häusliche Gemeinschaft. Sie ist kulturell und historisch betrachtet eine uneinheitliche Lebensform, die sich geschichtlich gar nicht leicht erforschen läßt. Verhältnismäßig klar dagegen scheint die Quellenlage zur Bestimmung des zweiten Typs, der Verwandtschaftsfamilie zu sein. Nun ist der Typ der Haushaltsfamilie laut Geschichtswissenschaft seit der Antike der im mittleren bis westlichen europäischen Kulturraum gängige Typus des Familiären. Nebenbei: In unserem Kulturraum wurde die Ablösung der Verwandtschaftsfamilie durch die Haushaltsfamilie, jedenfalls einer bedeutenden These gemäß, vor allem durch das Bestreben der christlichen Kirche, sich familiäre Besitztümer anzueignen, ausgelöst.[179] Die Kirche hat sich des Themas Familie also durchaus nicht uneigennützig angenommen.

In der Haushalts-, bzw. in der Verwandtschaftsfamilie prägt sich die Intensität der Beziehungen zwischen den Familienmitgliedern und die Identität der Familienzugehörigkeit durch völlig andere Vorgaben aus. Ist im einen Fall einzig entscheidend, mit wem man unter einem Dach lebt, so leitet sich die Art und Bedeutung der familiären Bindung im anderen Fall aus der Regelung der Abstammung ab, die natürlich im Einzelfall sehr unterschiedlich sein kann. Diese Differenz nötigt uns, soweit wir im Typus der Haushaltsfamilie kulturalisiert worden sind, zu der Einsicht, das Familiäre nicht zwingend als eine gemeinschaftliche Lebensform zu verstehen. Sie nötigt uns vielmehr anzuerkennen, daß Verwandtschaft, also eine *durch Regeln bestimmte Beziehung*, durchaus eine Vertrauensbasis darstellen kann, die sich durch eine *gewachsene persönliche Beziehung* nicht ohne weiteres ablösen läßt. Warum das möglich ist, das läßt sich sicher nicht einfach beantworten, da hinter beiden Formen eine vielschichtige Entwicklung über lange Zeiträume steht. Es läßt sich lediglich festhalten, daß eine Verwandtschaftsfamilie Identität und persönliche Bindung aus vorgegebenen Strukturen bezieht, die jenseits der persönlichen Nähe ihrer Mitglieder in Kraft sind. Das gilt für Haushaltsfamilien nicht. Vielmehr erinnern sich die Mitgliedern

---

179   Gestrich et al. 2003, S. 163f

einer Haushaltsfamilie derartiger Strukturen i.d.R. erst dann, wenn besondere Ereignisse eintreten, die verwandtschaftlichen „Zusammenhalt" nahelegen. Der Typ der Verwandtschaftsfamilie ist jenseits der historischen Familienforschung bisher kaum in Erscheinung getreten. Daß jedoch die Migrationbewegung gerade aus den Balkanländern speziell ein Verständnis dieses Familientyps verlangt, da ein Teil ihrer Problematik auf diese kulturelle Differenz zur hier vorherrschenden Familienform zurückgeht, mag folgendes Beispiel veranschaulichen:

Auch nach über zwei Jahrzehnten verlangten die Eltern einer aus dem Balkan eingewanderten Familie von ihren beiden Töchtern, die beide in der Schweiz geboren und aufgewachsen waren, Gehorsam gegenüber den Wünschen und Informationsbedürfnissen ferner Verwandter und gegenüber dem Bruder, der bereits längere Zeit nicht mehr in der Familie lebte. Die Töchter empörten sich über die Einmischung in ihre privaten Angelegenheiten von Menschen „die gar nicht mit uns zusammenleben". Die Eltern verstanden dieses Argument in keiner Weise, die Töchter die Haltung ihrer Eltern ebensowenig. Diese Verstehenskluft belastete das Familienleben insgesamt und auch jedes in dieser Familie lebende Mitglied sehr. Eine „Aufklärung" über genau diese beiden Familientypen zeigte der sehr interessierten Familie auf, daß die gegenseitigen Forderungen nicht durch persönliche Machtansprüche und Rebellion bedingt waren, sondern durch zwei verschiedene kulturelle Erfahrungen über „die Familie", die jede für sich betrachtet, durchaus Sinn machen. Diese Art „Familienbildung" brachte der Familie spürbar Erleichterung, ohne daß eine Art von „Beziehungsklärung" oder eine Diskussion über den „Wert" der einen oder anderen Überzeugung mehr nötig wurde. Ja, es war sogar eine eigentümliche Neugier vor allem zwischen der Mutter und ihren Töchtern zu beobachten, an dem, was plötzlich „anders" am jeweils anderen zu sein schien, ohne daß dies zuvor bemerkt worden war.

Nun sind fast alle Menschen unseres Kulturkreises in einer Haushaltsfamilie aufgewachsen. Und zweifellos gilt: Auch wenn man den Mythos[180] der harmonischen Großfamilie mittlerweile begraben hat und auch nicht mehr daran glaubt, daß es „im Haus"[181] unter vorindustriellen Bedingungen harmonischer zugegangen sein soll: Für unser Kulturverständnis besitzen die *persönlichen Bindungen und Beziehungen* ganz klar Priorität vor Abstammungs- oder gesetzlichen Beziehungen, wenn es um das Familiäre geht. Sie liegen i.d.R. den richterlichen Entscheidungen des Familiengerichts, etwa zum Sorgerecht, zugrunde. Und mit den Beziehungen und Bindungen in familialen Gemeinschaften haben wir es auch schwerpunktmäßig in der sozialpädagogischen Praxis zu tun. Oder sagen wir es genauer: Die Weisen des unmittelbaren häuslichen Miteinander, die damit verbundenen existentiellen Bedingungen des Miteinander, in denen ja auch das erzieherische Potential einer Familie liegt, sie liegen gewissermaßen im Zentrum des sozialpädagogischen Interesses in der Arbeit mit Familien. Wir werden unsere Aufmerksamkeit also dem Typ der *Haushaltsfamilie* zuwenden. Diesen Typus klar einzugrenzen fällt aber nicht ganz leicht. U.a. wenn man bedenkt, daß es heutzutage „auch bei getrennten Wohnungen ... sehr enge Formen der Zusammenarbeit und gegenseitiger Unterstützung geben ›kann‹, während es in Wohngemeinschaften oder auch vor Scheidungen zu weitgehend getrennten Arbeits- und

---

180 Böhnisch und Lenz sprechen von drei Mythen, die sich in der Familienforschung breitgemacht haben und die zu überwinden sind: 1. der Harmoniemythos: Konflikte gab es früher nicht in Familien; 2. der Größenmythos: in vorindustrieller Zeit hätten meist mehr als zwei Generationen zusammengelebt; 3. der Konstanzmythos: Familien als eine Gefühlsgemeinschaft seien eine Naturkonstante. Böhnisch et al. 1997; S. 11

181 Etymologisch bedeutete „Familie" zunächst „Hausgenossenschaft"

Versorgungseinheiten innerhalb eines Hauses kommen kann."[182] Was ist nun eine Haushaltsfamilie?

2.1   Die Haushaltsfamilie: Von der Konstanz des Wandels

Was eine Haushaltsfamilie in ihrem Erscheinen prägt, ist die *Koresidenz* ihrer Mitglieder. Mit diesem Begriff ist die wichtigste *Konstante* dieses Familientyps benannt. Koresidenz leitet sich ab aus der residentia[183], dem Wohnsitz, und die residentia wiederum leitet sich ab vom lateinischen residere: sitzen, sitzen bleiben, *verweilen*. Es geht im Begriff der Koresidenz also um das freiwillige und tendenziell positiv besetzte Zusammenleben mehrerer Menschen unter einem Dach. Koresidenz versteht sich aber keineswegs als eine zum „guten Leben" verpflichtende oder solches versprechende Formel. Eher schon ist in diesem Begriff vorausgesetzt, daß Menschen, die gewisse Zwecke darin sehen unter einem Dach zusammenzuleben, passende Umgangsformen mitbringen.

Insofern führt die „Koresidenz unter einem Dach" zwar immer zur Ausbildung irgend einer Form von *Alltagsleben*. Aber auch diese Qualität, der wir uns noch ausgiebig zuwenden werden, macht aus der Koresidenz „kein ausreichendes Kriterium, um die Qualität des Zusammenhangs und der tatsächlichen Interaktion zwischen Personen und Gruppen zu beschreiben."[184] Wenn sich also die Gestalten der Haushaltsfamilien im Spektrum von Koresidenz und Alltagskultur präzisieren, dann kommen mit ihnen viele Sozialformen „ins Blickfeld, an die man vom heutigen Wortgebrauch des Begriffs ‚Haushaltsfamilie' ausgehend zunächst gar nicht denken würde, bei denen es sich aber sehr wohl um Hausgemeinschaften mit Familiencharakter handelt."[185] Und damit stehen wir schon vor der nächsten und wohl schwierigeren Frage: Was gibt einer Gruppe von Menschen, die in Koresidenz leben, den *familiären* Charakter? Denn einen Haushalt führen schließlich auch alleinstehende Paare, oder soziale Einrichtungen aller Art.

Wie uns die Kulturgeschichte der Familie[186] zeigt, bestimmt sich der *Charakter* des Familiären durch die geplante, die tatsächliche, oder die symbolische Anwesenheit[187] von Eltern und Kindern. Haushaltsfamilien fußen insofern auf der Konstellation einer „Kernfamilie". Sie sind also koresidierende Gruppen mit einem tatsächlichen oder einem symbolischen Generationenverhältnis und einer darin begründeten pädagogischen Funktion. Traditionell gründet die „Kernfamilie" in vielen Kulturräumen auf ehelichen Vereinbarungen zwischen heterosexuellen Paaren, aber Eltern-Kind-Konstellationen kommen, wie wir wissen, auch ohne diese Vorgaben aus. Die kernfamiliale Personenkonstellation, – oder gelegentlich auch mehr als eine – kann sich je nach Kultur und Zeitgeist in den verschiedensten Haushaltsformen zusammenfinden und in unterschiedlich große Rahmenhaushalte mit weiteren Personen, Verwandten oder Bediensteten etwa, eingebunden sein. Die Haushaltsfamilie bedingt sich daher *auch* durch Verwandtschaftsbeziehungen, Wohnverhältnisse, ökonomischen Bedingungen, Erbsitten, Partnerwahl- und Heiratsregeln, aus materialen und

---

182   Gestrich et al. 2003, S. 407; i.d.S. auch Nave-Herz in Krüsselberg et al. 2002 S. 147
183   Kluge: Etymologisches Wörterbuch, Berlin 2002
184   Gestrich et al. 2003, S. 408
185   Gestrich et al. 2003, S. 269
186   Gestrich et al. 2003
187   So beispielsweise in Klöstern, die das Leben im gemeinsamen Haushalt in der Begriffsprache und Symbolik des Familiären benennen und strukturieren.

lokalen Bedingungen, geographischen Gegebenheiten, u.a. mehr. Doch in jedem Fall gilt: *Die Koresidenz einer familialen Gruppe bestimmt das charakteristische Erscheinungsbild der symbolischen Form Familie.*

Über die Grundgestalt des gemeinsamen Haus-Haltens zeigt uns die kulturgeschichtliche Analyse des Familiären eine Phänomenologie von Haushaltsfamilien[188]. Angefangen beim Oikos des antiken Griechenland, über die römische Haushaltsfamilie, dann über die Formen des Mittelalters, den Fürstenhof beispielsweise oder den Fronhof, bis zu den uns eher vertrauten gattenzentrierten Formen der Neuzeit, den bäuerlichen Familien, Bürgerfamilien, den Klein- oder auch den Einelternfamilien. Wie alle diese Formen in ihrer über zweitausendjährigen Geschichte zeigen, können Haushaltsfamilien also durchaus verschiedene Wohnsitze und Generationen umfassen, die funktional miteinander verbunden sind. Heutzutage beispielsweise dann, wenn der Haushalt der Großeltern mit dem der Kinder und Enkel kooperiert, etwa um der Gewährleistung fürsorglicher Beziehungen willen. In der westlichen Kultursphäre durchlaufen wir gewissermaßen zyklisch in unserem Leben mehrere Haushaltsfamilien. Die Herkunftsfamilie, die eigene Familie, vielleicht später noch eine Patchworkfamilie, wobei die eigentliche „Familienphase" heute, die Zeit, in der Eltern mit ihren unmündigen Kindern zusammenleben, nur noch ein Viertel der Lebenszeit ausmacht im Vergleich zur früher, wo sie bis zur Hälfte der Lebenszeit betrug[189].

Aber immer ist die Behausung der Gemeinschaft oder ihrer einzelnen Teile, sozusagen das organisatorische Zentrum des Familienlebens. In ihr vollzieht sich die dem Familiären eigene kreative – man darf auch sagen: systemische *Integrationsleistung*, – also „nicht nur die biologische Reproduktion der Gesellschaft, sondern auch die Vermittlung von Werten und kulturellen Verhaltensmustern, die Weitergabe von Eigentum und sozialer Stellung über die Generationen. Die Ordnung der Familie war deshalb immer ein wichtiges Objekt für gesellschaftliche Leitbilder und Vorschriften des Zusammenlebens und sozialen Verhaltens."[190] ... „Die Ansprüche, die an die Familie gerichtet, und die Funktionen, die ihr zugewiesen werden, sind immer Teil konkreter wirtschaftlicher, sozialer und politischer Strukturen und Machtverhältnisse. Sie sind eingebettet in komplexe Zusammenhänge von religiösen, rechtlichen und politischen Traditionen, von Anpassungen an wirtschaftliche Herausforderungen und kulturell geprägten Annahmen über die ‚Natur' der Gesellschaft, des Individuums und der sozialen Beziehungen."[191]

Und der Modus, in dem sich die Vorgänge im Familienhaushalt vollziehen, ist das Alltägliche. Familien*alltag* bezeichnet ein Faktum, das aus keinem Begriff des Familiären wegzudenken ist und das in der Moderne ganz ausdrücklich thematisiert wird. In der Literatur, wie in den Sozial- und Verhaltenswisssenschaften, wie in der Philosophie. Was hat es in der Kulturtheorie Cassirers für einen Stellenwert? Oder anders gefragt: Wie ist es in Cassirers Theorie zu integrieren?

---

188 S.a. Richartz, 1991
189 Nave-Herz in Krüsselberg et al. 2002 S. 137
190 Gestrich et al. 2003, S. 366
191 Gestrich et al. 2003, S. 366

3   Von der symbolischen Formkraft des Alltäglichen

Familie ist eine Lebensform. Nicht eine willkürlich entstandene und eine, die beliebig verlassen werden kann. Sondern eine, die dem Kulturwesen Mensch als solchem bedeutsam ist. Eine Lebensform also, die das geplante, gewollte und in Traditionen vielgestaltig geregelte Zusammenleben von Männern, Frauen und Kindern meint, charakterisiert durch Beziehungen, die auf längere Zeiträume hin geplant sind und die die Individuen existentiell betreffen. Familie kann man als symbolische Form begreifen. Wir haben schon ein erstes Formelement des Familiären bedacht: Das Zusammenleben. Und wir denken dieses Zusammenleben einfach als eine alltägliche Erscheinung. Denn immer ist in den Gebilden von Familien – in Formen der Verwandtschafts- ganz ausdrücklich aber in denen der Haushaltsfamilie – eine familiäre Alltagswelt zu erkennen. Das familiäre Zusammenleben wird also im Alltag *konkret*.

Nun hat ja der Begriff „Alltag" etwa seit den siebziger Jahren des letzten Jahrhunderts, vor allem in den Sozial- und Verhaltenswissenschaften, große Bedeutung erlangt. Und wenn man in deren Kontext von „Familie" sprechen will, kommt man um eine Diskussion dieses Begriffs nicht herum. In der Sozialpädagogik war es Hans Thiersch, der diesem Begriff in den Theoriegebilden der Soialpädagogik seinen Ort gegeben hat. In Anbindung an den von Husserl philosophisch begründeten Begriff der Lebenswelt, entwarf Thiersch im Symbolbegriff Alltag für die Praxis Sozialpädagogik ein sozialwissenschaftliches „Konzept zur Rekonstruktion von Lebensverhältnissen und Handlungsmustern"[192]. Wie nah ist dieses Konzept an Cassirers Kulturtheorie?, oder: In welcher Weise kennzeichnet sich aus der Kulturperspektive ein Familienleben durch „Alltäglichkeit"?

Nun, Cassirer hat keine Alltagstheorie erdacht. Um eine symbolische Form *darzustellen*, ist Alltag kein Kriterium. Ganz sicher ist er aber eine symbolische Formkomponente, denn das Alltägliche findet sich schließlich überall in der menschlichen Kultur als eine, wenn man so will, „Wirklichkeit", in *überschaubaren* Sozialräumen[193], bzw. in „Lebenswelten". Oder, mit Cassirers Kategorien betrachten: Eine „Wirklichkeit" in den Binnenräumen kultureller Geschäftigkeit – in denen der religiösen, der künstlerischen, der wissenschaftlichen, der technischen Geschäftigkeit, die je spezifische kulturelle Güter hervorzubringen vermag. Diese Geschäftigkeit kann nun zwar „alltäglich", oder auch in anderer Weise – etwa auf Perfektion gerichtet – vor sich gehen. Aber dennoch ist es allein das *funktionale und sinnvolle Handeln* (Thema Kapitel III B), das das eigentliche „Werk" hervorbringt. So können beispielsweise ein Bild, ein Staatsvertrag, ein Elektronenmikroskop oder ein gedeckter Mittagstisch, – *Symbole* also der Kunst, der Religion, der Technik, der Familie – sowohl in Alltagsroutine, wie auch rein auf Perfektion gerichtet, oder unter höchst gefährlichen Bedingungen, oder auch ganz einmalig verfertigt werden. Und die Art und Weise des verfertigens ist den „Werken" meistens auch anzusehen – als „Eigenschaft" gewissermaßen; oder als „Formkomponente".

So gesehen können wir dann Luhmann, ohne in Widersprüche zu geraten, zustimmen, wenn er Alltag als eine *Eigenschaft* von sozialen Systemen[194] bezeichnet. Alltag kann man

---

192   Thiersch 2000, S. 43
193   Einem Staatsgebilde etwa läßt sich kaum eine Alltagswirklichkeit zuschreiben.
194   Von einem sozialen System sprechen wir hier im Sinne von Luhmann, zitiert nach Probst S 50: Soziale Systeme sind *Sinnsysteme*, „die durch sinnhaft aufeinander bezogene Handlungen, durch Kognitionen, Werte und Normen zusammengehalten werden."

insofern system- wie auch kulturtheoretisch nicht als ein „System", resp. nicht als ein ei-
genständiges, aus spezifischem Handeln hervorgegangenes Kulturgebilde betrachten. Alltag, als Eigenschaft von sozialen Systemen, oder kulturellen Gebilden, inszeniert sich in
ihnen, ohne mit ihren Inhalten identisch zu sein. Man könnte nun durchaus im symbolischen Formenensemble *Alltag als Strukturmaxime des Handelns* beschreiben. Zuerst einmal weil Alltag eine durchaus universelle Gestalt besitzt, denn wir können uns Alltagsmodi
offenbar in vertrauten wie auch in fremden Erfahrungskontexten zumindest vorstellen, bzw.
wir können Alltagsverhältnisse in (fast) allen kulturellen Kontexten gleichsam „wiedererkennen". Ob in einem Betrieb, in einer Familie, oder auch in uns ganz fremden Verhältnissen, denen eines mittelalterlichen Ritters etwa, oder denen eines Astronauten in der Raumkapsel, Alltag auf einem Schiff, in einer Fabrikhalle, den Alltag der Drogenabhängigkeit.
Aber was bedeutet die Rede vom Alltag als eine „Strukturmaxime" menschlichen Handelns
genauer? Vielleicht klären wir diese Frage, bevor wir den starken Ansatz der Lebenswelt-
und Alltagsthoerie beleuchten, nach dem sich das Alltägliche als spezifisches Handeln
qualifizieren läßt.

Nun, ob man sich aus wissenschaftlichem Interesse oder aus der gewöhnlichen All-
tagsperspektive mit Bestimmungen des Alltäglichen befaßt, ob man sich ihm kritisch oder
besser affirmativ nähert, immer drängt sich dabei die Vorstellung von Regelhaftigkeit, von
Vertrautheit, von Berechenbarkeit in irgendeiner Weise auf. Ein Umstand, der nicht hin und
wieder, sondern der „alle Tage" wiederkehrt, gerät, ganz unabhängig von seiner sonstigen
Beschaffenheit, in den Rang des Alltäglichen. Dieser Rang tendiert zu Wertungen aller
Art[195], tatsächlich aber sagt er über die Wertigkeit des je Alltäglichen, ob es nützlich,
schädlich, gewollt oder erzwungen, ob es skandalös oder akzeptabel ist, gar nichts aus. Das
Töten im Krieg, das stündliche Gebet im Kloster, generiert Alltäglichkeit allein aus der
Wiederholung von Geschehnissen. Diese aber sagt überhaupt nichts aus über Legalität,
Moralität oder sonstwelcher Wertigkeit, bzw. „Gelingen" des Alltagsgeschehens.

Der durch das Wiederholen von Ereignissen entstehenden *Gleichförmigkeit* des Alltäglichen widerspricht es aber gleichwohl nicht, daß es in ihr *Unstetigkeit* geben kann. Die
aber sollen, so sie das Gleichförmige des Alltäglichen tangieren, bewältigt werden. Heißt
das: Je besser die Glättung des Alltags von Unstetigkeiten gelingt, desto stabiler ist der
Alltag? Gewiß, der Alltag will geradezu der Gegenpart des Unstetigen, des Abenteuerlichen
sein. Wir wollen und brauchen ganz offensichtlich Orte des Alltäglichen, an denen Ruhe
und Fraglosigkeit vorherrscht, um vorwärtsbringen zu können, was uns tangiert und was
notwendig ist. Sei es im Beruf, in der Familie, in der Forschung, oder in ganz anderen,
vielleicht ganz außergewöhnlichen Kontexten.

Insofern ist Alltag immer das Zurück-Haltende. Er ist, wenn man so will, Hintergrund.
Alltag geschieht. Und er geschieht zweckdienlich. Er geschieht, weil geschehen muß, was
gewisse Vorgänge und Handlungen ermöglicht, die uns notwendig erscheinen. Dennoch
kann man dieses Geschehen nicht auf „banale", oder auf rein lebenserhaltende Umstände
reduzieren: Daß Essen, Unterkunft und Sozialstruktur sein muß. Im Alltag einer flüchten-
den Familie beispielsweise ist nämlich Nahrung und Schlafplatz genau nicht Alltäglichkeit,
dafür aber vielleicht die Übernahme von Nachtwachen, von geschwisterlichen Schutzhand-
lungen, von Nahrungsaufteilungen o.ä.

Überall, wo in einem gewissen Zeitraum an eingegrenzter Örtlichkeit von einem oder
mehreren Individuen konkrete Interessen verwirklicht werden, dort entstehen notwendig

---

195   Thurn, Stuttgart 1980, S. 4 ff

Alltagsstrukturen. Der Alltag, beispielsweise einer wissenschaftlichen Expedition in den Amazonas, besitzt seine ganz speziellen Notwendigkeiten, ebenso wie der pädagogische Alltag in einem Kinderhort, wie der in einer klösterlichen Gemeinschaft, der einer Rockgruppe auf Tournee und auch der einer ganz normalen Familie. Und gemeinhin denkt man, daß Expedition, Kinderhort, Kloster, Rockgruppe und Familie um so besser funktionieren, je stabiler ihre Alltagsstruktur ist. Will sagen: je funktionaler sie für die *spezifische Handlungswelt* der Akteure ist. Doch allein als mögliche Strukturmaxime des Handelns betrachtet, kann es eben sehr gut sein, daß auch eine im Tourneealltag zerstrittene Rockgruppe fulminante Konzerte gibt, daß desaströse Alltagsverhältnisse im Innenraum des Kloster dessen Funktionalität nach außen über sehr lange Zeit weder Abbruch tun, noch ersichtlich sind. Daß Familienalltage heiter verlaufen, auch wenn es überwiegend Fastfood gibt und Karlchen kürzlich den zweiten streunenden Hund angeschleppt hat.

Das heißt grundsätzlich: Die *Praxis* des Alltags muß sich in kontingenten Räumen beweisen. Und – im Gegensatz zu Formen der kulturellen Praxis – muß sie es tun, ohne eigentlich hervorzutreten. Denn das Alltägliche tritt aus seinen Dienlichkeiten heraus, wenn es in den Vordergrund tritt, zumindest dann, wenn dies über längere Zeit der Fall ist. Dann stimmt etwas nicht mit dem Alltäglichen. Alltagspraxis muß also banal sein, will sie ihren Sinn und ihre Funktion erfüllen, nämlich die Entlastung vor beständigen Neuorientierungen und Neuinterpretationen in wiederkehrenden Situationen. Was aber banal daherkommt, im Wortsinne als „nicht der Rede wert", als „nichtssagend", nämlich das Alltagsdenken, das Alltagshandeln, das Alltagswissen, ist unbestritten das Resultat eines komplizierten Interaktionsprozesses zwischen Ich, Du und Welt und gleichwohl leuchtet das Machbare und Zweckmäßige des Alltäglichen offenbar uns Menschen in einer unmittelbaren Art und Weise ein. Wir „wissen" im Einzelfall *wozu* das Alltägliche gut ist, und haben daher immer auch Vorstellungen darüber, *wie* es zu bewerkstelligen sein könnte. Aber was für eine Form der Wirklichkeit suchen wir denn im Alltäglichen?

Wir suchen geordnete Verhältnisse. Denn zweifellos bedeutet und kennzeichnet jede Form von Alltäglichkeit die Erfahrung von Routine, von selbstverständlichen Abläufen, von Berechenbarkeit, von Wiederholung. *Alltag ist eine Manifestation von Ordnung.* Und in dieser Eigenschaft stellt sie Menschen möglicherweise vor große Schwierigkeiten, denn: Im Alltäglichen soll Ordnung *erfahrbar* werden. Alltag soll *für uns* – ausdrücklich – geordnete Verhältnisse herstellen, sie hervorbringen. Das Alltägliche als Strukturmaxime menschlichen Handelns symbolisiert das menschliche Bedürfnis, in seiner unmittelbaren Lebenswirklichkeit Ordnung schaffen zu wollen. Insbesondere gilt das für das Handlungsmodell im familiären Alltag, das wir im nächsten Abschnitt genau in Augenschein nehmen werden.

Aber: Was ist eigentlich Ordnung? Bringen wir diesen schwierigen Begriff auf seinen einfachsten Nenner, dann heißt Ordnen ganz grundsätzlich nur: Verhältnisse bestimmen[196]. Aber das Prinzip des Ordnens ist zunächst einmal eine wertfreie Größe[197] und es wankt auch nicht, wenn es um die Ordnung des Alltäglichen geht. Dort allerdings geht es darum, eine *Erfahrung* von Ordnung zu konstituieren und das bedeutet: Wenn Alltag ein Symbol für Ordnung ist, dann verwirklicht sich das Alltägliche als ein Organisationsphänomen[198] und zwar eines mit der Dynamik einer Selbst-Organisation[199]. Das Ziel aller Selbstorgani-

---

196 Die Vieldeutigkeit des Ordnungsbegriffs beschreibt Probst 1987
197 Hörning, 2001; S. 33
198 "Als Organisation definiere ich hier alles, was für eine Ordnung verantwortlich zeichnet." Probst, 1987; S. 9
199 Probst, 1987; S. 11

sation, so auch der des Alltäglichen, ist es: Orientierbarkeit, die Etablierung von Konsistenz und Kontinuität, Unsicherheiten verhindern, Verhaltensabstimmungen vornehmen oder erleichtern. Und da sie kein technisches oder mechanisches Phänomen ist, strebt sie immer auch nach Erneuerung, nach Vielfalt, nach Wandel und Interaktion.

Die Ordnung einer individuellen Alltagspraxis, die im Fabrikgebäude, die im wissenschaftlichen Labor, im Kloster, die des Drogenabhängigen, der hungernden Familie oder des Pharaos, ist theoretisch nicht fixierbar. Deswegen fallen die Konzerte eines Orchesters auf Tournee auch nicht mit dem Alltag des Orchesters zusammen, die religiöse Praxis nicht mit dem Alltag im Kloster, usw. Die Ordnung der Alltagspraxis markiert bestenfalls eine Schnittstelle von Öffentlichkeit und Privatheit; oder qualifiziert eine relativ eindeutige Szenerie kulturellen Lebens. Mit diesem Entwurf des Alltagshandelns als eine Strukturmaxime menschlichen Handelns, das in den unterschiedlichsten Kontexten der Kultur *individuelle Verhältnisse an Ordnung* und reibungsloser Organisaton anstrebt, muß man sich wohl innerhalb der Kulturtheorie zufriedengeben. „Ordentliche Verhältnisse" in diesem Sinne können sinnvoll und skandalös sein. Doch die Frage der Bewertung von „Ordnung" im Alltag und im Alltagshandeln ist im Kulturhorizont offensichtlich schwierig, vielleicht nicht einmal stichhaltig zu begründen. Zu einem derartigen Anspruch bekennt sich jedoch Hans Thiersch und so fundiert er sein Konzept vor dem Hintergrund sozialwissenschaftlich geprägter Lebenswelttheorien mit anderen Voraussetzungen.

Exkurs: Alltag. Eine Frage der Verhältnisse.

Obwohl durchaus maßgebend auch von philosophischen Denkansätzen geprägt, findet sich Cassirer nirgendwo in den theoretischen Hintergründen der Lebensweltorientierung[200], die Eingang fanden in die hermeneutisch-pragmatische Erziehungswissenschaft. Richtungsweisend sind ihr *sozialwissenschaftliche* Analysen und ihre Perspektive bestimmt denn auch den Begriff der Lebenswelt, der, wie oben erwähnt, theorietragend wurde für das, was Hans Thiersch in der Sozialpädagogik vermittels der Begriffe Alltag und Alltäglichkeit als Rahmenkonzept und Handlungsmuster sozialpädagogischer Profession zu Rang und Namen gebracht hat.

In diesem Konzept wird Alltag von Thiersch – man könnte sagen, durchaus im Sinne der Kulturtheorie – einerseits als eine *Strukturmaxime*[201] des Handelns in diversen Lebenswelten anerkannt, denn: Als eine Erscheinung sozial-kultureller Verhältnisse zielt „Alltäglichkeit ... zunächst auf Arrangements, auf Zustände" in Familie, in Heimen, in Arbeitswelten, in Gemeinwesen u.a. Verantwortlich für diese Verhältnisse ist aber ein *Handeln* in *zeitlichen*, *räumlichen* und *sozialen* Dimensionen, um Ordnung und Organisation des Machbaren und Notwendigen in diesen Verhältnissen zu situieren. In der Betrachtung, Entdeckung und in der Analyse der *Phänomene* des Alltäglichen – beispielsweise in gemeinsamen Mahlzeiten, dem Aufräumen, in Begrüßungs- und Abschiedsritualen, in Konflikt- und Zuwendungssituationen, usw. – erkennt also Thiersch im Alltäglichen – entgegen der Kulturtheorie – sowohl eine eigenständige *Form des Handelns* – neben anderen[202], wie

---

200   Vgl. Thiersch et al. 2004, S. 17ff
201   Thiersch 1992, S. 46 u.a.
202   Thiersch 1992, S. 49

auch den normativen Anspruch dieses Handelns auf „Gelingen"[203]. Alltäglichkeit *inszeniert* sich, so gesehen, gleichsam in Gestalt gesellschaftlich vorgegebener, wie ökonomisch bedingter, wie auch individuell eingeübter *Verhaltensmuster*, die darauf zielen, „geordnete Verhältnisse" nicht nur überhaupt, sondern vielmehr als *gelingenden* Alltag erfahrbar zu machen. Als „Bühne auf der agiert wird"[204] offenbart die Alltäglichkeit, daß Menschen es mehr oder weniger glücklich *bewältigen* müssen, in sinnvollen und hinderlichen Traditionen gefangen zu sein, in chancenreiche oder ausgrenzende gesellschaftliche Verhältnissen hineingeboren worden zu sein, begünstigenden oder diskriminierenden ökonomischen Bedingungen ausgeliefert zu sein, in förderlichen oder pathologischen Sozialbeziehungen bestehen zu müssen – daß sie die Pragmatik des Alltäglichen mit stabiler und mit instabiler individueller Kraft durchdringen.

Als letztlich ein „Wertbegriff" zeigt sich „Alltag" daher in der sozialpädagogischen Analyse alltäglicher Ereignisse – gemeinsame Mahlzeiten, morgendlicher Streit ums Badezimmer, tägliches Einkaufen, und so vieles mehr dieser Art – als *Ambivalenz* und darin als ein Signum modernen Zeitgeistes: „Die Enge der Erfahrungen, die Pragmatik eingespielter Verständnis- und Handlungsregeln, die Routinen mit ihrer Entlastung können borniert, ruinös sein und mit Leerlauf, vorurteilsgeprägter Starre und mit Ausgrenzung einhergehen"[205]. Die Ambivalenz von Alltäglichkeit steht fast metaphorisch für ein indifferentes Element kultureller Realität, das immer Widerspruch und Komplexität zugleich sein kann und insofern auch Unsägliches und Selbst-Verständliches *zugleich* hervorbringt. Erzwungene und gewollte Anpassung. Notwendigen und bornierten Widerstand. Ressourcen und Defizite im Verstehen und Bewältigen alltäglicher Anforderungen.

Hinter dieser *in Widersprüchen geordneten* Komplexität des Alltäglichen vermag sich denn auch vieles zu verbergen und vermögen sich Vor-Urteile bequem zu lagern. Doch der „Wertbegriff" Alltag ist „auch Indiz seiner Bedrohung, seiner Krise" und fordert uns daher geradezu heraus, Tabus zu benennen und merkwürdige Fragen zu stellen: Muß denn Routine, Berechenbarkeit und die Wiederholungsqualität des Alltäglichen langweilig, ohne Reiz sein? Und muß, anders herum, Vertrautheit, Intimität, im alltäglichen Erleben von Miteinander schön und erhebend sein? Wie kommt es, daß „geordnete Alltagsverhältnisse" emotionalen und sexuellen Mißbrauch,[206] psychische und physische Gewalt, über lange Zeiträume in ihrer „Ordnung" (ver-) bergen?

Solch eine Perspektive auf die „Wirklichkeit" von Alltagsphänomenen zeigt: Die Formen „geordneter Alltagsverhältnisse" erzeugen Wohlbefinden, Entspannung und Schutz, wie auch können in ihnen Ungeheuerlichkeiten und Risiken routiniert und berechenbar, sozusagen „geordnet" verborgen sein. Letzteres um so eher, als keine Alltäglichkeit ungefragt in Erscheinung tritt und insofern meist der sozialen oder öffentlichen Kontrolle weitgehendst entzogen ist – sei sie funktional oder dysfunktional. Das gilt insbesondere für familiäre Alltage, die ja der Privatheit zugeordnet sind; aber auch in den Alltagsnischen öffentlicher Räume, in Schulen etwa oder an Arbeitsorten, können sowohl heitere Alltagsgewohnheiten wie auch Unterdrückung und Grausamkeit, Spielarten des Mobbing beispielsweise, lange Zeit unaufgedeckt bleiben.

---

203 Thiersch 1992, S. 52f
204 Thiersch 1992, S. 47
205 Thiersch 1992, S. 52
206 Fossum et al 1992

Alltag und Alltäglichkeit als verbliebene Refugien, in denen das Bedürfnis und das Recht auf „geordnete Verhältnisse" auch in der Moderne nicht in Frage stehen, müssen nach Thiersch im sozialpädagogischen Auftrag daher den „Alltag ... zunehmend ›als‹ Schauplatz von Desorientierung und Ratlosigkeit"[207] in Augenschein und damit zum *Anlaß* für sozialpädagogisches Handeln nehmen. „Den je konkreten Alltag in seiner Wirklichkeit aufspüren", das ist programmatisch gemeint: Alle Sozialpädagogik muß sich auf offene lebensweltliche Strukturen[208] einlassen und in deren Orten professionell handeln können. „Den je konkreten Alltag in seiner Wirklichkeit aufspüren". Ist das überhaupt möglich und ist es überhaupt schicklich? Es ist schicklich, wenn sich *Respekt* als professionelle Haltung[209] zu verstehen weiß und in den verschiedenen Praxisfeldern „geordnete Verhältnisse" im Sinne eines „gelingenden Alltags" helfend, restaurierend, unterstützend, vermittelnd oder auch strukturierend herzustellen weiß. So will der der sozialpädagogischen Praxis aufgegebene Blick auf entgrenzte und entstellte Alltagsverhältnisse – insbesondere in Familien – das Alltägliche notwendigerweise nicht allein als besondere *Ordnungserfahrung* von Raum, Zeit und sozialen Beziehungen, und insofern als *Organisation* subjektiver Anliegen und sachlicher Gegebenheiten restaurieren, sondern „orientiert am Kleinen, Unscheinbaren, an jenen immer wiederkehrenden Vollzügen"[210] *Hilfe und Unterstützung* „im Horizont der Frage nach einem gelingenderen, freien, produktiven, solidarischen Leben"[211] anbieten.

Und: Wie steht es nun mit *ordentlichen Verhältnissen* in Familien? „Die Ordnung der Familie war ... immer ein wichtiges Objekt für gesellschaftliche Leitbilder und Vorschriften des Zusammenlebens und sozialen Verhaltens."[212] Doch, so mahnen auch die Historiker: „Diese Normen dürfen nicht mit der Realität des Familienlebens verwechselt werden."[213] Das heißt einerseits: Bestehen und Geltung einer Norm muß nicht notwendig sinnvoll sein für Familienleben; und andererseits: Inwieweit Familien Normen beachten oder nicht, hängt von vielen Faktoren ab, u.a. davon, wie restriktiv die Beachtung geahndet wird. Doch alle familiäre „Realität", wie immer sie sich zeigt, ist jedenfalls zunächst auf die „Ordnungsfunktion"einer gelingenden Alltagswelt angewiesen, soll das Familienleben nicht beständig durch Orientierungs- und Bewältigungsleistungen gestreßt sein. Aber man muß zugestehen, daß gewisse sozial-kulturelle Normen bei der Situierung gedeihlicher Alltagsverhältnisse hilfreich sein können.

Natürlich ist ein Familienalltag auch ein Organisationsphänomen. Und er organisiert sich prinzipiell auch nicht anders als der Alltag in einer Raumkapsel, nämlich im Spannungsfeld zweckrationaler Entscheidungen und subjektiver Bedürfnisse. Aber die Familie gilt uns – zumindest aus sozialwissenschaftlicher Sicht – kaum als Zweckgemeinschaft, sondern als eine *Gruppe*. Und das heißt heute: In ihr haben die *Beziehungen* ein ungleich größeres Gewicht. Um sie zu erhalten, kann sich die Alltagsorganisation in Familien – in ihrer Eigendynamik als *Selbstorganisation* – auch dann als beständig erweisen, wenn der Familienalltag unheilvoll geworden ist.

Alltag im Lebensraum Familie ist also nicht einfach ein Anhängsel, ein Hintergrund, wie beispielsweise der Alltag in den Ferien oder in einer Werkstatt. Der Alltag in Familien

---

207 Thiersch 1992, S. 44
208 s. dazu auch Schründer, 1982
209 S. u.a. Grunwald et al. 2004, S. 32
210 Thiersch 1992, S. 49
211 Thiersch 1992, S. 52
212 Gestrich et al. 2003, S. 366
213 Gestrich et al. 2003, S. 366

bedeutet: Alltägliche Gewohnheiten, Vertrautheit, Organisationsformen und Ordnungsmuster sorgen für kontinuierliche Handlungsabläufe *und aus dieser Formkraft* leitet sich Wohlbefinden, Wertschätzung, und Entfaltungsmöglichkeiten oder auch Ausgrenzung und Überforderung für die Individuen und das familiäre Zusammenleben ab. Insofern besitzt die Eigenschaft „Alltag" in Familien eine für diese Sozialität *konstitutive* Funktion und ist ein unbestechlicher Zeuge dafür, ob sich das ihm zugeordnete System „Familie" im Gleichgewicht befindet oder nicht. Man könnte sagen: Die Instabilität familialer Gemeinschaften ist *symbolisch* präsent in der Instabilität ihrer Alltagskonstruktion.

Und die Krisenanfälligkeit familialer Alltäglichkeit symbolisiert daher die relative Abwesenheit von durch Traditionen, kulturelle Gepflogenheiten, u.ä. *vorgegebenen* Strukturen in Familien, so daß sie die notwendigen Strukturen ihrer Alltagswelt so gut wie alle *aus ihren Tätigkeiten heraus* selbst erzeugen muß. Was das genauer besehen bedeutet, ist Thema des nächsten Kapitels, wo es um die im Familienleben spezifische „Tätigkeit" gehen wird. Doch festzustellen bleibt allemal: Mit diesem Anspruch, die Ordnung und Pragmatik ihres Alltagslebens als einen weitgehendst offenen Deutungs- und Handlungshorizont zu bewerkstelligen, sind viele Familien überfordert. Die Haushaltswissenschaftlerin von Schweitzer hält moderne Familien ohnehin nicht mehr für *strukturfunktional*, sondern *systemfunktional*. Das heißt, ein Familienleben kann „eine Vielzahl von Strukturen haben, wenn nur die Funktion erfüllt wird."[214] Systemfunktionalität bedingt das Absehen von bestimmten, den Funktionen undienlichen Strukturen – etwa die Ungleichstellung zwischen Hausfrau und Hausherrn, oder das warme Mittagessen um zwölf Uhr – und erfordert dafür eine (partnerschaftliche) Einigung darüber, was für Gewohnheiten, Organisationsabläufe und Ordnungen gut und notwendig für das Alltagsleben einer Familie, und damit auch für jedes ihrer Individuen sind. Ob und wie beispielsweise die kleinen und großen Veränderungen, die durch die unvorhergesehene Arbeitslosigkeit eines Vaters, oder durch einen ebenso unvorhergesehenen Lottogewinn entstehen, in das Familienleben *integriert* werden, wird sich heute kaum erfolgreich aufgrund traditioneller elterlicher Machtpositionen regeln lassen.

Auch wenn wir das an traditionellen Strukturen orientierte Familiengebilde durchaus mit Erleichterung als überholt verabschieden, so läßt der Anspruch moderner Pädagogik, nach dem sich das Alltägliche per Aushandeln[215] organisieren soll, viele Familien schnell an ihre Grenzen kommen, vor allem dort, wo Eltern bereits in eine hilflose Position gerutscht sind, und Kinder den dadurch entstandenen Freiraum eigenständig füllen. Beispielsweise indem sie die Zeitpunkte ihres Kommens und Gehens selbst bestimmen, nur die ihnen passend und angenehm erscheinenden Nahrungsmittel zu sich nehmen, oder Familienräume nach ihrer Zeitstruktur besetzen. Auch „geordnete Verhältnisse"?

Jedenfalls, es sind *destrukturierte Alltagsräume*, die das Arbeitsfeld der sozialpädagogischen Familienhilfe,[216] bilden, in der das professionell taktvoll strukturierende Handeln die Funktionalität des Familienalltags z.B. modellhaft inszeniert und so das Vertrauen der Familien in ihre verloren geglaubten Fähigkeiten wieder herstellen hilft. Nun ist es natürlich zu früh für Erwägungen über professionell *restaurierende* Praxis von Familienalltagen. Denn vor dem Hintergrund der Kulturtheorie wissen wir noch viel zu wenig über den Alltag in Familien. Und wenn wir sie gleich beim Wort nehmen, so werden wir wohl keine

---

214   v. Schweitzer, 1991, S. 294
215   „Wenn aber im heutigen Alltag das Selbstverständliche nicht selbstverständlich ist, muß es immer auch ausgehandelt werden." Thiersch 1992, S. 45
216   Woog, 1998, S. 177ff

Alternative zum Handlungsmodus des Alltäglichen erwarten können, dafür wird sich im nächsten Kapitel in der „Funktionsanalyse" erschließen müssen, was *überhaupt* im Alltag von Familien *mit Sinn für die Kultur* geschieht. Es wird also um Sinn und Eigenart des *Handelns* gehen, aus dem das familiale Zusammenleben im gemeinsamen Haushalt *als solches* hervorgeht.

Wie wäre nun zu resümieren? Nun, die Alltäglichkeit als Strukturmaxime des Handelns gilt wohl sowohl in der Kulturtheorie wie auch im Konzept von Hans Thiersch. Doch die Lebenswelt- und Alltagstheorie läßt, trotz ihres normativen Anspruchs an alltägliches Handeln, einen relativ großen Spielraum bei der Frage, was denn genau es für ein Handeln ist, das die Alltäglichkeit, bzw. die Phänomene des Alltags an seinen Orten hervorbringt. Und so besteht etwa die Gefahr, daß die Handlungskompetenz familialer Daseinsvorsorge in der Phänomenologie der Alltäglichkeit aufgeht. Diese Phänomene aber gestatten gleichwohl, anders als die Kulturtheorie, den Schluß, daß die *Desorientierung* moderner Menschen bis in ihre Alltagswelten hineingreift, dort hochproblematische und schädigende Wirkungen erzeugt, die, entgegen den Paradigmen der Individualisierung, eben doch nicht dem Versagen des Individuums, sondern ungerechten, desorientierenden und ausgrenzenden Sozialverhältnissen angelastet werden müssen. So ist sozialpädagogischer Profession durch die *zeitkritische Analyse* in der *Problematisierung* der Alltäglichkeit ein ihren – auch sozialkritischen Aufgaben – angemessenes Verstehensmodell entstanden.

Aus Cassirers Kulturtheorie sind sozial- und zeitkritische Analysen nicht ohne weiteres zu gewinnen. Dafür erlaubt sein Verstehensmodell, wie wir hoffentlich im folgenden zeigen können, *aufklärende Analysen* zu dem, was Menschen in ihrer kulturellen Welt hervorbringen und insofern auch dazu, was vonnöten ist oder sein kann, damit die vielfältigen kulturellen Gestaltungskräfte, die u.a. auch das Familienleben konstituieren, sich auch im Fortschreiten der Zeit und in den darin gegebenen Veränderungen zu erhalten vermögen.

B Eine Funktionsanalyse: Familienleben als Kulturleistung

Jede symbolische Form hat eine *Funktion*. M.a.W.: Sie hat einen *Sinn* für uns Menschen. Denn Cassirer sieht keinen Grund, wieso Menschen irgend etwas in ihrer Kultur erhalten sollten, so es ihnen nicht aus irgendwelchen Gründen wichtig und bedeutsam erschiene. Jede symbolische Form repräsentiert daher menschliche Anliegen, Bedürfnisse, Notwendigkeiten und mit ihnen menschliche Wünsche und Ängste, die zusammengenommen es sinnvoll erscheinen lassen, eine symbolische Form in ihrer Funktionalität zu erhalten. Symbolische Formen erbringen also *Leistungen* für die menschliche Kultur. Sie sind, genau wie die Formen, in denen sie in Erscheinung treten, *symbolisch,* also vieldeutig. Und sie sind auch zu unterschiedlichen Zeiten unterschiedlich bedeutsam. Denken wir allein an die Bedeutung der Aktivitäten der christlichen Religion für die Menschen zur Zeit des Mittelalters im Vergleich zu heute. Oder denken wir daran, welche Bedeutung die Artefakte der modernen Technik heute für uns haben; welche immensen, mitunter fast religiös gefärbten Erwartungen, z.B. nach Erlösung von Tod, Schmerz und beschädigtem Leben, wir mit ihnen verbinden. Aber mögen wir die Leistungen einer Kulturgestalt als hoch oder eher als gering einschätzen, alle kulturellen Leistungen, seien es die der Kunst, der Religion, der Wirtschaft usw., sie alle sind in ihrem Eigensinn ganz grundsätzlich in Geltung, so lange eine symbolische Form als solche präsent ist. Und das jedenfalls können wir von der Kulturgestalt Familie behaupten.

Worauf ist bei unserer nächsten Analyse zu achten? Nun, eine *Funktionsanalyse* soll sich, wie wir im Entwurf in Kapitel II festgehalten haben, aus der *Formanalyse* ableiten lassen. Die symbolische *Form,* die charakteristische Erscheinung des Familiären, so sahen wir, läßt sich bisher folgendermaßen auf den kürzesten Nenner bringen: Als Familie bezeichnet sich eine Gruppe von einem oder mehreren Erwachsenen und Kindern, die nach unterschiedlichen kulturellen Vorgaben auf längere Sicht zusammen leben. Und nun stellt sich die Frage: Was an dieser Form des Familiären läßt es als eine Kulturleistung erkennen? Oder anders: Was ist die „*Funktion*" des familiären Zusammenlebens für die Kultur? Oder noch anders: Was an dieser Kulturgestalt macht für uns Sinn? Denn: „Alles Sein ›ist‹ nur vom Sinn her und vermittels des Sinnes faßbar und zugänglich."[217] Eine aus diesem Grundsatz her kommende „*funktionale* Betrachtung und Analyse ist es, von der jegliche Kritik eines bestimmten Kulturinhalts und Kulturobjekts ausgehen muß. Im Mittelpunkt dieser Kritik muß stets die Frage nach dem Menschen selbst, nach seiner Bedeutung und ‚Bestimmung' stehen."[218] Und solche wird sich nie der historischen Situation des Betrachters entziehen können.

Die Frage nach dem Sinn ist also für Cassirer eine Schlüsselfrage, nein, sie ist *die* Schlüsselfrage, wenn man symboltheoretisch analysiert. Das soll offenbar heißen, daß Cassirers funktionale Betrachtung uns wird helfen können, Sinnfragen zu klären. Aber Sinnfra-

---

217 PsF III S. 350
218 STS, darin der Aufsatz „Form und Technik" S. 69; Hervorh. E.C.

gen haben sich nach Cassirer an konkreten Erfahrungen zu orientieren. Denn: Alle symbolischen Formen offenbaren sich in ihrem „Sein" als funktionale Einheiten[219] menschlicher Lebenspraxis, und nur aus ihr heraus, meint Cassirer, erfahren wir, daß symbolische Formen für Menschen *sinnvoll* sind. Cassirer denkt also, daß zu den charakteristischen Erscheinungen einer Kulturgestalt auch charakteristische Handlungsformen gehören und daß wir diese wie jene in unseren kulturell geprägten Erfahrungen gespeichert haben. Ob wir beispielsweise die Bibel oder eine Kirche betrachten, ob wir Kunstgegenstände einkaufen, uns die neuesten PCs erklären lassen, die Börsennachrichten verfolgen oder eben den Familienausflug der Nachbarn beobachten – immer ist uns zumindest ein Alltagswissen über *Handlungsformen* zugänglich, die die Bibel, den PC, das Gemälde, den Familienausflug als Symbole des Religiösen, der Kunst, der Technik, des Familiären ausweisen.

Die Frage nach dem Sinn hat also überhaupt nichts mit der Frage nach einem Zweck zu tun. Die Frage nach dem Sinn, nach der Funktion einer symbolischen Form, bezieht Cassirer vielmehr auf die Frage: Wozu ist diese Kulturgestalt für die Menschen wichtig? Was ist an ihr von Bedeutung, so daß sie über so lange Zeit im Gefüge der Kulturgestalten als eine relativ einheitliche Erscheinungsform bestehen bleibt? Und solches ist zu erfahren, wenn man nach „dem Tun" fragt. Nach dem spezifischen *Handeln*, das eine symbolische Form hervorgebracht hat und immer wieder aufs Neue reproduziert.

Denn: Die Frage nach dem Sinn einer Kulturgestalt „kann sich nicht anders als durch die Tat beweisen"[220], weil „das Eigentümliche des Menschen, das, was ihn wirklich auszeichnet, ist nicht seine metaphysische oder physische Natur, sondern sein Wirken. Dieses Wirken, das System menschlicher Tätigkeiten, definiert und bestimmt die Sphäre des ‚Menschseins'. Sprache, Mythos, Religion, Kunst, Wissenschaft, Geschichte sind die Bestandteile, die verschiedenen Sektoren dieser Sphäre. Eine ‚Philosophie des Menschen' wäre daher eine Philosophie, die uns Einblick in die Grundstruktur jeder dieser verschiedenen Tätigkeiten gibt und uns zugleich in die Lage versetzt, sie als ein organisches Ganzes zu verstehen."[221]

Müßte man nach dieser Rede die „Kritik der Kultur" dann nicht als eine „Kritik des homo faber" verstehen? Als eine Kritik des „tätigen" Menschen, der nach Cassirer in jeder Sphäre seiner Erfahrung eine *Aktivität* zum Ausdruck bringt, die nichts unberührt läßt? Nicht das handelnde Subjekt selbst, nicht die es bergende Welt? Wohl schon. Denn derart will Cassirers Kritik durchaus zu verstehen geben, daß Menschen eigentlich nur dann wirklich etwas über sich erfahren können, wenn sie sich primär in ihren *Taten durchschauen* und nicht in ihren Denkformen. Insofern sind die symbolischen Formen, an die sich das Ich tätig hingibt, nicht etwa dessen „Hemmungen, sondern sie sind vielmehr die Vehikel seiner Selbstbewegung und Selbstentfaltung. Denn nur kraft ihrer kommt es zu jenem großen Prozeß der ‚Auseinandersetzung' von Ich und Welt, die die notwendige Bedingung dafür ist, daß das Ich nicht nur ist, sondern daß es von sich selbst *weiß*."[222]

Selbsterkenntnis und Selbsterfahrung ist also für Cassirer nur in der Reflexion der kulturell geprägten Formen des eigenen Handelns möglich, denn das Subjekt ist in seiner pluralen Erfahrungsmöglichkeit eben nicht „von vornherein an einen bestimmten, klar abzugrenzenden Kreis von Möglichkeiten gebunden, sondern muß sich ständig neue Mög-

---

219 VM S. 201f
220 LK S. 76, Hervorh. E.C.
221 VM S. 110
222 PsF III S. 46 Hervorh. E.C.

lichkeiten suchen und schaffen."[223] Seine „Kritik der Kultur" zirkuliert insofern über eine „Kritik des Handelns", da nur das Handeln den Sinn kultureller Gestalten zu entbergen weiß und umgekehrt: Kein Handeln ist denkbar, ohne daß es durch einen praktisch inszenierten Sinn geleitet ist. Eine Kulturgestalt offenbart demnach ihren Sinn nur im Eingehen auf ihre Handlungsmodi. Diese Handlungsmodi aufzufinden ist nach Cassirer nur von einem interdisziplinären Ansatz her möglich. Gleichwohl ist er sich darüber im klaren, daß ein derartiges Forschungsinteresse immer im Kontext des zeitgenössischen Wissenschaftsverständnisses situiert sein wird.[224]

Unsere Frage wird nun also sein: Welches „Tun" konstituiert sich im familiären Alltagsleben so, daß es als *Leistung* gelten kann? Oder anders: So, daß es *mit Sinn für die Kultur* geschieht? So, daß ersichtlich werden kann *wozu* „dem Menschen" die Lebensform Familie dient und bis heute unentbehrlich erscheint. Die Funktionsanalyse verlangt also einen eingehenden Blick auf das Alltagshandeln im Familienleben. Dabei gilt die Maxime: Die Handlungswesen „Familie" sind mit ihren eigenen Maßen zu messen, so daß „die Eigentümlichkeit" der symbolischen Form Familie sichtbar werden kann. Oder anders gesagt: Was immer wir als die symbolische Form und Funktion des Familiären erkennen, dürfen wir nicht vermittels von *Wertkategorien* erkennen. Symbolische Formen sind mit *eigenen Maßen* zu messen, sollen sie ihren Sinn offenbaren, über den gerade kein Werturteil zu fällen ist. Diesen Aspekt der Trennung von Erkennen und Werten, wir betonen ihn nochmals, ist im Arbeiten mit Cassirers Modellen unabdingbar. Die Existenz einer symbolischen Form ist für ihn sinnvoll, insofern sie existiert.

Und es gilt noch eine weitere Voraussetzung zu beachten: Wer von den Leistungen einer Kulturgestalt spricht, spricht immer davon, was sie zu ihrem eigenen Selbsterhalt leistet. Darauf sind Kulturgestalten nicht nur nach Cassirers Auffassung gerichtet. So ist es zwar möglich, daß sich der Handlungskontext der Wirtschaft mit dem der Wissenschaft ergänzt, hingegen mit dem der Religion oder der Kunst widerstreitet. Das gilt auch für die Kulturgestalt Familie. Wer also von den Leistungen des Familienlebens spricht, spricht immer davon, was Familien tun, *um ihre Existenz zu erhalten*.

Aber weil dieses kulturelle Handeln immer auch in den Kulturraum hineinwirkt und, besonders was die Kulturgestalt Familie betrifft, auch *der Kultur zugute* kommt, ist darauf zu achten, *Familie und Kultur* als ein *Bedingungsverhältnis* begreiflich zu machen. Wir wollen daher in diesem Kapitel zuerst einen Blick auf die Ansprüche des *Kulturprozesses* selbst richten, der uns zeigen soll, welche Schwierigkeiten er im Spannungsfeld von Erhalten und Erneuern speziell für die Familie in der Moderne mit sich bringt. Eine andere Dynamik des Kulturprozesses soll uns danach Pierre Bourdieu erklären, nämlich, auf die Familie bezogen, wie jeder Familienalltag in seinem praktischen Vollzug dazu beiträgt, nicht nur kulturelle Inhalte aller Art zu bewahren und zu tradieren – sondern auch soziokulturelle *Herrschaftsverhältnisse*.

Dann wenden wir uns der Kulturgestalt Familie als ein *Handlungswesen* zu. Eingehend auf die Frage nach der Funktion dieser Kulturgestalt interessieren uns Betrachtungen zum „Wirken" im Familienalltag, etwa zur Art der Arbeit und der Beschaffenheit des Haushalts. Wir versuchen anhand dieser Betrachtungen zu durchschauen, wie Familienleben funktionieren und welchen Sinn ihre Handlungswelt für die Kultur haben kann. Dabei wird auch deutlich werden, daß die Leistung des Familiären in keiner Kultur angemessen

---

223   EBK S. 260
224   VM S. 110ff

anerkannt und angemessen geschützt wird; was geschehen sollte, denn eines ist in Familien zumindest bis heute nicht vorgesehen: Sich gegenüber anderen kulturellen Gestaltungen zu behaupten.

4   Familie und Kulturprozeß: Von Ansprüchen

Das der Moderne eigene historische Bewußtsein läßt es zu, oder sagen wir besser, verlangt es, daß wir die Erscheinungen unserer Epoche gegenüber denen zurückliegender Epochen abgrenzen. Gegenwärtiges ist „modern", das Zurückliegende „traditionell". Nun geht ja das Traditionelle nicht einfach in das Moderne ein oder über, sondern meist ist das Vergangene recht lebendig und verhält sich widersprüchlich zum Gegenwärtigen. Es will „als Historie" verabschiedet, will aufgehoben, will überwunden und, so möglich, auch hin und wieder einfach vergessen werden.

Auch Cassirer, als Philosoph der Moderne[225], sieht, daß sich Kulturgestalten in einem Kulturprozeß behaupten müssen, der nur aus den widerstreitenden Kräften von Bewahrung und Erneuerung besteht: „In allen menschlichen Aktivitäten begegnen wir einer grundlegenden Polarität, die sich auf unterschiedliche Weise beschreiben läßt. Wir könnten von einer Spannung zwischen Verfestigung und Evolution sprechen, zwischen einer Tendenz, die zu festen, stabilen Formen führt, und einer anderen Tendenz, die dieses strenge Schema aufbricht. Der Mensch steht zwischen diesen beiden Tendenzen, von denen die eine alte Formen zu bewahren sucht, während die andere neue hervorzubringen strebt. Es herrscht ein unablässiger Kampf zwischen Tradition und Innovation, zwischen reproduzierenden und kreativen Kräften. Auf diesen Dualismus trifft man in allen Kulturbereichen."[226]

In allen Kulturgestalten geht es also darum, den Dualismus zwischen *reproduzierenden* und *kreativen* Kräften auszuhalten. Das ist der Anspruch, den der Kulturprozeß selbst stellt. Auch an familiale Gebilde. Horkheimer sah die Familie vom Widerspruch zwischen Modernität und Vormodernität belastet[227]. Die Sozialpädagogik sieht die „archaische" Lebensform Familie, das „Urbild des Zusammenlebens"[228], durch diesen Dualismus heute in einer „Entgrenzungsproblematik" befangen, in der Zwickmühle zwischen Öffentlichkeit und Privatheit, und ganz sicher ließen sich noch mehr dieser Dualismen aufzählen. Und noch etwas: Wer die Auseinandersetzung zwischen reproduzierenden und kreativen Kräften nicht durchschaut, der gerät – zumindest in der westlichen Hemisphäre – sehr leicht in die „Modernitätsfalle". Damit meint Klaus Wahl[229], daß den formal gleichgestellten und gleichberechtigten Individuen verheißen wird, es stünde alles bereit, um selbstbewußte Autonomie und Familienglück[230] auch selbst verwirklichen und am gesellschaftlichen Fortschritt teilhaben zu können. Das Scheitern an dieser Illusion – ob beim individuellen oder beim familiären Lebensentwurf – wird in der modernen „Logik" dann als individuelles Versagen gewertet und erlebt.

Natürlich hat es nicht nur die Familie, sondern auch andere Kulturgestalten haben es zeitweise schwer, sich in diesem Dualismus zu erhalten. Oder sagen wir, sie bestehen ihn

---

225   Schwemmer, 1997
226   VM S. 379
227   Horkheimer, 1987
228   Thiersch 1992, S. 81
229   Zitiert nach Helming et al. 1998, S. 152
230   Helming et al. 1998, S. 152

nicht in jeder Phase erfolgreich. Denn: „Die Kultur" ist nicht per se ein Fortschrittsprozeß für Cassirer. „Die immer wieder aufbrechende Unsicherheit über das Schicksal und die Zukunft der menschlichen Kultur kann ... eine kritische Kulturphilosophie nicht vermeiden. Sie muß die Grenzen des historischen Determinismus, die Grenzen der Vorausberechenbarkeit anerkennen. Alles war hier gesagt werden kann, ist, daß die Kultur sein und fortschreiten wird, sofern die formbildenden Kräfte, die letzten Endes von uns selbst aufzubringen sind, nicht versagen oder erlahmen."[231] Cassirer überläßt die Frage nach den „Kräften", die eine Kulturgestalt im Kulturprozeß bestehen oder vergehen lassen, einem etwas nebulösen Freiheitsbegriff, den wir hier beiseite lassen. Wir denken auch jetzt nicht weiter über derartige Kräfte nach. Jedenfalls: Die Religion ist in diesem Kulturprozeß derzeit nicht sehr gut dran, die Wissenschaft dagegen wesentlich besser; die Wirtschaft und die moderne Technik darf man wohl als sich ergänzende und als kulturdominante Gestalten bezeichnen; die Sprache behauptet sich immerhin gut, wenn man mit Cassirer davon ausgeht, daß zu ihr, als darstellender Kraft, auch die Bildersprache gehört.

Doch ungeachtet der Probleme, die das Kulturwesen „Familie" heute zweifellos hat: Seine Gestalt hat sich jedenfalls trotz der schwierigen „Odyssee" zwischen Erhalt und Erneuerung über viele Epochen in einer reichen Formenvielfalt erhalten. Heute allerdings, so der Tenor in Gesellschaft, Politik und Wissenschaft, verfügt das Familiäre, zumindest im westlichen Kulturkreis, nicht über eine sehr stabile Verfassung. Ist der „Patient Familie"[232] mit den heute gegebenen Anforderungen an diese Lebensform überfordert? Es scheint so und es scheint vor allem, daß der Patient selbst sich sehr unklar darüber ist, was ihm eigentlich fehlt. Klar ist das Leiden: Überforderung. Überforderung heißt aber zuerst: Mangelnde Fähigkeit der Abgrenzung gegen Zumutungen.

Wer über die Fähigkeit, sich abzugrenzen nicht verfügt, der anerkennt üblicherweise zu viele Ansprüche. Warum? Meist, weil unklar oder vergessen wurde, was das Eigene, das Eigentliche ist, das jemand zukommt. „Familie" scheint derzeit eine Kulturgestalt ohne *Identität* zwischen den sie reproduzierenden und den kreativ in ihr wirkenden Kräften zu sein. Was sich zeigt ist die Familie als eine Lebensform, die mit einem hohen Risiko des Scheiterns behaftet ist. Und was stattfindet in Familien ist entweder unerklärliches Gelingen oder schmerzhaftes Scheitern. D.h., was reproduzierende und kreativ wirkende Kräfte eigentlich sind, und was sie in Familien bewirken können, das ist eher indifferent. Und so mögen die einen durchaus im Gewand der anderen erscheinen und umgekehrt, und ihre Ansprüche stellen; etwa wenn berufstätige Familienfrauen (auch) unter dem Deckmantel der Emanzipation die Pflicherfüllung der bürgerlichen Hausfrauenrolle weiterführen sollen.

Es verwundert insofern nicht, wenn u.a. Rosemarie Nave-Herz uns sagt, daß die „Anforderungen an die Familien als Lebens- und Solidargemeinschaften und die ökonomischen Belastungen der Familien ... in unserem Kulturkreis zu keiner Zeit so groß wie heute"[233] waren. Entsprechend läßt sich ein Trend zu immer höheren Scheidungsraten und eine Zunahme nicht-ehelicher Lebensgemeinschaften verzeichnen. Die Anzahl an Ein-Personen-Haushalten weist einen historischen Höchststand aus. Dieser ergibt sich einerseits aus der steigenden Lebenserwartung, der zufolge immer mehr alte Menschen bis ins hohe Alter selbständig in ihrem eigenen Haushalt leben. Anderseits ergibt er sich aus der Zunahme der ledigen und Single-Haushalte, von Menschen also, die entweder nicht heiraten oder ihre

---

231 EBK S. 260
232 Richter 1970
233 Nave-Herz in Krüsselberg et al. 2002 S. 380f

Beziehungen verlassen haben. Und diese Daten erklären, daß „von allen Haushalten in Deutschland nur noch ca. ein Drittel ‚Familienhaushalte' im Sinne der Eltern- oder Mutter- bzw. Kind-Einheit"[234] sind. Väter sind bekanntlich selten allein erziehend.

Nun berechtigt der zahlenmäßige Rückgang der Lebensform „Familie" merkwürdi- gerweise nicht den Schluß, daß sie nicht mehr attraktiv sei. Wir erwähnten bereits, daß das Gegenteil der Fall ist. Der Wunsch in Ehe und Familie zu leben, steht bei allen Bevölke- rungsgruppen, auch bei „Singles" an der Spitze der „Wunschliste" und zwar mit steigender Tendenz.[235] Von einem Bedeutungsverlust von Ehe und Familie kann nach Nave-Herz keine Rede sein. Und auch nicht davon, daß die konservative Familienform, die klassische „Kernfamilie", out sei. Im Gegenteil. „Trotz einer gewissen zahlenmäßigen Zunahme ande- rer Familienformen beträgt der Anteil der Zwei-Eltern-Familien mit formaler Eheschlie- ßung an allen Familien 85 Prozent. Damit ist diese Familienform quantitativ weit dominant geblieben, entgegen allen gegenteiligen Behauptungen! Noch deutlicher wird ihre quantita- tive Bedeutung in unserer Gesellschaft, wenn wir danach fragen, in welcher Familienform bei uns zur Zeit Kinder aufwachsen. Denn auch von den Kindern aus gesehen, zeigen die Zahlen des DJI-Familiensurveys, daß mit ihren leiblichen Kindern bis zum 14. Lebensjahr über 90 Prozent aller Eltern in der (alten) Bundesrepublik Deutschland und 82 Prozent in den neuen Bundesländern zusammenleben, und sogar auch über 85 Prozent bis zu ihrem 18. Lebensjahr."[236]

Realiter überwiegen also die Formen der traditionell gattenzentrierten Haushalts*klein*- familie bei weitem, deren Lebenslagen und Lebensverhältnisse[237] sich allerdings pluralisiert haben. Aber die verbreitete Rede, es gäbe heute „plurale" Familienformen, ist nicht zu rechtfertigen. Denn von einer Zunahme *neuer* Ausprägungen an Familienformen kann kei- ne Rede sein.[238] Man sollte also nicht von pluralen Familienformen sprechen und so eine Scheinfreiheit anpreisen. Denn damit wird der Eindruck erweckt, es sei in der heutigen Gesellschaft möglich ohne weiteres eine Familie zu gründen, die jenseits deren traditionel- ler Norm liegt. Man könne sich beispielsweise als Frau oder Mann, oder gar gemeinsam, ohne zwingende berufliche Gründe etwa, dafür *entscheiden*, daß gemeinsame Kinder nur mit einem Elternteil zusammenleben und der andere Elternteil, oder auch ein Liebes- oder Lebenspartner, in einem anderen Haushalt lebt. Schwule Paare können sich auch nicht dazu entscheiden, Kinder aufzuziehen. Auch die Arbeit als Hausfrau/mann und Mutter/Vater müßte man als einen anerkannten Beruf ausüben können, wollte man plurale Familienfor- men wirklich fördern. Die *kreativ gewählte* Familienform eines Zusammenlebens von Er- wachsenen mit Kindern, die in einem oder in mehreren funktional zusammengeschlossenen Haushalten für-einander-sorgen, ist also kaum machbar.

Statt dessen bezeichnet man als „Pluralität" die mit viel Leid entstandenen Zerfalls- formen der traditionellen gattenzentrierten Kernfamilie. Und verstellt damit auf abwertende Weise die Realität der Verzweiflung, die auseinanderbrechende Familien durchstehen. Die Frage von Axel Honneth, ob die „kulturelle Öffnung und Liberalisierung der Privatmoral ... gerade die lebensweltliche Institution ‚Familie', ... an der die Subjekte mit ihren Herzen und aus wirtschaftlichen Gründen nach wie vor hängen"[239] zerstört, ist daher sehr berech-

---

234   Nave-Herz in Krüsselberg et al. 2002, S. 136
235   Nave-Herz in Krüsselberg et al. 2002, S. 137
236   Nave-Herz in Krüsselberg et al. 2002, S. 135f
237   Thiersch 1992, S. 20f
238   Hill 2004, S. 298
239   Honneth 1994, S. 99

tigt. Denn: Abgesehen von den verwitweten Ein-Elternfamilien werden Ein-Elternfamilien nicht von einem Elter gegründet, sondern sie entstehen, weil die Zwei-Elternfamilie aufgelöst wurde. Homosexuelle Eltern haben, so sie allein oder zu zweit mit Kindern zusammenleben, diese Form auch nicht gewählt, sondern sie sind ebenso aus Trennungen von „klassischen" Familien hervorgegangen. Ähnlich ungut ist es, geschiedene Eltern, so sie zu einer Elternsolidarität finden, als „neue Familienform" zu preisen. Denn auch diese Lebensform einer Familie ist kaum einmal so gewollt worden, sondern Resultat der Auflösung der traditionellen Familienform. Herrscht der Mythos, Kinder bräuchten genau die gattenzentrierte kernfamiliale Familienkonstellation um zu gedeihen? Oder sollte man einfach, wie Ulrich Beck vorgeschlagen hat, die „'Uhren der Modernisierung zurückdrehen'...?"[240]

Übereinstimmend mit der historischen Familienforschung ist festzuhalten, daß Familien sich heute gerade nicht durch eine wachsende „Pluralität" ihrer Formen kenntlich machen. Im Gegenteil. Man muß eher, im Vergleich zu früheren Zeiten, dem Mittelalter etwa, von einer Verarmung an Formen sprechen. Diese bis heute „verbliebenen" Familienformen können offenbar jenseits einer Identität, die es zu hinterfragen oder zu behaupten gilt, keine angemessene Grenzziehung zwischen „traditionell" und „neu" erkennen und sich beispielsweise auch nicht gegen die Steuerungsmechanismen gesellschaftlicher Kommunikationssysteme[241] wirksam abgrenzen. Und so ist es nicht verwunderlich, daß Werte- und Strukturwandlungen Familien nicht nur in die „Modernitätsfalle" führen, sondern zu Opfern „struktureller Rücksichtslosigkeit"[242] in Gestalt von „Transferausbeutung", familienfeindlichen Steuersystemen u.a. machen.[243] Die eigentlichen Errungenschaften der Moderne wie Individualisierung, Geschlechterrollenwandel, Aufwertung der Erziehungsarbeit, mutieren in den identitätsschwachen Familienwelten mangels praktikabler Muster zu ihrer Integration und erzeugen vornehmlich polare Widersprüche. Wirksam in der Alltagsorganisation von Familien zeitigen sie Belastungen, die „früher nur an den Rändern der Gesellschaft sichtbar wurden"[244], heute aber bis in die Mitte der Gesellschaft hinein reichen. Ich möchte einige dieser Widersprüche – man kann sie getrost auch als Paradoxien bezeichnen – ganz knapp in Thesen festhalten:

a. *Das Primat der Elternarbeit und die gleichzeitige Abwertung der Hausarbeit.* Die Aufspaltung dieser Familienkompetenzen in zwei Wertgegensätze bedeutet nicht nur eine Abschreckung für Frauen und Männer, die Familie leben wollen. Es bedeutet auch, eine kulturell unverzichtbare Kompetenz abzuwerten, insofern sie im Kulturraum eigentlich nur als Konsumwesen wahrgenommen wird und ihr ansonsten aus Gesellschaft, Wissenschaft und Politik, keine ihren Leistungen angemessene Unterstützung zukommt. Familienarbeit als Beruf auszuüben, ist sogar eine fast befremdliche Vorstellung.

b. *Existenz und Lebenspraxis von Familien gründen auf Liebesehen*[245], die primär aber geeignet sind, der persönlichen Sinnerfüllung zu dienen. Die Liebesehe, ein Erbe der Romantik, ist eine Beziehungsform oder, wie Luhmann meint, ein „Kommunikati-

---

240 Beck 1986, S. 198
241 V. Schweitzer 1991 S. 170
242 v. Schweitzer in Krüsselberg et al. 2002 S. 200
243 Krüsselberg in Krüsselberg et al. 2002 S. 427f
244 Böhnisch et al. 2005, S. 165
245 Luhmann 1982, S. 183ff

onsmedium"[246], das als eine Art „magisches Substitut"[247] Beziehungsunsicherheiten in „subjektive Überzeugungen" zu übersetzen vermag, nicht aber trifft es „Vorsorge für den Liebesalltag derjenigen, die sich auf eine Ehe einlassen."[248] Doch die emotionale Dynamik einer Liebesbeziehung will letztlich eine beglückende Erfahrung sein und sie will dies auch unter den heutigen Bedingungen von Ehe und Familie bleiben - gilt sie doch als eine dem Leben selbst wesentliche Sinnerfüllung. Das ist jedenfalls der Anspruch, den die meisten modernen Paare an diese Lebensform stellen. Diesen Anspruch jedoch in den Gegebenheiten eines Familienalltags zu verwirklichen, stellt heute fast höhere Anforderungen an ein Paar als zu Zeiten der Romantik und bis weit hinein in das letzte Jahrhundert. Denn: Disharmonien werden heute nicht mehr widerstandslos in den eigenen Lebensentwurf längerfristig integriert, bzw. Trennungen sind im „Lebensplan" moderner Menschen inbegriffen. Daß Scheidungen heute „nur" noch Lebenskrisen sind, nicht aber, wie noch bis mindestens in die Mitte des letzten Jahrhunderts, wirkliche gesellschaftliche Ächtung und existentielle Notlagen zur Folge haben, ist für sich trennende Paare und auch für deren Kinder zweifellos ein Gewinn. Dennoch läßt sich auch, und gerade an den hohen Scheidungsraten ablesen, daß Familienleben heute einer Formerweiterung bedürfen.

c. *Individualisierung im Gemeinschaftsgebilde Familie.* Auch die romantische Liebe dient dem Konstrukt der Individualität – doch wir wollen das Thema noch anders beleuchten. „Immer mehr Interaktions- und Wissensbereiche der Gesellschaften folgen ihren eigenen Regeln, bilden sich zu eigenständigen Subsystemen heraus. Jedes Individuum kann im Prinzip an diesen Subsystemen partizipieren und muß sich den jeweiligen Systemregeln anpassen *und* sich nonkonform verhalten."[249] Die Installation einer derart paradoxen Kompetenz, so die schlichte Folgerung, „erfordert eine Festigung der Persönlichkeit, bevor man ins gesellschaftliche Leben ‚entlassen' werden kann."[250] Im Klartext: Individualisierung, die Errungenschaft der Moderne, soll im Familienalltag sowohl als Erziehungsziel, wie auch als Selbstverwirklichung ermöglicht und kultiviert werden, damit Individuen den paradoxen Anforderungen, vor allem der Berufswelten nach „Flexibilität und Kontinuität", gewachsen sind. Man muß es wohl dem für unsere Gegenwart charakteristischen „Individualisierungsschub"[251] zur Last legen, wenn an ein Gemeinschaftsgebilde, an ein Organisationsphänomen, das sich ausschließlich als informelles Lernfeld verstehen kann, ein derartiges Ansinnen gestellt wird. Und im Bestreben, den Familienraum auch ihm unangemessenen Autonomie- und Solidaritätswünschen seitens seiner Akteure zu unterwerfen, wird jener unweigerlich in dysfunktionale Spannung geraten.

d. *Widersprüche in den elterlichen Rollenstrukturen durch deren Wandlung.* Mutter- und Vaterrolle sind nicht mehr klar definiert und innerfamiliär erkenntlich. An die Rolle der Väter wird heute auch gesellschaftlicherseits, sprich von Arbeitgebern, der Anspruch gestellt, sich mit Erziehung und Hausarbeit zumindest befassen zu können. Tatsächlich resultiert daraus aber eher ein Anspruchsstreß, denn ein Arbeitsstreß. Denn Männer beteiligen sich auch heute noch in jeder Art ehelichen oder familiären Zu-

---

246   Luhmann 1992, S. 184
247   Luhmann 1992, S. 186
248   Luhmann 1992, S. 187
249   Gestrich et al. 2003, S. 600; Hervorh. S.W.
250   Gestrich et al. 2003, S. 600
251   Thiersch 1992, S. 22

sammenlebens erheblich weniger an häuslichen oder erzieherischen Aufgaben als Frauen.[252] Was Wunder, daß sie überall in der Welt zufriedener mit ihren Ehen sind als Frauen.[253] Am schwierigsten dürfte sich bekanntlich das veränderte weibliche Selbstverständnis in das traditionelle Familienleben integrieren. Denn, längst überfällig, aber nun doch recht einschneidend, hat sich „das Schul-, Ausbildungs- und Berufssystem ... für Frauen zeitgeschichtlich verändert und damit ihr Berufsengagement. Das Familiensystem, einschließlich der familialen Rollendefinitionen, hat hingegen für Frauen keine Veränderungen in gleich starkem Maße erfahren, und an zuverlässigen Infrastruktureinrichtungen für Kleinstkinder fehlt es weitgehendst.“[254] Fazit: Frauen stehen weiterhin im „Konflikt zwischen Integrität und Anteilnahme (care).“[255]

e.   *Die Fixierung auf die Erziehungsarbeit unter reduzierten Möglichkeiten des Erziehens selbst.* Kinder, besonders wenn es nur eines oder zwei sind, sollen Symbole für erfolgreiche Eltern sein. Das ist nichts grundsätzlich Neues. Doch die Arbeit, um diesen Anspruch voranzubringen, bedeutet heute: finanziellen Aufwand, Einschränkung persönlicher und beruflicher Frei- und Entwicklungsräume. Schlimmstenfalls verpaßt man als Elter den Anschluß an Erfolgsmöglichkeiten aller Art durch den Entscheid, sich für Kinder- und Hausarbeit zu engagieren. „Ich kenne keine bedeutenden Künstlerinnen mit Kindern“, so Elfriede Jellinek in einem Interview 1998. Dazu kommt eine weitere große Hürde: Autorität ist in der Erziehung verboten, Partnerschaftlichkeit gefragt. D.h.: Eltern müssen in der Erziehungsarbeit die natürliche Hierarchie und das natürliche Machtgefälle zwischen ihren Kindern und sich selbst ausblenden, was nicht selten schlichte Alltagssituationen in prekäre Krisenherde verwandelt, in denen Eltern und Kinder verzweifelt danach suchen, was „richtig“ ist und was Geltung hat. Möglicherweise wird in diesem Zusammenhang nicht zu Unrecht über den Ausschluß vom Kindsein aus der Kindheit nachgedacht.

Doch unabhängig von all diesen Zwiespältigkeiten läßt sich gewiß eine, wenn auch schlichte Tatsache erkennen: Wie auch immer die Erwachsenen mit der offenen Identität umgehen, die der moderne Familienstatus erzeugt: Eine geschiedene Mutter, einen geschiedenen Vater, zwei Mütter, zwei Väter zu haben, oder mit welchem Elter auch immer zusammenzuleben – das alles ist Kindern ziemlich egal, so lange die „Erwachsenen“ sich in den Strukturen, die die Lebenswelt der Kinder mit einschließt, sicher bewegen und die Bedürfnisse von Kindern nach tragfähigen Beziehungen, nach verläßlicher Alltagsorganisation, Schutz, Zuneigung, Versorgung und Sozialkontakten erfüllen und sie in den Möglichkeiten ihrer Autonomieentwicklung fördern.

Es ist dem Familiären durchaus hinreichend, seine Gemeinsamkeit im „Erkennen von Räumen, die durch gemeinsame Strukturen, Institutionen und Lebensweisen gekennzeichnet sind“[256], zu entfalten. Das „Wohl“ der Kinder ist nicht durch getrennt lebende Eltern, durch

---

252   Bundesministerium für Familie, hier: Zeitbudgetstudie des statistischen Bundesamtes 2003. Eine Änderung in der Bereitschaft von Vätern, Familienarbeit zu leisten, deutet sich seit Einführung des Elterngeldes 2007 an, d.h.: Seit es Geld für diese Arbeit geben kann.

253   Nave-Herz in Krüsselberg et al. 2002 S. 138

254   Nave-Herz in Krüsselberg et al. 2002 S. 144 Das Problem ist in Schweden oder Frankreich nicht in der Schärfe vorhanden, dort besitzen erwerbstätige Mütter ein besseres Image, dort liegt ein erheblich besseres Unterstützungssystem vor.

255   Gilligan 1988, S. 192

256   Gestrich et al. 2003, S. 4

arbeitende Mütter oder ähnliches belastet, sondern mit anhaltenden Zuständen, die *Krisen* markieren, wie sie in überforderten Familien alltäglich sind: Depressive und unzufriedene Erwachsene, Schamgefühle, peinliche Geständnisse, Verlorenheitsgefühle, fehlende Selbstverständlichkeiten, Armutserfahrungen, öde Alltagswelten. Und – Kinder sind konservativ – durch eine Außenwelt, die signalisiert, daß es diese Familie nicht geschafft hat.

Was also ist wandelbar und was müßte bestehen bleiben, will die Familie sich in ihrer Identität als Kulturgestalt erhalten? Wohl können wir, so gefragt, den Widersprüchen nicht entkommen. Aber die Familie als eine symbolische Form zu betrachten mag geeignet sein, diesen Widersprüchen – wenn auch theoretische, – so doch klarere Konturen dessen „was ist", gegenüber zu stellen. Jedenfalls ist das ein wichtiges Ziel dieser Untersuchung.

5   Die Reproduktion der Lebensstile: Vom Geschehen

Es steht außer Zweifel, daß häusliches Alltagsleben eines der spannendsten Zeugnisse über kulturelle Gepflogenheiten abgibt. Wer könnte, in welchem Land auch immer, der Einladung einheimischer Menschen zu sich nach Haus widerstehen? Insofern gibt es gute Gründe dafür, die häuslichen Kulturmuster als den „harten Kern jeder Kultur"[257] zu bezeichnen. Häuslicher Alltag wäre demnach der *Ort*, von dem aus die Kultur sozusagen am Leben gehalten wird. Häusliche Kulturmuster sind beliebte Forschungsobjekte, nicht nur für Ethnologen. Sogar der alltägliche Umgang mit „schmutziger Wäsche", so der Soziologe Jean-Claude Kaufmann,[258] kann gemäß seinen Untersuchungen durchaus für die Stabilität einer Paarbeziehung von Bedeutung sein. Einen wesentlich eindringlicheren Blick allerdings warf Pierre Bourdieu mit seinen soziologischen, bzw. sozialphilosophischen Untersuchungen zur Genese und Tradierung sozialer Lebensstile auf familiale Alltagswelten.[259] Was Menschen wie in Alltagskonstellationen konsumieren und goutieren, wie sie sich bewegen und ausdrücken, sagt recht eindeutig etwas darüber aus, welcher sozialen Schicht sie zugehören. An sich ist das eine banale Erkenntnis, doch Bourdieu geht es um den Aufweis eines „rationalen Fundaments" für die Frage, warum wir (oder er, der sich als Intellektueller bezeichnet) so denken, fühlen urteilen und handeln, wie wir es tun. Es sind die privaten Alltagswelten, die darüber zuerst und wohl am prägendsten bestimmen.

In familialen Alltagswelten bildet sich der *Habitus* eines Menschen aus. Um diese zentrale These Bourdieus rankt sich gewissermaßen seine empirische und argumentative Beweisführung. Sein tragender Begriff, der Habitus, soll die Gebilde sozialer Schichten und Klassen auftun als *Gründe zur Konstitution ihrer selbst* durch entsprechend sozialisierte Individuen. In Anerkenntnis der Tatsache, daß „die Alltagserfahrung von sozialer Welt durchaus Erkennen darstellt"[260] ist es von erheblichem Belang, mit welchen Büchern, mit welchen Geräten, Möbeln, Bildern welche Häuser oder Wohnungen einerseits ausgestattet sind und anderseits, wie die Inwohner mit diesen Dingen umgehen und wirtschaften. Nicht nur welche, sondern wie sie ihre Getränke konsumieren, nicht nur welche, sondern wie sie ihre Kleider tragen, nicht nur welche, sondern wie sie ihre Speisen zu sich nehmen – dieser Einklang von Gegenständen und Umgangsformen *wirkt* „auf der Ebene des Symboli-

---

257   v. Schweitzer 1991, S. 303
258   Kaufmann, 2005
259   Bourdieu 1982
260   Bourdieu 1982, S. 281

schen"[261] auf die Akteure in ihren Alltagswelten ein. Der so im *Wahrnehmen*[262] ausgebilde-te Habitus einer Person ermöglicht es ihr, „eine intelligible und notwendige Beziehung herzustellen zwischen Praktiken einer Situation, deren Sinn er nach Wahrnehmungs- und Wertungskategorien produziert, die selbst wieder Produkt objektiv beobachtbarer Verhält-nisse sind."[263]

Diese Zirkelhaftigkeit von Praxis und Produkt, die hier gemeint ist, ergibt sich für Bourdieu durch den Bedingungszusammenhang der in Alltagswelten vorhandenen „struktu-rierten Produkte", und der sie „strukturierenden Struktur". Und sie besteht, „weil sie in der ursprünglichen synthetischen Einheit des Habitus vorliegt, dem einheitsstiftenden Erzeu-gungsprinzip aller Formen von Praxis."[264] Insofern symbolisieren Alltagsdinge kulturell längst vorinterpretierte Werte, und die inkorporierten Formen familiären Umgangs mit ihnen erwirken per habitueller Prägung die Eigenschaften und Werturteile von Professoren, wie von Kleinbürgern und sozialen Randgruppen, die sie zur Konstruktion der zu ihnen passenden Lebensstile veranlassen. Der jeweilige, derart im *Symbolischen* erzeugte Habi-tus, ist so gesehen „ein *Erzeugungsprinzip* objektiv klassifizierbarer Formen von Praxis und *Klassifikationssystem* dieser Formen."[265] Er bewirkt, daß „die Gesamtheit der Praxisformen eines Akteurs (oder einer Gruppe...) als Produkt der Anwendung identischer (oder wechsel-seitig austauschbarer) Schemata ... systematisch unterschieden sind von den konstitutiven Praxisformen eines anderen Lebensstils."[266]

Oder schlicht gesagt: Der Habitus einer Person repräsentiert die Fähigkeit, denjenigen Lebensstil, der ihn hervorgebracht hat, zu *reproduzieren* und ihn von anderen Lebensstilen zu unterscheiden. Und die Rede vom Habitus zwingt uns insofern schon zur Einsicht, daß sich im Familienalltag *Individualität* nur relativ eigensinnig ausbilden kann, ganz zu schweigen vom Anspruch, sie möge sich zur Autonomie heranbilden. Doch Bourdieu legt den habituierten Subjekten zur Last, daß sie, ganz gleich an welcher Schicht sie teilhaben, zum Erhalt sozialer *und* kultureller Ungleichheit beitragen. Denn über privilegierte Lebens-stile wird auch tradiert, was in der Kunst, was in der Wissenschaft oder der Wirtschaft *Gel-tung* erlangt. Daß beispielsweise die Hausarbeit in der Wissenschaft nicht von Interesse ist und daher ein kümmerliches Schattendasein führt, entgeht notwendig genau dem Habitus, der im Kontext von Wissenschaft Zugang findet und der dort verstanden wird. Auch Cassi-rer, dem man gewiß keine Überheblichkeit nachsagen kann, der jedoch jenseits aller prakti-schen Alltagsarbeit in einem reichen Elternhaus aufwuchs, konnte habituell schon nie auf die Idee kommen, die Hausarbeit wäre von wissenschaftlicher Bedeutung, was auch zahl-reiche Anekdoten seiner Frau belegen.

Ob und wie über Kunst, Politik, wie über die Nachbarn bei Tisch gesprochen wird, welche Mimik des Vaters die Schilderung der Tochter von den Ereignissen in der Schule begleiten, dies wird in einem Arbeiterhaushalt anders verlaufen als in einem Lehrerhaushalt oder in einem bäuerlichen Haushalt. Feinste Beiläufigkeiten, von Systemfremden sozusagen nicht einmal wahrzunehmen, prägen das Selbstbild, reproduzieren Lebensstile in feinsten Nuancen und erlauben das Wiedererkennen für die, die dazugehören und auch für die, die nicht dazugehören. Das heißt: *Familienalltag reproduziert soziale Identität und soziale Dif-*

---

261 Bourdieu 1982, S. 281
262 Bourdieu 1982, S. 279 (Hervorh. P.B.)
263 Bourdieu 1982, S. 174
264 Bourdieu 1982, S. 282f
265 Bourdieu 1982, S. 277 (Hervorh. P.B.)
266 Bourdieu 1982, S. 278

ferenz. Die Brüche im Habitus einer Person entstehen und werden markant, wenn sich Ereignisse häufen, die sich am „Ort" der eigenen Alltäglichkeit nicht wiedererkennen lassen.

Wenn beispielsweise Kinder aus einer sozial problematischen Familie schulische Bestleistungen erbringen. Dieser Umstand kann ohne entsprechende Hilfe in solchen Familien bis heute kaum so integriert werden, daß den Kindern die richtigen Folgen aus ihrer Leistung zukommen, nämlich der Gang auf ein Gymnasium. Dieser „Fall" ist nämlich in dieser Familie nicht vorgesehen. Und die Schule, eine bis heute als mittelschichtorientiert geltende Institution, ist für derartige Fälle nicht gut gerüstet. Uwe und Jan, zwei in dieser Weise „auffällige" Kinder einer Familie aus meiner Praxis, wurde von der Grundschule auffälliges Sozialverhalten nachgesagt. Es wundert wenig, daß sowohl für die Mutter wie auch für die Lehrpersonen, sowie, was immerhin bemerkenswert ist, auch für die Kinder selbst, die schulischen Bestleistungen sich im Schulgespräch als praktisch irrelevant erwiesen, gegenüber dem angeblich auffälligen Sozialverhalten. Daß diese Kinder *selbstverständlich* an ein Gymnasium wechseln sollten, war für die Lehrer kein Thema der Elterngespräche, die ich begleitet habe. Die Buben wurden auch seitens der Lehrer nicht zur Teilnahme an den Förderstunden für Begabte vorgeschlagen, wofür sie, entsprechend ihren Schulleistungen, unbedingt berechtigt gewesen wären.

Wie drastisch, und mehr als noch vor zwei Jahrzehnten, die soziale Herkunft in Deutschland über den Schulerfolg und die Partizipation an weiterführender Bildung entscheidet, wird in der neuesten PISA-Studie bestätigt, denn ein bundesdeutscher Mittelwert ergab, daß ein 15 Jahre alter Schüler aus einer Oberschichtfamilie eine ca. viermal so hohe Chance zum Besuch des Gymnasiums hat, wie ein gleichaltriger Schüler aus einer Facharbeiterfamilie[267]. Bourdieus Kritik der symbolisch geformten gesellschaftlichen Urteilskraft macht dieses Faktum erklärlich. Und sie ermöglicht einen grundlegenden Blick auf die doppelbödige Leistung familiärer Alltäglichkeit als Reproduktionsstätte nicht nur für Lebensstile, sondern für deren Voraussetzungen: Einer *Statuskompetenz*[268], die es dem Individuum ermöglicht, überhaupt erst Bescheid zu wissen über Orte und Bedingungen, an denen es ökonomisches, kulturelles und soziales Kapital zu erwerben und zu nutzen gibt.

Weil Bourdieus „Kritik der Kultur"[269] durchaus mit Cassirers Kulturtheorie kompatibel ist, erlaubt sie uns diesen ergänzenden Blick auf Cassirers „Kritik der Kultur". Beide arbeiten als Sozialphilosophen mit der Symbolbegrifflichkeit. Doch aus der gesellschaftskritischen Perspektive des Soziologen vermag Bourdieu den Herrschaftscharakter der Kultur darzustellen, den Cassirer als kulturtheoretischer Philosoph lediglich feststellt wenn er u.a. sagt, daß die „verschiedenen Tätigkeiten, die die Welt der Kultur konstituieren, nirgendwo in harmonischem Nebeneinander"[270] vorkommen, sondern in ihrer „Vielfalt und Disparatheit"[271] sich sowohl ergänzen, wie auch einander widerstreiten. Dies geschieht, so ergänzt Bourdieu, weil symbolische Formen, wie Kunst, Technik, Religion, Politik, das Familiäre, usw., einerseits zwar den menschlichen „Willen zur Form und das Vermögen zur Form"[272], also die Kreativität menschlichen Schaffens repräsentieren, aber genauso auch den menschlichen Willen zur Macht.

---

267   www.paritaet-lsa.de 27.12.2005
268   Bourdieu 1982, S. 632f
269   Bourdieu 1982, S. 15
270   VM, S. 113
271   VM S. 346
272   EBK S. 247

6   Arbeit und Fürsorge: Vom Tun

Das Zusammenleben im Familienhaushalt bringt, egal welcher Lebensstil sich in ihm ausprägt, in erster Linie *Arbeit* mit sich. Mühevolle Arbeit, was man nicht von jeder Arbeit sagen kann. Von Arbeit, die in Familien geleistet wird, wozu die Liebe zumindest auch gehören kann, spricht die Philosophin Angelika Krebs[273]. Sie hat den Begriff Arbeit gewählt, weil in ihm der *Anspruch auf Anerkennung* codiert ist. Das kommt ihrer Absicht entgegen, das Arbeiten, auch das Arbeiten im Familienhaushalt, auf die Frage nach *sozialer Gerechtigkeit* zu beziehen. Ihr Urteil: „Familienarbeit wird in keinem Land der Welt richtig anerkannt."[274]

Eine groteske Tatsache, wenn man sich allein diejenigen Leistungen der Familienarbeit ansieht, die ökonomisch gemessen werden. Was ja nicht alles ist. Die Wertschöpfung der privaten Haushalte[275], um nur eine Zahlengröße zu nennen, entsprach im Jahr 2001 in etwa der Bruttowertschöpfung der deutschen Industrie (Produzierendes Gewerbe ohne Baugewerbe) und der Bereiche Handel, Gastgewerbe und Verkehr (350 Mrd. Euro) zusammen. Immerhin hat der BGH die Haushaltsarbeit und die Familienpflege im Verhältnis zur Erwerbsarbeit „bahnbrechend" aufgewertet, so daß Scheidungen nicht mehr in dem Maß zur Existenzbedrohung für i.d.R. Frauen werden, die zugunsten der Familienarbeit keiner Erwerbstätigkeit nachgegangen sind[276].

Daß aber nicht nur gesellschaftlicherseits, sondern auch innerfamiliär die anfallende Hausarbeit i.d.R. abgewertet und abgewehrt wird, da sie hier wie da gewissermaßen ortlos ist, ist ihrer Anerkennung sicher nicht förderlich. „Das familieninterne Arbeitszeit-, Arbeitsverteilungs- und Organisationsmanagement kann außerdem noch besonders problembeladen sein, wenn die Autonomieansprüche der einzelnen Familienmitglieder begleitet werden von einem relativ geringen Interesse an der Gestaltung eines gemeinsamen Familienalltags."[277] Die versagte Anerkennung der Hausarbeit läßt sich natürlich durch ihre Geschichte erklären, die wesentlich mit der Geschichte von Frauen verbunden ist[278]. Doch in der Emanzipationsbewegung war bis in die 80er Jahre hinein diese „Urmühsal der Frauen"[279] kein Thema.

Wer ist also für die Arbeiten zuständig, in denen man der Sorge für sich selbst *und* für andere nachkommt? Sind sie an rudimentär verbliebene *Rollen* gebunden, und daher wohl Frauensache? Werden sie als *Dienstleistungen* ausgeführt, was nicht ein harmonisches Familienleben garantiert, oder werden sie von denjenigen in der Familie erledigt, die sie am besten in ihre sonstigen Zeitabläufe integrieren können, also *systemfunktional*? Möglich ist eigentlich fast alles. Zur Wahl stehen allerdings bei Annahme oder Ablehnung der Arbeit im Familienhaushalt nur zwei Konsequenzen: Die Familie zu erhalten, oder sie aufzulösen.

Die Handlungen, die in den menschlichen Behausungen rund um den Globus für eine bunte Vielfalt in der Beköstigung, Vorratshaltung, Haus- und Gartenpflege, Wäsche- und Bekleidungspflege, Kindererziehung und –pflege, Familienpflege (Gefühlsarbeit u.ä.),

---

273   Krebs 2002
274   Krebs 2002, S. 72
275   Bundesministerium für Familie, hier: Zeitbudgetstudie des statistischen Bundesamtes 2003 S. 13
276   Information des Deutschen Richterbunds Nordrhein-Westfalen; 23. Jahrgang, April 2002
277   v. Schweitzer in: Krüsselberg (Hrsg.) 2002, S. 203f
278   Richarz, Göttingen 1991
279   v. Schweitzer, 1991, S. 329

Kranken- und Behindertenpflege, in Administration, Management und Beschaffung[280] sorgen, sind insofern nicht einfach Verrichtungen, sondern *Symbolhandlungen*, die die *Existenz* derer *ermöglichen*, sie *bejahen*, oder im Fall des Mißlingens oder Ausbleibens *gefährden*, denen ihr objektiver Nutzen zukommt. Es geht also um mehr, als um das zweckgerichtete Erledigen von schlichten Tätigkeiten.

Arbeit im Haushalt, so die Haushaltswissenschaftlerin Rosemarie von Schweitzer, ist gekennzeichnet „von einer Sinnsetzung der ‚Fürsorge durch Arbeit' oder ‚Arbeit aus Fürsorge'."[281] Haushälterisches Handeln hat also „nicht Nutzen zu maximieren oder Kosten zu minimieren, es hat nicht dem Lustprinzip zu folgen oder einfach nur Notwendigkeiten zu erledigen. Es kann dies alles auch zu beachten haben, aber die eigentliche Aufgabe ist die *‚menschliche Werte schaffende Leistung'*."[282] Was immer man sich darunter auch vorstellen mag – es ist jedenfalls anders und mehr, als allein die Erziehungsleistung, die modernen Familie als ihre wichtigste Aufgabe gilt.

Dies alles gilt auch dort, wo dienstbare Geister für die Hausarbeit zuständig sind. Denn auch dort bleibt es ein *Gemeinschaftshandeln*. Jedes Mitglied eines Haushalts trägt etwas dazu bei, bzw. kann in konstrukiver Weise etwas dazu beitragen, sei es aktiv, oder sei es dadurch, daß es sich anpaßt. Insofern kann das haushälterische Handeln eigentlich gar nie an einer Person hängen. Trotzdem, oder gerade wegen der Komplexität fürsorglichen Arbeitens im Familienhaushalt, ist es verständlich, daß der Ausfall der für diese Arbeit hauptsächlich verantwortlichen Person, Familiensysteme recht schnell destabilisieren kann. Als eine Form kommunikativen Handelns, bedarf diese Arbeit des Wissens, der Kreativität, erfordert Verantwortung, Fertigkeiten und setzt Formen von gelingender Kommunikation zwischen den Beteiligten voraus. Sei es zwischen Eltern und Menschen, die sie beispielsweise für die familiären oder auch für ihre ganz persönlichen Bedürfnisse nach Sauberkeit, gutem Essen, oder zur Erziehung ihrer Kinder anstellen; sei es zwischen Geschwistern, Geschlechtern und Generationen, die sich Hausarbeit teilen. Insofern ermöglicht Hausarbeit auch die für alle Arbeit gegebene Beziehungserfahrung: Den Umgang mit Hierarchien und Sympathien.

Und weil Familienarbeit nur als eine Kontinuität wirksam sein kann, bedarf sie auch einer Organisation, und die für sie passende Organisationsform ist die der Alltagsorganisation. Wir werden diesen Punkt weiter im Blick behalten. Sie jedenfalls „ordnet" die Familienarbeit in gewisser Weise, wir alle kennen Mahl-Zeiten, Wasch-Tage, Feier-Abende und ihnen zukommende Rituale aller Art, die Örtlichkeiten und Dinglichkeiten in sich einschließen. Und weil sich der Ort dieser Arbeit in diesem Sinn charakterisiert, lernen wir auch Menschen nirgendwo „persönlicher und menschlicher kennen als in ihren privaten Haushalten und bei der Ausgestaltung der persönlichen Versorgungs-, Pflege- und Erziehungsleistungen füreinander."[283] Dieser Ort zeigt, wie Menschen versuchen ihre Lebensnöte zu lösen. Wie sie ihre Beziehungen leben. Was sie mögen, was sie nicht mögen. Wie sie Dinge pflegen und erhalten oder auch nicht. Oder mit Heidegger gesprochen: Dieser Ort zeigt, wie Menschen Dinge *besorgend* gebrauchen und auf diese Weise zu Vertrautheit mit sich und der Welt finden. Ganz gleich, welcher sozialen Schicht sie angehören.

---

280   v. Schweitzer 1991 S. 179
281   v. Schweitzer, 1991, S. 136
282   v. Schweitzer 1991 S. 135, Hervorh. R.v.S.
283   v. Schweitzer 1991 S. 135, Hervorh. R.v.S.

Die fürsorgliche Arbeit muß man wohl als ein *Handeln* anerkennen, „das Werte ge-braucht und verbraucht, um menschliches Leben zu erhalten, persönliche Entfaltungsmög-lichkeiten zu schaffen und eine Kultur des Zusammenlebens zu ermöglichen. Es ist kein Handeln oder Verhalten, welches eine wie auch immer subjektiv bestimmte, unbegrenzt offene Bedürfnisbefriedigung als Ziel haushälterischer Aktivitäten ansieht, sondern es ist ein Handeln, das die Bildung von Humankapital im weitesten Sinne des Wortes und die Erhaltung und Pflege der Ressourcen, die dafür benötigt werden, zur Aufgabe hat. ... eine Kulturleistung im wahrsten Sinne des Wortes."[284] Haushälterisches Handeln manifestiert so gesehen in seinen Erscheinungen überall auf der Welt einen Kulturwert an sich, ohne den nicht nur Familien, sondern auch Kulturen nicht existenzfähig wären. Insofern erfüllt die Ausübung und Anerkennung fürsorglichen Arbeitens in Familien keine kleinbürgerliche Sittlichkeitsnorm. Keine ihrer Formen dient dem Luxus, sondern sie sind immer zum Erhalt einer Familie schlicht unabdingbar.

7 Die Familie im Haus-Halten: Von Identität und Pluralität

„Der Mensch schafft sich mittels des haushälterischen Handelns seine Lebens- und All-tagskultur, und dieses entspricht seiner Natur als Kulturwesen."[285] Das leuchtet ein. Aber vielleicht sind wir versucht, diesem Handlungsraum zu wenig Trennschärfe zukommen zu lassen, wenn wir ihn allzu umstandslos in die Deutungen des „Alltäglichen" subsumieren, denn als solches erfahren wir ihn. Jeden Tag. Demnach wäre Cassirers Frage nach der „Ei-gentümlichkeit"[286] einer symbolischen Form hinsichtlich der Funktion des Familiären noch nicht hinreichend geklärt. Denn wie begrenzt der Spielraum zwischen erfolgreicher und mißlingender Familienarbeit, also des fürsorglichen Arbeiten, selbst dann ist, wenn ein Haushalt die „Grundversorgung"[287] problemlos sicher stellt, z.B. regelmäßiges Essen und Trinken, ausreichende Kleidung und hygienische Bedingungen, zeigt sich besonders deut-lich in problematischen Familienverhältnissen. Ergründen wir also die Arbeit im Familien-haushalt noch weiter mit Hilfe der Wissenschaft des Haushalts. Womit hat es diese Arbeit zu tun? Was braucht es, um sie leisten zu können? Was sind Kategorien, die uns ermögli-chen, sie differenzierter zu betrachten? Fragen dieser Art werden uns nun des Weiteren beschäftigen.

„Die Handlungsspielräume des Haushalts sind vorgegeben durch den Lebensraum des Haushaltsstandortes und durch die historische Zeit mit ihren Bedingungen, in deren Rah-men ein Haushalt begründet und beendet wird und durch das soziale Netzwerk, das den Haushaltsmitgliedern zur Verfügung steht und von ihnen begründet und gepflegt wird."[288] Rosemarie von Schweitzer übersetzt diese Definition in ein *systemtheoretisches Modell*, wie in Abb.1[289] dargestellt, das wir nun genauer betrachten: Zunächst läßt sich erkennen, daß sich die „Handlungsspielräume" im Familienalltag ganz grundsätzlich einmal durch folgende Gegebenheiten strukturieren:

---

284   v. Schweitzer 1991, S. 29
285   v. Schweitzer, 1991, S. 147
286   PsF S. 124
287   Eberhardt 2002
288   v. Schweitzer, 1991, S. 137
289   übernommen aus: v. Schweitzer 1991, S. 142

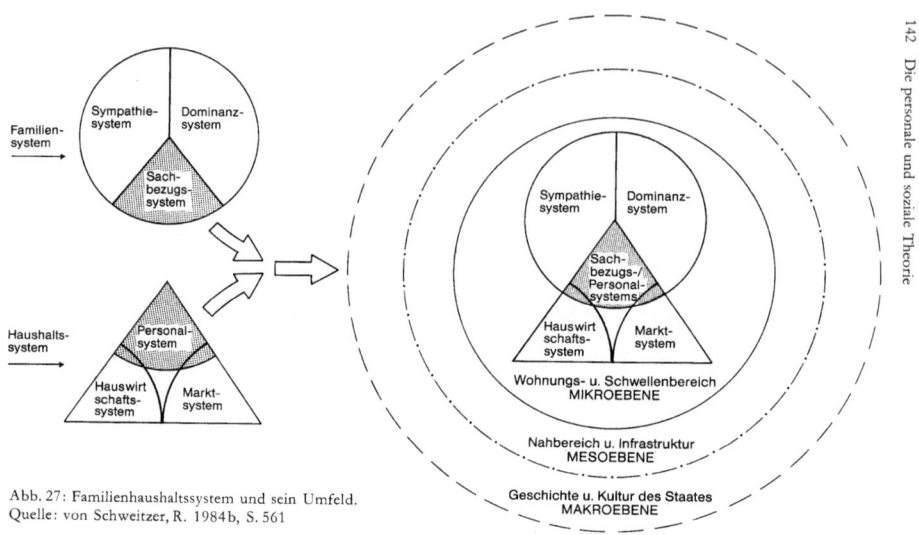

142 Die personale und soziale Theorie

Abb. 27: Familienhaushaltssystem und sein Umfeld.
Quelle: von Schweitzer, R. 1984b, S. 561

Ob eine Haushaltsfamilie in einem mongolischen Nomadenzelt wohnt, in einem schottischen Schloß oder in einem dänischen Reihenhaus – ihre Gestalt und ihr haushälterischer Handlungsspielraum werden immer a) von der *Makroebene* her bestimmt sein, d.h. von gesamtkulturellen Gegebenheiten. Sodann wirkt auf jede Familie b) die so genannte *Mesoebene* ein. Gemeint ist, im Vergleich zum Gesamtkulturraum, das eher unmittelbare Umfeld einer Familie, beispielsweise Schul- und Berufswelten ihrer Mitglieder, oder die Verhältnisse im Wohngebiet. Ob sich nämlich eine Familie aus dem Erwerb von einem oder zwei Managergehältern ernährt und in einem neuen Villenvorort wohnt, ob sie sich von einem Artistengehalt ernährt und einem Wanderzirkus angehört, oder ob sie von den Einnahmen einer Schafzucht lebt und einen abgelegenen Hof bewohnt – diese Bedingungen werden die Erscheinung einer Familie und ihr Haushaltswesen natürlich maßgeblich bestimmen.

Speziell aber interessiert uns hier c) die *Mikroebene* einer Haushaltsfamilie, denn sie betrifft deren Alltagsleben. V. Schweitzer versucht, in ihr markante Strukturen deutlich zu machen und unterteilt sie zunächst in zwei Systeme: In das der Familie und in das des Haushalts. *Im Familiensystem*, so sehen wir, ist mit *Sympathien* und *Dominanzen* zurecht zu kommen. Diese reinen *Beziehungsebenen* sind uns aus der sozialpädagogischen Arbeit vertraut. Sie sind die Folie für den Erziehungsauftrag, für Elternschaft und Geschwisterbeziehungen. Aber sie kommunizieren sich im Familienalltag über Sprache und Ausdruck nicht in abstrakter Weise, sondern vornehmlich über *Sachbezüge*. Nehmen wir ein alltägliches Beispiel: Die von der Tochter wahrgenommene Vorliebe der Mutter für den jüngsten Bruder erklärt sich für die Schwester nicht, weil ihr etwa die Mutter von ihrer Vorliebe erzählt hätte. Sie zeigt sich vielmehr sehr deutlich daran, daß die Mutter dem Bruder immer hilft, wenn er wieder seinen Teddybär sucht. Wie auch daran, daß sie immer zum Spielen rausgehen muß wenn es darum geht, die nötige Ruhe für den Mittagsschlaf des Bruders zu gewährleisten. Und weil sie nie vergißt, welches sein Lieblingsjoghurt ist, sehr wohl aber welches das ihre.

Die Ungerechtigkeit der Mutter verkörpert sich für das kleine Mädchen in Gegenständen. Immer wieder, ja alltäglich, war der Teddybär Zeuge, nein, er ist *Ausdruck* der mütterlichen Bevorzugung des Bruders, das Joghurt ebenso. Für die betroffene Schwester läßt sich die so anschaulich und plastisch erfahrene Ungerechtigkeit nicht von diesen Gegenständen ablösen. Und wenn die frustrierte Schwester den Teddybär schlachtet, das Joghurt des Bruders heimlich aufißt, betont lange Klavier übt, wo der Kleine doch ruhen sollte, dann agiert sie mit den *Symbolen* ihrer Wut. Die Schwester, die sich im Dominanz- und Sympathiegefüge der Familie unterlegen fühlt, bringt ihre Protestaktionen – notfalls bis jenseits des Kindesalters – im *Sachbezugssystem* des Familiensystems zum Ausdruck. Der zerschnittene Teddybär ist leibhaftiger Zeuge ihre Wehrhaftigkeit! Auch dann, wenn sie gelernt hat, ihre Bedürfnisse mit den anderen Familienmitgliedern „auszuhandeln", wird ihr das Lieblingsjoghurt des Bruders, das ihm die Mutter immer so stillschweigend bereit gestellt hat, sehr wahrscheinlich nicht schmecken.

Sich um ein *Haushaltssystem* zu kümmern verlangt, daß man etwas von ihm als „ökonomische Institution" versteht: Daß ein *Personalsystem* sich darum kümmert, *marktgerecht* im *Haus* zu *wirtschaften*. Verfügt ein Haushaltssystem über ein professionelles Personalsystem, das für seine Dienste bezahlt wird, so gehören nach Aussagen der historischen Familienforscher diese Personen genau so zur Familie, wie die ihr angestammten. Meist rekrutiert sich jedoch das Personalsystem einer Familie heutzutage aus den eigenen Reihen und leistet umsonst seine Dienste. Aber ganz gleich ob Dienstleistungshaushalt oder Selbstversorgungshaushalt: Jedes Personalsystem einer Familie hat mit einem Budget an Geld, Gütern und Zeit möglichst so zurechtzukommen, daß die „Produkte" des Haushalts, die da in Privathaushalten sein können Wohlstand, Freizeit, Gesundheit, Pflege, Lebenshaltung, Erziehung, Schutz, Wahrung und Förderung von Individualität usw., mit dem vorhandenen Budget „hergestellt" werden können. Wobei sich private Haushalte als Organisationstypen von anderen produktiven sozialen Systemen, Unternehmen etwa oder Betrieben, ganz wesentlich unterscheiden: sie arbeiten nicht gewinnorientiert, sondern *selbsterhaltend* – sie sind also keine produzierenden, sondern re-produzierende Systeme. Ein Familienhaushalt ist eine Non-Profit-Institution.

Schließt man nun die Systeme Familie und Haushalt zusammen, so ergibt sich quasi eine innere „Schnittmenge" dort, wo die Akteure zusammenfallen: Das *Sachbezugssystem* der Familie und das *Personalsystem* eines Haushalts sind in der Haushaltsfamilie *identisch*. D.h., wenn die Mutter den kleinen Bruder der Schwester vorzieht und diese daraufhin den Teddy vernichtet, dann muß die Mutter wiederum sich fragen, ob sie über genügend Geld verfügt, dem geschädigten Buben einen neuen Teddy zu kaufen und wann sie das tun will, oder wem sie diese Aufgabe überträgt. Aber möglicherweise gerät sie auch in eine depressive Stimmung wegen des zerschnittenen Teddys, da er aus ihrer eigenen Kindheit stammt und es gibt für ihn eben keinen Ersatz. Oder aber sie kommt auf die Idee *und* verfügt über die nötigen Mittel, zusammen mit ihrer Tochter gleich zwei Teddybären zu kaufen.

Die Sachlage ist klar: Diese *Identität*, die sich in Handlungen im Familienhaushalt zwischen ganz verschiedenen Bezugssystemen ergibt, bedingt es also *notwendig* plural verstehen und plural handeln zu können. Denn das Wohlbefinden einer Familie wird nicht allein dadurch garantiert werden können, daß sie ihren Haushalt nach ökonomischen Gesetzen führt. Oder daß sie sich als Raum zur individuellen Selbstverwirklichung versteht. Oder daß sie sich zum höchsten Ziel gesetzt hat, ihre Kinder zu glücklichen, erfolgreichen Menschen zu erziehen. Das alles *kann* gelingen – keine Frage – aber was immer in einer Familie geschehen *soll* – sei es aufgrund ihres individuellen Wunsches, oder aufgrund einer kulturellen Forderung – alles muß sich innerhalb dieses vieldimensionalen Handlungssystems „Haushalt" so inszenieren, daß es seinem Sinn und seiner Funktionalität nach erhalten bleibt.

Die Schwierigkeit ist auch klar: Das Sachbezugssystem, das Beziehungssystem und das Haushaltssystem verlangen völlig verschiedene Verstehensweisen, die sich aber desungeachtet in jeder einzelnen haushälterischen Handlung zu einer *Identität* verknüpfen. Die Dingwelt, die Personenwelt und ökonomischen Bedingungen eines Familienhaushalts treten als ein „Handlungswesen" auf, das in jeder irgendwie prägnanten Einheit einen dichten Symbolzusammenhang repräsentiert, der die seelische Befindlichkeit, die Kompetenzen oder Schwächen der Einzelwesen ebenso betrifft, wie das familiäre Beziehungsmuster und den kulturellen Horizont jenseits des Familienalltags.

Schon allein der profane Teddy aus unserem Beispiel ist a) das Symbol für eine handwerkliche oder andere Herstellungsleistung; er ist b) das Symbol einer bestimmten Kindheitskultur, c) Symbol der familiären Erziehungskultur, d) Symbol mütterlicher Sympathie und brüderlicher Dominanz und noch vieles mehr. Aber die Symbolik als „Sache" verweist auf die Personen- und Handlungswelt der Familie, die durch den Besitz des Teddys die Zugehörigkeit zur westlichen Kultur, wie auch ihre Kaufkraft bestätigt, wie auch in seiner Präsenz bestimmte Beziehungs- und Bindungsarten, oder auch individuellen Eigensinn, usw. zum Ausdruck kommen. Müßte man angemessenerweise nicht das „Verstehen im Alltag"[290] einer Familie *Kulturkompetenz* nennen? Wir werden darauf zurückkommen.

8   Über Logik, Sinn und Funktion familialen Alltagshandelns in der Kultur

Wir haben in den letzten Abschnitten versucht, die Handlungswelt eines Familienlebens zu erkunden. Und nun steht der eigentlich entscheidende Schritt dieser Funktionsanalyse an: Die Frage nach dem *Sinn* dieses Handelns. Dabei kann es allerdings um eines nicht gehen, nämlich darum, eine „Ursprungsfrage" aufzugreifen. Dies würde uns, nach Cassirer, zu unzulässigen Mythen verleiten. Wir können uns nur an der *Faktizität* familialer Erscheinungen orientieren. Daß diese auch von gesamtkulturellen Bedingungen abhängt, ist klar; auch ist Cassirers Frage nach dem *Sinn* einer Kulturgestalt nicht metaphysisch gemeint, sondern bezieht sich auf die sie *konstituierenden* Kräfte. Sie muß sich daher aus dem in ihren Gebilden waltenden, spezifischen Handlungsmodus erschließen. Nun, gehen wir der Sinnfrage aus dieser Perspektive nach, dann wäre zumindest festzuhalten, daß dem Handlungswesen „Familie" immerhin eine gewisse „Logik" innewohnt, sonst wäre ja dessen Funktionalität gar nicht möglich. Logisch, also folgerichtig ist aber, was Sinn macht. Nur, wie ist er zu erkennen und zu beschreiben? Bei Cassirer gehören die Begriffe Logik, Sinn und Funktion in das Begriffsfeld des *Symbolischen*. Sie müssen also, aus je eigener Perspektive, der Frage nach der Relation von Vielheit und Einheit nachgehen.

Es stellt uns insofern nicht nur die Frage nach dem Sinn selbst, sondern zunächst einmal die Eigenart des Handlungsraums Familie vor einige Probleme: Der Handlungsraum Familie erfordert plurales Verstehen und Handeln. Von allen, die ihn beleben. Und mit „plural" ist gemeint: Es müssen bereits in kleinsten Handlungseinheiten verschiedene, und

---

290   Thiersch 1986, S. 201

durchaus auch sich widersprechende Inhalte und Fähigkeiten, sozusagen auf einen Nenner gebracht werden, etwa Emotion und Ratio, Spontaneität und Voraussicht, Ich-Wahrnehmung und Empathie, Alltagsordnung und Toleranz, Arbeit und Freizeit, Kreativität und Banalität, usw.

Wie läßt sich überhaupt annehmen, daß einem derart offenen Handlungsraum ein einheitlicher Sinn innewohnt? Ein Sinn, der die Universalität der Kulturgestalt Familie begreiflich macht? Wobei, die Pluralität dieses Handlungsraums erzeugt noch eine weitere Unsicherheit: Was dort geschieht, ist weder in eine planbar und verläßlich funktionierende Technik oder eine derartige Organisationsform zu übersetzen, noch läßt sie sich in kausalen Zusammenhängen erfassen. Die *Funktionalität* eines Haushalt tritt also erst dann wirklich in Erscheinung, wenn sie fehlt. D.h., sie kann sich in der Tat nur aus ihrer *Negativität* her durchsichtig machen. Will sagen: Nur dann, wenn ein Familienhaushalt nicht mehr funktioniert, oder nur sehr unzulänglich funktioniert, kann nach Ursachen-Wirkungszusammenhängen gefragt werden, oder anders: kann deutlich werden, was „ist" und was sein „soll". Deswegen kann man die Funktionalität eines Familienhaushalts nur auf seine Probleme und seine Problemlösungskapazitäten hin befragen.[291] Das wird uns später noch beschäftigen.

Wir müssen also, wie Cassirer es auch vorgeschlagen hat, im Bemühen, die Funktion, oder den Sinn einer symbolischen Form zu erkennen, auf das Formprinzip zurückgehen: In unserem Fall auf die *Koresidenz* familialer Gebilde. Dann könnte die „Sinnfrage" etwa so lauten: Was an den handlungsleitenden Kräften im Familienleben ist so geartet, daß sie zwar eine bunte Mannigfaltigkeit an Erscheinungen ermöglichen, aber gleichwohl dafür sorgen, daß diese Erscheinungen in gewissem Sinne eine einheitliche *Form* aufweisen? Das eher schlichte Ergebnis ist: Ob ein familiales Gebilde das Ziel hat, eine betagte Dynastie zu erhalten oder ob es einen modernen Lebensstandard erhalten will, ob es der Selbstverwirklichung eines bürgerlichen Frauenbildes dienen soll oder den Prestigewünschen eines Politikers, oder ob es den Normen eines religiösen Weltbild zu genügen hat. Ob es sich um eine Patchworkfamilie im Großstadtmilieu, um eine Mehrgenerationenfamilie im karibischen Kulturraum, oder ob es sich um Royals handelt – alle Erscheinungsformen der Haushaltsfamilie „werden begründet dadurch, daß Personen bereit sind, sich selber und andere zu versorgen, zu pflegen und zu erziehen oder zu bilden. Haushaltssysteme werden aufgelöst, wenn sie über kein Humanvermögen für haushälterisches Handeln mehr verfügen können. Der Bestand an Humanvermögen für haushälterisches Handeln ist also die Voraussetzung für eine private Haushaltsgründung. Somit ist auch die Erhaltung dieses Humanvermögens die entscheidende Funktion des haushälterischen Handelns."[292] Daraus folgt: „Die aktuelle Mindestaufgabe eines jeden Haushaltssystems ist die lebensnotwendige Erhaltung des Humanvermögens. Zur Sicherung der Bestandserhaltung des Humanvermögens gehört dann aber auch die Sicherung des Bestandes an Produktiv- und Konsumtivvermögen."[293]

Und alles, was in diesem Sinne notwendig zu geschehen hat, ist nicht ein bloßer „Einzelinhalt"[294] in unserer Kultur, ist also nicht nur hin und wieder, oder hie und da zufällig oder fragmentarisch aufgetaucht und wieder verschwunden – nein, was im familialen Zusammenleben von Menschen geschieht, hat sich zu einem *spezifischen Inhalt* menschlicher

---

291   v. Schweitzer 1991, S. 145
292   v. Schweitzer 1991, S. 158
293   v. Schweitzer 1991 S. 159
294   PsF I, S. 11

Kultur entwickelt, zu einem Gestaltungsmoment „*der* Welt"[295]. Alles was in diesem Sinne für „die Familie" notwendig ist, macht also auch Sinn in der menschlichen Kultur und verleiht dem Handlungswesen Familie seine „Konstanz an Bedeutung"[296]. Die aufzusuchen ist nach Cassirer die Aufgabe der Kulturwissenschaft. Versuchen wir jetzt, sie noch weiter aufzudecken und zu beschreiben, indem wir das Handlungswesen Familie, oder anders: indem wir dessen *Praxis* nochmals einer Betrachtung unterziehen.

V. Schweitzer geht aus von der Tätigkeit des fürsorglichen Arbeitens, als das spezifische „Tun" familialer Gebilde. Das wissen wir schon. Sie hat dieses „Tun" in systemische Funktionsbereiche zerlegt und eine diffizile Pluralität sichtbar gemacht, die sie aber gleichwohl zu dem Schluß kommen ließ, daß jeder haushälterischen Handlung funktionale Logik und „eine Sinnsetzung zugrunde ›liegt‹, die Ansprüche, bzw. Erwartungen an sie enthält. Jede bedarf eines Mitteleinsatzes, und jede hat zumindest eine Alternative, nämlich die, die Handlung selbst zu unterlassen. Jede Handlung ist eingebunden in ein sie umfassendes System des Haushalts, für das sie Element ist."[297] Aber es geht jetzt nicht um den Sinn *einzelner* Handlungen, sondern es geht uns hier um einen *alle* Handlungen im familialen Alltag leitenden Sinn. Dieses Anliegen hatte Rosemarie von Schweitzer offenbar auch und sie kam zu folgendem Ergebnis: In den Facetten des fürsorglichen Arbeitens, bzw. im haushälterischen Handeln im Familienalltag liegen Erziehungs-, Pflege- und Versorgungsleistungen, die der *Lebenserhaltung* dienen, ebenso wie dem Erhalt und der Förderung der einzelnen *Persönlichkeit*, wie auch der *Kultur eines Zusammenlebens*[298]. Und weil diese Triade sich nur in Handlungsketten und nicht in einmaligen Akten ausprägen kann, muß es im *Schema der Alltäglichkeit* funktionieren, d.h.: Familienleben konstituiert sich als private Alltagsorganisation der Daseinsvorsorge.

Daseinsvorsorge bringt insofern jenes „Tun" auf den Begriff, was familiale Gebilde in ihrem „Sein"[299] erhält, nämlich die Triade von *Lebenserhaltung*, *Individuum* und *Zusammenleben*. Oder ein anderer Versuch, es philosophisch auszudrücken: In der Daseinsvorsorge, als dem spezifischen „Tun" familialer Gebilde erschließt sich der *Sinn* dieser Erscheinung. Das also, was sie als solches *begründet*[300]. Und wenn das so ist, dann allerdings muß die Vorsorge für das Dasein „*jeder* – auch der kleinsten – haushälterischen Handlungssequenz eigen"[301] sein. Sie kommt, anders gesagt, in jeder – auch der kleinsten – haushälterischen Handlungssequenz *symbolisch* zum Ausdruck. Jede derartige Handlungssequenz kann also, im weitesten Sinne jedenfalls, etwas darüber aussagen, ob sie für die Daseinsvorsorge sinnvoll oder widersinnig ist. Wenn v. Schweitzer anmerkt, daß das „haushälterische Handeln in letzter Verantwortung dem Gewissen eines jeden bezüglich seiner Menschlichkeit anheimgestellt"[302] sei, so ist klar, daß sich die ethische Perspektive aus dieser Handlungslogik gewiß nicht ausklammern läßt. Im Fall des Gelingens kann man daher wohl mit Recht von einer „Werte schaffenden Leistung"[303] sprechen.

---

295   PsF I, S. 11; Hervorh. E.C.
296   LK, S. 75
297   v. Schweitzer 1991, S. 137
298   v. Schweitzer hat ein Modell dieses Handelns entworfen, das sie "das haushälterische Dreieck" nennt. Siehe v. Schweitzer 1991, S. 137f
299   PsF I, S. 11
300   s.a. PsF III, S. 350
301   v. Schweitzer 1991, S. 137, Hervorh. S.W.
302   v. Schweitzer 1991, S. 136
303   v. Schweitzer 1991, S. 135

Aber wohlgemerkt: V. Schweitzer versteht dieses dreigestaltige Sinngefüge der Daseinsvorsorge nicht als ein normatives Konstrukt, sondern als ein *Funktionskonstrukt*. Konkret heißt das: In der *Balance* zwischen *Lebenserhaltung*, *Individuum* und *Zusammenleben* wird die Daseinsvorsorge einer Familie je nach historischem und kulturellem Raum, je nach ökonomischen und geographischen Bedingungen und auch je nach individueller Beschaffenheit des Familiensystems und den Kompetenzen ihrer Individuen selbst, wenn nicht generell, so aber graduell durch unterschiedliche haushälterische Handlungsmodi bestimmt sein.

Versorgungs- Erziehungs,- und Pflegeleistungen waren in mittelalterlichen Haushaltsfamilien anders geartet und bedingt, als etwa in antiken Haushaltsfamilien, ein sechsjähriges Mädchen auf einem Bauernhof unseres Kulturkreises wird tendenziell andere haushälterische Kompetenzen kultivieren als ein sechsjähriger Junge in einem Ein-Elternhaushalt am Stadtrand. V. Schweitzer nennt auch einige grundsätzliche Bedingungen dieses Handelns, die jedem bekannt vorkommen, der sich auch nur annähernd in haushälterische Tätigkeit eingelassen hat. Es sind dies 1.) passende Lebenseinstellungen, 2.) Lebenshaltungstechnologien. Es braucht aber ebenso 3.) den Einsatz und die Bereitstellung entsprechender Mittel, 4.) Ressourcen für haushälterisches Handeln, 5.) Kompetenzen der Wahrnehmung und Entscheidung für Handlungsalternativen, sowie 6.) Handlungsalternativen für das haushälterische Handeln. Auch wenn wir auf diese Aspekte hier nicht im einzelnen eingehen, so leuchtet doch ein, daß sie nur im *Zusammenwirken* Sinn machen: Als symbolische Form.

Die *Pluralität* des familialen Alltagshandelns erscheint symbolisch präsent als *Daseinsvorsorge* in „prinzipiell allen möglichen Handlungsweisen der Menschen"[304], die der *Vorsorge des Daseins durch haushälterisches Handeln* dienen. Anders: In der Beköstigung, der Hauspflege, der Haushaltsbudgetverwaltung u.v. mehr, erscheinen symbolische Formen haushälterischen Handelns. Sie *wirken* als Versorgungs,- Pflege und als Erziehungsleistungen. Oder noch anders: Die symbolischen Formen der Daseinsvorsorge repräsentieren plurale Handlungswelten, die im Modus der Alltäglichkeit auf Lebenserhaltung, auf die Wahrung und Entfaltung der Einzelpersönlichkeit und auf eine Kultur des Zusammenlebens gerichtet sind.

Daß ein derartiges Handlungswesen spezielle Kompetenzen erfordert, leuchtet ein. Aber deren Potential wird gewöhnlich, im Gegensatz zu herstellenden und rationalen Kompetenzen, *verdeckt*. Die Gründe dafür sind vielfältig. Einer davon ist, daß vorzugsweise Frauen in dieser Kompetenz „gebildet" werden.[305] Frauen, Privatwelt, Familie, Alltag – diese Konstrukte sind in der Erwerbswelt *vorausgesetzt*. Und sie werden dort, wie in der menschlichen Kultur allenthalben, in einen Topf geworfen; über ihre sie letztlich ermöglichenden *Leistungen* macht man sich eigentlich keine Gedanken.

Diese Leistungen stehen privat stillschweigend für den Erhalt von Familien und zur Förderung ihres Wohlstandes zur Verfügung. Eben so stillschweigend stehen diese Leistungen aber auch dem gesamtkulturellen Umfeld zur Verfügung. Über die Ungerechtigkeit gegenüber denen, die diese Leistungen stillschweigend erbringen, haben wir schon gesprochen. Aber wir greifen diesen Punkt gleichwohl noch einmal auf, weil Sinn und Funktion familialen Alltagshandelns für *familiale Gebilde* zu erfragen eine gar prekäre Brisanz erhält, so man Sinn und Funktion eben dieses Handelns für *die Kultur* erfragt. Denn: Die Haus- bzw. Familienarbeit, als die Tätigkeit, die Familien existenziell bedingt und erhält,

---

304   v. Schweitzer, 1991, S. 27
305   Böhnisch et al. 2005, S. 168f

und ohne die Kulturen zumindest noch nicht gerlernt haben zu leben, sie leidet unter einem geradezu historischen und globalen Mangel an Anerkennung. Haushälterisches Handeln ist schlicht nicht „in"; niemand reißt sich darum. Seine Verrichtung erbringt kaum ein begehrtes Statussymbol oder sonstige, nicht unbedingt monetär bemessene, Auszeichnungen. Ein geachteter Beruf ist es auch nicht, oder bestenfalls dann, wenn jemand in höchsten sozialen Schichten eine Stellung im Haushalt bekleiden kann, etwa als Butler.

Mit aufkommender Industrialisierung definierte die Wirtschaft einen für ihre Funktionalität passenden Arbeitsbegriff, aus dem aber die Familienarbeit ausgeklammert ist. Fazit: „Alle Aufwendungen, die für die nachwachsende Genertion erbracht wurden, verloren das Prädikat, Arbeit zu sein. Alle Leistungen zur Förderung der produktiven Kräfte einer Gesellschaft entarteten unter diesem Aspekt mangelnder unmittelbarer Messbarkeit zur ‚Wertlosigkeit'. Im Gegensatz dazu stieg Erwerbstätigkeit in den Rang eines allumfassenden Arbeitsbegriffs auf."[306] Ein sehr gewichtiger Grund, der Haus- und Familienarbeit die schon vor dieser Zeitwende längst überfällige monetäre und andere Anerkennung auch weiterhin zu versagen[307]. Dabei ist natürlich im Wirtschaftsleben unbestritten: „Der Erwerb sozialer Daseinskompetenz ist eine unverzichtbare Voraussetzung für den späteren Aufbau von Fachkompetenz"[308]

Von den grotesken Konsequenzen solcher Entwertung der Familienarbeit handelt z.B. ein Urteil des Bundesverfassungsfgerichts vom 07. Juli 1992. Es sollte damals geprüft werden, ob das System der Altersvorsorge Leistungen, die ihr aus Erwerbsarbeit zuflossen, unzulässig höher bewertet, als Leistungen, die in Familien, vornehmlich von Müttern, erbracht werden. Der vorgelegte Fall brachte zutage, daß „im ‚Vorsorgesystem' der Rentenversicherung die aus Markteinkommen abgezweigten Beiträge ... 73 mal mehr zählten, als die Vorleistungen der Kindererziehung..."[309] Und nun die Frage: „Wie sehr muß allein diese Art von ‚Wertschätzung' potenziellen Eltern, vornehmlich den Müttern, als ‚Stigmatisierung' erscheinen."[310]

Was bedeutet es also, wenn die Menschen „mit dem Herzen" an dieser Kulturgestalt hängen? Vieles, gewiß. Aber sie im eigenen Lebensentwurf zu verwirklichen, bedeutet jedenfalls auch, ein persönliches und existenzielles Risiko einzugehen, bedeutet dazu für die meisten Menschen, eine ungeliebte, nicht geachtete, nicht anerkannte und nicht bezahlte, eine weder zeitlich noch inhaltlich geregelte, mühevolle, „alltägliche" Arbeit verrichten zu müssen. Cassirers Kulturphilosophie wird dieser Paradoxie wohl nicht abhelfen, dafür aber es ermöglichen, ein Licht auf die Erfahrungswelt des Familienalltags zu werfen, die wir kraft des „mythischen Denkens" inszenieren. Worum es dabei geht, das werden wir im letzten Kapitel erörtern.

9   Familie leben. Eine Kulturkompetenz?

Familienleben bilden einen Kulturraum, symbolisch geformt durch eine spezifische Handlungswelt. Familienleben symbolisieren insofern auch eine Kulturkompetenz. Die Kompe-

---

306   Krüsselberg in Krüsselberg et al. 2002, S. 93
307   s.a. Krüsselberg in Krüsselberg et al. 2002, S. 92f
308   Krüsselberg in Krüsselbsrg et al. 2002, S. 95; S.a. der Ansatz der Care-Ethik u.a. bei Rampf, R., 1997: Kann die Care-Perspektive auf sozialstaatliche Fragestellungen übertragen werden? In: Braun, H./Jung, D. (Hrsg.) 1997
309   Krüsselberg in Krüsselberg et al. 2002, S. 99
310   Krüsselberg in Krüsselberg et al. 2002, S. 99

tenz dieses Handelns haben wir oben schon reichlich ausgeführt. Aber dennoch wollen wir nochmals einen Blick darauf werfen mit der Frage: Was bietet a) diese Kompetenz einerseits an, und was wird b) von ihr anderseits verlangt, wenn es darum geht, Familienleben nicht lediglich die individuelle Existenz zu ermöglichen, sondern Familie als *Kulturgestalt* zu erhalten.

In Familienleben sind, überall auf dem Globus, Dinge und Tätigkeiten aus dem Bereich der Kunst, der Religion, aus der Wirtschaft und zwischenzeitlich fast überall auch die Dinge der modernen Technik zuhanden; Familien verfügen also über die unterschiedlichsten Symbole der Kultur; zu ihnen gehören auch Teddybären. Familien bedienen sich der Sprachlichkeit und universeller und sozialkultureller zwischenmenschlicher Umgangsformen. Familienhaushalte repräsentieren also in ihrem, der Daseinsvorsorge dienlichen Handeln, die ganze Palette symbolischer Formen der Kultur. Und je nach Zeit, Ort, Schichtzugehörigkeit und sonstiger sozialkultureller Umstände, besteht eine unermeßliche Vielfalt an Möglichkeiten, in welchem Umfang oder in welcher Weise eine Familie z.B. die Kunst oder die Religion, oder Geräte, in der ihr dienlich erscheinenden Weise in die Welt ihrer Daseinsvorsorge integriert. Am haushälterischen Handeln im individuellen Familienalltag teilzunehmen bedeutet jedenfalls immer, am (eigenen) Kulturleben teilzunehmen, bedeutet, in Berührung kommen mit den Formen symbolischer Weltdeutung. Bedeutet kulturelle Kompetenzen zu erwerben. Alle Tage. Krüsselberg meint sogar, daß der eigentliche Sinn von Familienarbeit, der „Aufbau der sozialkulturellen Person"[311] sei.

Kulturkompetenz entwickelt sich demnach überhaupt und zuallererst durch die im Familienhaushalt sich ereignenden *informellen* Lernprozesse und dient der *Lebensbildung*[312]. Das heißt: Die Kulturkompetenz im Familienalltag ist genau besehen die Voraussetzung dessen, was im heute arg strapazierten Begriff „Kulturkompetenz" u.a. codiert ist, nämlich: Aus der *eigenen* Kultur heraus – die als „verstanden" vorausgesetzt wird – einen verstehenden Umgang mit u.a. Normen, Werten, Ordnungen, Gepflogenheiten, Lebenswelten *anderer* Kulturen zu entwickeln. Es ist daher die Anforderung an jegliche Kulturkompetenz, *das Eigene* und *das Fremde* in eine sinnvolle Verbindung zu bringen. Oder anders: Das Fremde – oder auch einfach das Andere – in das Eigene zu *integrieren* oder umgekehrt, und zwar ohne beides in seiner Eigenart zu beschädigen.

Das gilt auch für die Kulturgestalt Familie. Aber als eine eher identitätsschwache Kulturgestalt wird in Familien natürlich die für ihre Repräsentation im Kulturraum entscheidende Frage, deren Bedeutung wir etwas nachgehen wollen, viel zu selten gestellt: Was kann, soll oder muß ein familialer häuslicher Alltag wie integrieren, wenn er funktional bleiben will? Beispielsweise den schwulen Freund der vierzehnjährigen Maja? Gelegentlichen Kokaingenuß des Vaters? Die plötzliche Pflegebedürftigkeit der Großmutter? Oder auch die Einrichtung eines Drogenzentrums in der Nachbarschaft? Oder die Schließung von Tankstellen wegen Krieg im nahen Osten? Welche dieser Integrationsansprüche können von Familien *positiv* und welche müssen *negativ* beantwortet werden, und warum? Diese Frage läßt sich schlicht nicht beantworten, denn wir dürfen annehmen, daß es in jeder sozialen Schicht Familien gibt, die alle diese Fragen mit ja und andere, die alle diese Fragen mit nein beantworten würden und das auch begründen könnten. Immerhin ein Faktum belegen diese Fragen: Eine derartige Offenheit, oder vielleicht besser: eine derartige Toleranzspanne zur Integration außergewöhnlicher Umstände wäre etwa in Wirtschaftsbetrieben, in

---

311 Krüsselberg in Krüsselberg et al. 2002, S. 97
312 Thiersch, 2004, unveröffentlichter Aufsatz: Bildung – alte und neue Aufgaben der Sozialen Arbeit

kirchlichen Gebilden, oder auch in Wissenschaftsbetrieben nicht denkbar. Zweifellos verfügen andere Kulturgebilde einfach über stabile Muster, die sie verstehen, verwirklichen und Entscheidungen dazu begründen lassen, was ihrer Existenz und ihrem „Eigensinn" förderlich ist und was nicht.

Familien kommen hingegen vielerorts und tagtäglich in schwierige Entscheidungssituationen, die sie praktisch individuell zu lösen haben, wie z.B.: Lerne ich mit meinem Kind Vokabeln oder rufe ich den Lehrer an und grenze mich gegen diese Aufgabe ab? Wenn ja, mit welcher Begründung? Oder: Was mache ich mit dem Gewaltvideo, das Max von seinem getrennt lebenden Vater bekommen hat? Mit ihm reden? – oder eine Institution anrufen? – oder ignorieren? Aber auch: Kann ein Kind den Arbeitsplatz von Eltern problemlos aufsuchen, oder ist dieser nur symbolisch präsent im neuen Auto oder in den Forderungen der Eltern an stressfreie Abende? Oder halten sich Familien das „Fremde" einfach auch dadurch fern, daß sie gewissen Themen einfach tabuisieren? Sex oder den Holocaust beispielsweise? Oder in schwierigen Zeiten das getrennt lebende Elternteil? Aber haben andere Kulturgebilde nicht auch Tabus?

Jedenfalls kann man sagen: Familien als Kulturgebilde standen und stehen zweifellos, ganz gleich welchen Lebensstil sie pflegen, immer in einem Spannungsfeld von – nennen wir es doch einmal: Alltäglichkeit und Nicht-Alltäglichkeit. Nicht-alltägliche Ereignisse aus a) dem Familienleben selbst und nicht-alltägliche Ereignisse aus b) „der Welt" brechen in diese Handlungsorganisation der Daseinsvorsorge i.d.R. unvorhergesehen ein. Im ersten Fall a) widerfahren familialen Gebilden schicksalhafte Ereignisse, beispielsweise eine Krankheit, Tod, Unfälle, Trennungen. Aber auch lebenszyklische Ereignisse, die Geburt eines Geschwisters oder der Schuleintritt, oder Schulabschluß eines Kindes, dessen Wegzug aus der Familie. Derartige Nicht-Alltäglichkeiten bewirken im familialen Haushalt Veränderungen – andere Essenszeiten z.B., sie sind für die Funktionalität eines Familienlebens vielleicht ohne Belang, aber die Pflege eines todkranken Elternteils sicher nicht.

Im zweiten Fall b) sind Familien vor allem durch unvorhergesehene und unvorhersehbare Ereignisse von jenseits ihres Familienalltags belastet. Hierher gehört auch, daß allein durch die modernen Medien heute mehr denn je Eindrücke, oftmals sehr beunruhigende Eindrücke, von weit jenseits des familiären Binnenraums in diesen eindringen. Wie „besprechen" Eltern mit ihren Kindern beispielsweise Umwelt- oder Kriegskatastrophen in anderen Ländern? Wie gehen sie mit der Tatsache um, daß eine Familie aus einem anderen Kulturkreis in die Nachbarschaft gezogen ist? Wird sie eventuell zum Essen eingeladen? Oder nur durch die Vorhänge hindurch beobachtet?

Besondere Ansprüche an die Kulturkompetenz von Familien stellen sich z.B. in Patchworkfamilien oder in Familien, die ihr Kind aus dem Heim wieder nach Hause holen. Ganz zu schweigen von Familien, die, durch Migration bedingt, die fremden Eindrücke einer ganzen Kulturwelt in ihre Version der Daseinsfürsorge verorten müssen. Und so geraten wir, je weiter wir die Fäden zwischen dem, was durch Integration in das Familienleben diesem zugute kommt und was man ihm tunlichst nicht zumutet, und vor allem, welche Begründungen Familien für Abgrenzungen zur Verfügung haben, wieder in die bekannte Diskussion: Daß die moderne Familie mit dem, was sie alles in ihren Familienalltag integrieren soll, sehr häufig überfordert ist. Und das, obwohl die plurale Handlungsgestalt der familialen Daseinsvorsorge (s. o.) die integrativen Fähigkeiten seiner Mitwirkenden im fürsorglichen Miteinander ständig beansprucht und kultiviert und obwohl ihr „Haus" angefüllt ist mit den verschiedensten Symbolen der sie beherbergenden Kulturwelt.

Arbeitsstreß, Lottogewinn, Suchtverhalten, verliebte Mütter und überwiegend kalte Küche, können die Mitglieder einer Familie möglicherweise kompetent in die alltägliche Organisation der Daseinsvorsorge integrieren. Aber ist ihr Bewußtsein, ist die Identität dieser Kompetenz brüchig, oder wird nicht hinreichend gewußt, wie es allem Anschein nach bei (modernen) Familien (unseres Kulturraums) der Fall ist, dann wird gerade die Vieldimensionalität des Handlungswesens Familie zur Falle. Dann nämlich ist es möglich, die Symbolik der Daseinsvorsorge im Handlungswesen Familie entweder zu entgrenzen oder einseitig auf ganz bestimmte Zwecke festzulegen. Und so erstaunt es nicht, daß bekanntlich „Erziehungsprobleme" meist nur das am häufigsten verwendete Etikett ist, unter dem sich traurige Paarbeziehungen, Finanznöte, überlastete, vereinsamte Mütter, irritierte, dem Handlungsraum Familie entfremdete Kinder und anderes verbirgt, das die Alltagsorganisation der Daseinsvorsorge dysfunktional, also nicht dem *Wohl des Familienlebens* dienlich sein läßt.

Der zweifelhafte Ruf der „Pluralität" familialer Gebilde, die fast beliebig deutbare Symbolik familialer Alltagsordnungen, wir sprachen darüber, sind Zeichen dieser Identitätsschwäche, die sich eben nicht erst in der Moderne herausgebildet haben, sondern durch deren Zeitgeist – Stichworte: Pluralisierung, Individualisierung – vielmehr jetzt sichtbar sind. Aus Sicht der Kulturtheorie der symbolischen Formen weisen diese Zeichen auf den Mangel an einem *Kommunikationscode* hin, vermittels dessen Familien ihre Identität im Kulturraum auch *darstellen*. Bourdieu würde natürlich anmerken, daß Familien ihre Identität aus ihrem jeweiligen sozialen Status ableiten und von ihm her eine „Statuskompetenz", mithin einen *habituellen* Kommunikationscode beherrschen, der beispielsweise gewissen Kindern zu privilegierten Bildungschancen verhilft, oder auch solche verhindert. Doch wir suchen einen *kulturellen* Kommunikationscode für die Kulturgestalt Familie, er muß also in gleicher Weise allen Familien zur Verfügung stehen.

Cassirer sagt uns, daß sich die Identität kultureller Gebilde aus der Relation einer einheitlichen *Erscheinung* und einem sie funktional, d.h. sinnvoll begründenden „*Handlungswesen*"ergibt.[313] Entlang der Form- und Funktionsanalyse wäre eine Familie also eine *Gruppe koresidierender Menschen mit einem realen oder einem symbolischen Generationenverhältnis, die in privater Verantwortung dafür sorgen, daß für alle Familienmitglieder im alltäglichen Zusammenleben möglichst dauerhaft und zuverlässig ausreichend Pflege, Erziehung, Versorgung, verknüpft mit persönlicher Zuwendung, möglich sein wird.*[314] Das ist es, was wir sehen und erleben, wenn wir Familien besuchen, wenn wir Familie leben. Das ist ihr Kommunikationscode. In ihm können sich familiale Gebilde *als solche* wiedererkennen. Er verbindet die lybische Familie im Nomadenzelt mit der Patchworkfamilie im Pariser Vorort, wie auch mit der deutschen Fabrikantenfamilie des frühen neunzehnten Jahrhunderts, oder mit der englischen Adels- oder Handwerkerfamilie des späten Mittelalters. Familiale Gebilde erzeugen, anders gesagt, ihre „symbolische Existenz"[315] durch die Funktion der Daseinsvorsorge, die ihnen allen im Kulturraum einen unverwechselbaren Kommunikationscode ermöglicht. Und dabei ist es im einzelnen völlig belanglos, daß die Nahrung von bestimmten Familien vorwiegend aus Fisch besteht, daß bei anderen die Schlafstätten in der Luft hängen, daß die Mitglieder einer Familie bei ihren Mahlzeiten um den Tisch liegen, daß sich manche regelmäßig ihre Träume erzählen und ausschließlich am

---

313   LK S. 76
314   in diesem Sinne s. v. Schweitzer 1991, S. 140f
315   Schwemmer 1997 S. 115

Samstag einkaufen gehen. In welcher Ausformung auch immer wir ihn vorfinden – der beschriebene Kommunikationscode läßt erkennen, daß es letzten Endes immer derselbe Mensch ist, „der uns in tausend Offenbarungen und in tausend Masken in der Entwicklung der Kultur immer wieder entgegentritt."[316]

Fassen wir jetzt einmal die angestellten Überlegungen zusammen: Die *Identität* der Lebensform Familie begründet sich in einer sie selbst erhaltenden *und* der Kultur bedeutsamen speziellen Form von *praktischer Arbeit,* die man, wie andere Kulturleistungen auch, als eine *Kulturkompetenz* fundamentaler Art bezeichnen darf. Im Vergleich zu anderen Kulturleistungen läßt aber die Kompetenz, Familie zu leben, geeignete Formen ihrer Repräsentation im Kulturraum vermissen, wodurch ihr die nötige Kommunikation ihrer Bedürfnisse, ihrer Möglichkeiten und Leistungsgrenzen versagt ist und sie kulturellen Zumutungen ausgesetzt bleibt. Das Problem, wie nämlich Familien ihre kulturelle Identität jenseits ihrer Lebensform darstellen, sie mitteilen, wie sie ihre Forderungen stark machen und begründen, das erfahren wir natürlich nicht von Cassirer. Wenigstens deutet er diesbezüglich aber etwas Entscheidendes[317] an: Familien (wie auch andere Kulturgestalten) sollten sich und ihre Anliegen nicht abgespalten vom identitätsleitenden Handlungssystem kommunizieren. In diesem Sinne *kulturkompetente* Familien agieren *selbstreferenziell.*

Das würde heißen: Kulturkompetente Familien banalisieren und verdecken die Symbolwelt ihres Kulturraums nicht, sondern schaffen *im* Familienleben und fordern von *jenseits* des Familienlebens förderliche Bedingungen für ihr Zusammenleben, wozu z.B. gehören kann: Einmal täglich gemeinsam essen zu können, daß Gäste eingeladen werden, daß Freizeit auch Freizeit ist von Familienarbeit, daß moderne Medien nützlich, erheiternd und hilfreich und nicht nachteilig für das Familienleben sind, daß Erwachsene andere Schlafzeiten benötigen als Kinder, usw. D.h.: Kulturkompetente Familien bewerten die vermeintlich banalen Ereignisse des familiären Alltags gemäß ihrer konstitutiven Bedeutung für das Familienleben; sie kennen daher auch den Wert ihrer Kompetenz, familiale Daseinsvorsorge zu leisten, sie kommunizieren diese Inhalte und ihre Kompetenz daher selbstbewußt nach außen und beteiligen alle Familienmitglieder, ihren Möglichkeiten gemäß, an Erwerb und Praxis familialer Fürsorgeleistungen. Denn alle Familienmitglieder haben gleichermaßen Anspruch auf Teilhabe am Erbringen und am Annehmen familialer Fürsorge, sowie auf Respekt und Anerkennung für ihre Leistung. Diesseits, wie jenseits des Familienlebens.

Kulturkompetente Familien, anders gesagt, *repräsentieren* die Symbole ihres *Handlungsraums,* nach „innen", also auch gegen rebellische oder anmaßende Familienangehörige, wie nach „außen", in private oder öffentliche Bereiche, in seiner Identität *als Bedingung ihrer Existenzmöglichkeit* für alle Familienmitglieder und insofern auch als deren „Schonraum"[318]. Nicht aber, um ihn entweder als „Intimraum" abzuschließen, oder ihn als pluralen Handlungsraum pluralen Ansprüchen gegenüber verfügbar zu machen. Kulturkompetente Familien, so könnte man auch sagen, verfügen über Selbst-Verständnis, das ihnen die nötigen Kommunikationsmuster verleiht, um die Bedingungen und Angelegenheiten ihres Familienlebens z.B. gegenüber Vorgesetzten in der Berufswelt, oder gegenüber Bildungsinstitutionen zu präzisieren. Denn: Sie gelten ihnen nicht als „banal" oder als beliebig veränderbar, weshalb kulturkompetente Familien auch ungeniert sowohl professionelle wie auch

---

316   LK S. 76
317   so etwa in seinem Aufsatz „Form und Technik" in STS
318   Büchner in Krüsselberg et al. 2002, S. 266

andere Kräfte an der Sorge um ihr leib-seelisches Wohl beteiligen, wie an der Erziehung ihrer Kinder und bei der Bewältigung ihrer individuellen Krisen.

Kulturkompetente Familien tauschen sich aus über ihr Befinden und dessen Bedingungen, sie verfügen über „Netze der Präsenz". Denkbar, oder vielleicht muß man sogar sagen: Selbstverständlich gehören vom Familienhaushalt getrennt lebende Elternteile zu solch einem Netz. Sie unterstützen nämlich, wie Omer zeigt, beispielsweise elterliche Bemühungen nicht allein in Problemsituationen, aber besonders in diesen sehr wirkungsvoll. „An einem bestimmten Punkt seines Wachsens erreicht ein sich ausdehnendes soziales Netz eine ‚kritische Masse', die einen qualitativen Wandel einleitet. Es ist, als ob das Netz zu einem Symbol für die ganze Welt geworden sei: Wenn *das Netz* seine Zuwendung ausdrückt, ist *die Welt* nicht länger gleichgültig."[319] Kulturkompetente Eltern wollen das Weglaufen der Tochter nicht geheim halten. Kulturkompetente Familien sorgen also für ihr Dasein, indem sie es *überschreiten*.

Dazu ein Beispiel: Der Mann von Frau Patzelt litt ein Jahr an einer tödlichen Krankheit, dann starb er, sein Tod war abzusehen. In diesem Jahr waren das Paar und ihre drei Töchter, fünf, acht und zwölf Jahre alt, persönlich schwer belastet. Die Schulleistung ließ zwar nur bei einem Kind deutlich nach, doch Frau Patzelt, die noch einer recht anspruchsvollen Teilzeitarbeit nachging, fiel in eine schwere Depression und unternahm auch einen Suizidversuch. Über u.a. den von Frau Patzelt aufgesuchten Arzt und eine Psychologin wurde nun dem zuständigen Familienamt zugetragen, daß die Kinder nicht in guter Verfassung seien. Der Tod des Vaters hatte, aller Umwelt deutlich sichtbar, trauernde, irritierte, mitunter auch nach Schweiß riechende Kinder, und eine Mutter mit schwerer depressiver Symptomatik präsentiert. Es wurden mehrere Institutionen eingeschaltet, und nach einiger Zeit ging man behördlicherseits davon aus, daß das Familienleben dem Wohl der Kinder nicht mehr zuträglich sei. Der Mutter drohte der Entzug der elterlichen Sorge. Ich war die letzte Station der Hilfestellung. Aber entgegen jeder Erwartung nach den Vorgesprächen – fand ich eine wunderbare Bühne der Daseinsvorsorge an. Es stimmte einfach zuhause. Es waren nicht nur die Mutter, sondern auch die Kinder, entsprechend ihren Möglichkeiten, mit den vielfältigen sachlichen und persönlichen Leistungen der Daseinsvorsorge vertraut. Und entgegen aller Erwartung erwies sich auch, daß der Tod des Vaters im Beziehungsgefüge weitgehendst verkraftet war. Nach außen allerdings war die Kulturkompetenz dieser Familie nicht gedrungen. Sie war kein Thema – dies alles war allzu selbstverständlich. D.h., für Lebenserhaltung, für die einzelnen Persönlichkeiten, und für die Kultur des Zusammenlebens wurde in dieser Familie, ohne es irgendwie für bedeutsam zu halten, kompetent gesorgt. Es gab kaum ein wirkliches Problem in diesem Familiengefüge – nur ein Stigma der Unzulänglichkeit, und sehr viel Ohnmachtgefühle.

Diese Symbolik im Familienraum habe ich nun im Beratungsprozeß mit der Familie sozusagen zum Thema gemacht – und es auch gegenüber der Behörde kommuniziert: Ihre Leistungen zum Lebenserhalt, zur persönlichen Fürsorge und zur Kultur ihres Zusammenlebens. Die Deutung der Außenwelt kehrte sich um – denn die Darstellung dieser Leistungen ließ nirgendwo mehr Zweifel zu an der Gesundheit und persönlichen Stabilität der Kinder. Das bewirkte u.a., daß Frau Patzelt mit einem neuen Selbstvertrauen aus ihrer Identität als Expertin ihres Familienalltags darüber *urteilte* – denn sie fühlte sich ihrer *Urteilsfähigkeit* beraubt – was für ihre Familie hilfreich war und was nicht. So erklärte sie z.B. dem Arzt angstfrei, daß sie die ihrer Tochter verordnete Dosis Ritalin absetzen werde – was

---

319   Omer et al. 2004, S. 157, Hervorh. d. Verf.

sie sich vorher nicht getraut hatte. Gegenüber der Schule kommunizierte sie erfolgreich, daß ihre Töchter – entgegen der behördlichen Auflage – frei sein würden in der Entscheidung, ob sie ihre Mittagsmahlzeit in der Schulküche oder zuhause einnehmen wollten. Die Schule, die einer Tochter, entgegen ihrem ausdrücklichen Wunsch, keine Empfehlung zur Übernahme in die Oberstufe gegeben hatte, da sie nicht in der Lage war, die zeitweise schwache Leistung des Kindes mit der Krisensituation zuhause in Verbindung zu bringen, stimmte auf neuen Antrag hin nun diesem Übertritt zu.

Die symbolische Existenz eines familialen Gebildes ist also nicht notwendig durch eine schwere Krise gefährdet, sondern u.a. dann, wenn sich Krisen marginalisieren und derart die Identität einer Familie entfremdend definieren können. Und dieses Risiko haftet nicht nur an sozial schwachen oder benachteiligten Familien, sondern an familialen Gebilden überhaupt. Dieses Risiko wird natürlich auch in Sozialisationstheorien diskutiert, es ist auch Gegenstand der sozialpädagogischen Praxis, es wird bezeichnet im Begriff der Stigmatisierung beispielsweise, nach dem sozial überlegene Systeme die Definitionsmacht gegenüber den ihr unterlegenen Systemen oder Individuen ausüben. Allerdings ist die kulturtheoretische Perspektive, zumindest die von Cassirer, nicht unbedingt geeignet, kulturelle Herrschaftsstrukturen aufzufinden und geeignete Maßnahmen zur Emanzipation zu entwerfen. Es ist ein anderer, ein aufklärerisch gedachter Weg, a) die Identität einer *Kulturgestalt* zu bestimmen und b) ihr entsprechende *Formen der Repräsentation* sowohl *im*, wie auch *jenseits* des Familienlebens zu entwerfen. Was dieser Weg für die symbolische Form Familie bedeutet, das haben wir hier skizziert. Das Thema wird uns aber später noch beschäftigen.

C Eine Konstitutionsanalyse: Familie – eine mythische Lebensform

Folgen wir dem Entwurf laut Abschnitt II. 5, dann steht uns nach der Analyse von Form und Funktion der symbolischen Form Familie nun der letzte Schritt im cassirerschen Modell der PsF bevor: Die Konstitutionsanalyse. Bei der Konstitutionsanalyse geht es darum, welche der drei symbolischen Erfahrungsstufen, oder welches Verhältnis der drei Erfahrungsstufen, prägt eine symbolische Form? Ist es gewissermaßen die „Urform" unserer symbolischen Erfahrung, also das mythische Denken? Oder ist es eher die darstellende Funktion des Sprachlichen?, oder die im rein Symbolischen fungierende Erfahrungsform der Wissenschaft? Uns stellt sich also nun die Frage: Wie *erfahren* wir Familie?

Dieser letzte Analyseschritt wird sich, das verrät schon der Titel, der symbolischen Form des *mythischen Denkens* widmen müssen. Wir haben sie schon oben in ihren Grundlagen skizziert, diese gilt es nun – entlang unserem Thema – zu vertiefen. Aber zur Einstimmung sollte vielleicht Cassirers Hinwendung zu dieser symbolischen Form als Sozialphilosoph und nicht als Kulturphilosoph zur Sprache kommen. Der Erkenntnistheoretiker und Kulturphilosoph Cassirer hatte, vor allem nach Abschluß der drei Bände der PsF, deutlich sozialphilosophische Ansätze[320]. Denn in erster Linie verteidigte er als Sozialphilosoph seine Überzeugung, daß Kulturwelten – selbst wenn sie, wie der Mythos, aufdecken, daß Menschen unzusammenhängend denken, launenhaft handeln und irrational sich gebärden können – gleichwohl unverzichtbaren Sinn und Funktion für die gesamte menschliche Kultur erkennen lassen.

In dieser Rolle verteidigte er die Freiheit des denkenden, fühlenden, wollenden Subjekts. Er verteidigte es gegen Ansinnen aus der Wissenschaft, namentlich der Philosophie[321], der Psychologie,[322] Freud[323] etwa und der Soziologie[324], indem er ihnen vorwarf, das menschliche Wesen so zu determinieren, daß lediglich *ein* Merkmal an ihm als Grund und Ursache für dessen „Sein und Werden" Geltung beanspruchen könne. In Kritik an Freud prophezeite Cassirer ihm gar, daß dessen „Sexualmythen"[325] nach einigen Jahrzehnten das Schicksal früherer Sonnen- und Mondmythen teilen würden – nämlich als solche erkannt zu werden.

Cassirers Untersuchungen zur mythischen Denk- und Lebensform hingegen zeigen, daß Menschen in archaischen Gesellschaften höchst differenzierte Formen des Verstehens kultiviert haben, nach denen sie ihr Dasein ordnen und inszenieren. Und, das Wichtigste: Auch dem „homo faber" der zivilisierten Welt, der Welt des wissenschaftlichen Verste-

---

320 I. D. Sinne auch J.M. Krois: Problematik, Eigenart und Aktualität der cassirerschen Philosophie der symbolischen Formen"; in: Braun 1988
321 EBK S. 231-163
322 PsF III S. 60ff u.a.
323 MdS S. 48ff
324 VM S. 127f
325 MdS S. 51

hensmonopols sozusagen, sind diese vorwissenschaftlichen Verstehensformen nicht nur zugänglich, sondern sie finden auch noch Anwendung. So gesehen können sie keine bloßen Relikte sein, sondern sie stehen der Funktionalität des menschlichen Bewußtseins offenbar zur Verfügung. Und unser Thema, nämlich die Frage, ob und warum und in welcher Weise Familie eine mythische Lebensform sei, wird demzufolge die *Aktualität* des mythischen Denkens zu erweisen haben.

Zum Einstieg in diese Aufgabe vergegenwärtigen wir uns einmal den Inhalt der bisherigen Analysen a) zu Form und b) zur Funktion der Kulturgestalt Familie. Die Kulturgestalt Familie, darauf haben wir uns geeinigt, erkennen wir a) als eine koresidierende Gruppe, in der Generationenverhältnisse eine pädagogische Funktion begründen. Derartige *Koresidenz* verlangt es, daß Familien über längere Zeiträume die Versorgung ihres Daseins in privater Verantwortung im Modus der Alltäglichkeit organisieren. Die Funktion der alltäglichen *Daseinsvorsorge* ist b) die Bedingung für den Erhalt familialer Gebilde, insofern in ihr für Lebenserhaltung, die Entfaltung der Persönlichkeiten und die Kultur des Zusammenlebens gesorgt wird.

Diese Funktion als *Handlungswesen* betrachtet, begründet die *Identität* von Familien sowohl individuell als auch im Kulturraum. Und wie auch immer sich dieses Handlungswesen ins Werk setzen mag – es symbolisieren sich in ihm, anders als in der Wirtschaft, der Kunst, oder in anderen Kulturgestalten – plurale Ansprüche, Möglichkeiten und Prozesse elementarer menschlicher Daseinsbedingungen. Plural meint hier: Widerstreitende Systeme – die ökonomische Lebenshaltung, die fürsorgliche Haushaltung, die Multifunktionalität der Dinge und Räume, die variablen persönlichen Beziehungen – dazu kommen relativ offene Raum- und Zeitstrukturen, unterschiedliche Geschlechter- und Altersstrukturen, sich wandelnde individuelle und kollektive Interessen der Akteure, wie auch plurale Ansprüche aus Kultur und Gesellschaft an familiale Gebilde. Dies alles ist im Sinne der Daseinsvorsorge zu koordinieren, zu organisieren, zu identifizieren.

Man kann daher sagen: Das Sozialgebilde Familie kann sowohl seine Lebensform individuell wie auch kulturell nur dann erhalten, wenn es fähig ist, mit der *Pluralität* seiner Handlungswelt umzugehen. Dieser Punkt tritt um so deutlicher hervor, wenn überkommene Strukturen familialen Zusammenlebens brüchig geworden sind, oder sich ganz aufgelöst haben, wie wir es in unserer Epoche ja feststellen. Die Fähigkeit, sich in Erfahrungsräumen mit pluralen Deutungsangeboten orientieren zu können, brauchen Menschen zwar auch jenseits des Familienlebens, wesentlich im *sozialen* Raum. Aber im familialen Raum alltäglich.

Daß Menschen diese Fähigkeit besitzen ist für Cassirer evident. Er charakterisiert sie als Fähigkeit des „mythischen Denkens", die er als Konstitut archaischer Gemeinschaften erkannte. Und selbst wenn sich zweifellos die Ausdrucksformen des mythischen Denkens in Evolution und Geschichte der Menschen verändert haben, „ihr anthropologischer Wert bleibt erhalten. In unserer Welt können wir sie nicht leugnen und wir können nicht auf sie verzichten; ... Im gesellschaftlichen Leben, im täglichen Umgang mit Menschen können wir diese Eindrücke nicht auslöschen."[326] Es geht also in unserer Konstitutionsanalyse um die Frage: Wie inszenieren familiale Gemeinschaften das Handlungswesen der Daseinsvorsorge im mythischen Denken?

---

326   VM S. 124

10 „Das Haus" – ein mythischer Erfahrungsraum

Erinnern wir uns an einige oben ausgeführte grundlegende Merkmale (Kap. II, 4) des mythischen Denkens: Das mythische Denken hat sich aus der Bewußtseinsfunktion des Ausdrucks als prägnante Kulturgestalt objektiviert. Sie repräsentiert die ursprünglichste Form der Wirklichkeitserfahrung. Ihre Weise der symbolischen Formung liegt allen symbolischen Formen, sei es die Religion, die Kunst, die Technik, die Rechtsgebilde oder auch die Politik, zugrunde. Auf sie müssen wir uns verlassen, wenn wir, aus welchen Gründen auch immer, in Situationen keine stabilen Deutungsmuster erkennen können, die unser Verstehen und unser Handeln anleiten. Auf mythisches Denken können wir uns verlassen im Sozialen und im pluralen Erfahrungsraum familialen Alltagslebens. Es ermöglicht uns nämlich einen privilegierten Zugang zu unserer Gefühls- und Empfindungswelt, denn: „Das wirkliche Substrat des Mythos ist kein Gedanken- sondern ein Gefühlssubstrat."[327]

Nun transformiert das mythische Denken, genau wie alle Erfahrung, die „Wirklichkeit" in symbolische Formen. In sinnlich/sinnhafte Phänomene. Was das mythische Denken aber gegenüber anderen Weisen der symbolischen Formung prägnant auszeichnet ist, daß es mit der bloßen unreflektierten und spontanen Eindrücklichkeit selbst, dem *Wirken*, wie es Cassirer nennt, umzugehen weiß. Das kann in den pluralen Verstehens- und Handlungswelten von Familien in durchaus undramatischer Weise alltäglich der Fall sein. Auch die Kunst, zumindest denkt Cassirer so, objektiviert gewissermaßen gezielt gerade diese Erfahrungsform in ihren Werken[328]. Aber daß das mythische Denken die Wirklichkeit ergreift, ist letztlich jederzeit und überall möglich[329].

Aktualisieren wird es sich allerdings gewiß dann, wenn sich verläßliche Strukturen in großen oder kleinen sozialen Systemen auflösen, z.B. durch unvorhergesehene Ereignisse. Sei es durch Naturkatastrophen, sei es, daß sich eine Firma plötzlich auflöst, sei es, daß eine Familie im Lotto einen Riesengewinn macht. In diesen und ähnlichen Fällen deutungsoffener Daseinszonen, fallen Menschen gewissermaßen auf ihre ursprüngliche Erfahrungstätigkeit zurück, denn „alle Wirklichkeit, die wir erfassen, ist in ihrer ursprünglichen Form nicht sowohl die einer bestimmten *Dingwelt*, die uns gegenüber- und entgegensteht, als vielmehr die Gewißheit einer lebendigen *Wirksamkeit*, die wir erfahren."[330]

Um ihr angemessen zu begegnen können Körper, Geist und Seele im mythischen Denken kaum geschiedene Größen sein. Sind wir etwa beunruhigenden Gefühlen ausgesetzt, Wut, Angst, Euphorie, bricht uns der Schweiß aus, eine Welle von Gedanken und Vorstellungen überflutet uns, wir finden vielleicht Laute, aber keine Worte. „Es ist" so Cassirer, in der unmittelbaren Erfahrungswelt „sozusagen das Mysterium des Wirkens schlechthin, das hier erfaßt und mythisch objektviert wird – ohne daß es innerhalb desselben zu einer Grenzscheide zwischen der besonderen Art des ‚seelischen' und des ‚körperlichen' Wirkens kommt."[331] Das mythische Denken versucht nun in diesen Verflechtungen Klarheit zu schaffen. Dabei will es aber intuitiv wie auch rational agieren, will Empfindungen, Gefühle, Vorstellungen *gleichwertig* behandeln und zu einem konkreten „Erkennen" verknüpfen. Aus dieser Voraussetzung, die sinnlichen und sinnhaften Elemente *nicht* zu differenzieren,

---

327 VM S. 129
328 VM S. 223 u.a.
329 VM S. 117
330 PsF III S. 86, Hervorh. E.C.
331 PsF III S. 119

ergibt sich das wichtigste „Gesetz" des mythischen Denkens: Das der *„Konkreszenz oder Koinzidenz der Relationsglieder im mythischen Denken."*[332]

Dem mythischen Denken sind offenbar alle Eindrücke gleich-gültig. Wissen, Fühlen, Denken, Können, Intuition und Ratio in eine Hierarchie zu bringen, um die Eindrücke zu organisieren, ist im mythischen Denken nicht geplant. Es *differenziert* insofern auch nicht wirklich. *Jedes* „Element" des Denkens oder Fühlens kann daher stellvertretend für andere gelten; Jedes Teil, das prägnant aus den Eindrücken des Wirkens heraustritt, *ist* das Ganze selbst. Das Konterfei des Vaters, der die Familie verlassen hat, wird säuberlich aus Fotos herausgeschnitten – er darf nicht mehr *da* sein. Es darf auch nicht von ihm gesprochen werden. Denn: Im mythischen Denken ist der Name identisch mit der Person. Mythisches Denken differenziert die Fähigkeiten des Erkennens und Wahrnehmens nicht und will auch Symbole *als solche* nicht erkennen: Der unabgeräumte Tisch *ist* die materialisierte Rebellion der vierzehnjährigen Tochter. Und „in dieser Sammlung aller Kräfte auf *einen* Punkt liegt die Vorbedingung für alles mythische Denken und alles mythische Gestalten."[333]

Deswegen repräsentiert das mythisches Denken eine Weise der *„Weltgestaltung*, die allen sonstigen Weisen der bloßen *Vergegenständlichung* unabhängig und selbständig gegenübersteht. ›Es‹ kennt noch nicht jenen Schnitt zwischen ‚Realem' und ‚Irrealem', zwischen ‚Wirklichkeit' und ‚Schein', wie ihn die theoretische Erkenntnis vollzieht, und wie sie ihn notwendig vollziehen muß. Alle seine Gebilde bewegen sich vielmehr in einer einzigen Seins-Ebene, in der sie ihr völliges Genüge finden."[334] „Mythisch" ist zumute wer sich in der Unmittelbarkeit orientieren muß. Wer etwas verstehen will oder muß, ohne daß „objektive Gewißheit" und auch nicht ein Primat von Ratio, Vernunft oder von Gefühlen „objektiv" behauptet werden kann. Wo ganz praktische Erwägungen *und* persönliche Ansprüche wahrgenommen werden müssen. An solchen Orten kann es nur um die möglichst vollständige *Synthese* von Eindrücken gehen, nicht um die analytische Differenzierung derselben. Mythisches Denken kennt sich also aus, wenn uns die *Vieldeutigkeit* der Wirklichkeit selbst fordert. Dann also wenn es gilt, die rationalen Kompetenzen mit Gefühlsimpulsen zu kombinieren, und nicht etwa, sie abzutrennen; dabei empathische Fähigkeiten, also die Wahrnehmung des Gegenüber, aktiv zu halten, und gleichzeitig sachkompetente Handlungen von entsprechendem Weitblick zu vollziehen.

Kurzum: Wenn eine hungrige Familie sich zu Tisch setzt, jeder redet, am Salat zu wenig Öl und ein beginnender Schnupfen bei Pia konstatiert wird und die Elternperson dafür Sorge tragen muß, daß alle in gute Stimmung den Bus um 13.30 erreichen, weil ein Besuch bei den Großeltern vorgesehen ist. Oder wenn ein über die Treppe gestürztes Kind verarztet und getröstet werden muß, zehn Minuten bevor das geforderte Elternteil selbst aus dem Haus gehen wollte. Oder wenn der 12jährige Olaf beim Heimkommen von der Schule ein Elternteil alkoholisiert im chaotischen Wohnzimmer vorfindet. Weil er das schon oft erlebt hat, aber gleichwohl nie weiß, wann es geschieht, steht er nun vor der Aufgabe, für sich und seinen Bruder eine schnelle Mahlzeit herzustellen und sich eine Ausrede einfallen zu lassen, warum Sandra von nebenan nicht zum Schulaufgaben machen zu ihm kommen kann. Das mythische Denken ist also durchaus die angemessene Verstehensweise für häusliches Familienleben. Und es ist so lange erfolgreich, so lange es *sinnvoll* sich auf die Daseinsvorsorge zu beziehen weiß, d. h. so lange es die Ansprüche der pluralen Alltagswelt verständ-

---

332   PsF II S. 89, Hervorh. E.C.
333   WWS S. 103, Hervorh. E.C.
334   PsF III S. 79, Hervorh. E.C.

lich machen und das Zusammenleben erhalten kann. Wobei sich die Menschen die dazu nötige Sachkompetenz in aller Regel in verdeckten und informellen Lernräumen aneignen.

Nun mag sich die Kompetenz des mythischen Denkens dazu eignen, die vielschichtige Handlungswelt der familialen Daseinsvorsorge zu durchdringen, hingegen ist es in anderen symbolischen Formen mitunter fehl am Platz, in der Politik beispielsweise[335]. Aber das mythische Denken neigt aus einem bestimmten Grund dazu, sich auch anderswo Gestalt zu geben, denn: Auf mythisches Denken fallen wir nach Cassirer immer auch dann zurück, wenn wir uns nicht mehr auskennen. In Krisen. „In allen *kritischen Augenblicken des sozialen Lebens* des Menschen sind die rationalen Kräfte, die dem Wiedererwachen der alten mythischen Vorstellungen Widerstand leisten, ihrer selbst nicht mehr sicher."[336] Es gelingt den rationalen Kräften dann nicht, für „vernünftige" Orientierung zu sorgen und die Vormacht vor den Gefühlen zu behalten.

Denn es braucht möglicherweise schnelle und griffige Erklärungsmuster, will man handlungsfähig bleiben und nicht den Boden unter den Füßen verlieren.

Das gilt für den Raum des Familiären, für soziale Nahbeziehungen überhaupt, wie auch für andere Formen des kollektiven Miteinander. Angst, Ohnmacht, Wut, dies alles sind Gefühle, die, wenn sie eine Familie beherrschen, wenig gute Handlungsoptionen eröffnen. Dann liegt es nahe, *Gewalt* anzuwenden – denn Gewalt[337] ist eine Möglichkeit, etwas Ungeheuerliches auf den Punkt zu bringen. Dann liegt es nahe, ein spezielles Familienmitglied zum *Sündenbock* zu machen – eine sehr gängige mythische Deutungspraxis. Dann liegt es nahe, nach *„Krankheiten"* zu suchen, um das Mißlingen des Familienlebens zu erklären. Dann liegt es nahe, den Familienalltag nach außen abzuschotten – der Deutungsraum muß geschlossen werden. Was braucht es, um aus ineffizienten „Mythen" eines Familienalltags aussteigen zu können? Das kommt im letzten Kapitel dann zur Sprache. Jedenfalls beruht das mythische Denken „auf einer ganz bestimmten Wahrnehmungsweise"[338], nach ihr beurteilen und deuten wir die Wirklichkeit durchaus eigensinnig und eigenständig.

Das mythische Denken ist also kein Reaktionsschema, das in gewissen Zuständen oder Situationen unseres Lebens kurz auftritt. Mythisch können wir ganze Lebensphasen zubringen, die Kindheit etwa. Mythisch können wir spezielle Erfahrungsräume organisieren, den Familienalltag etwa. Mythisch werden wir in Zeiten von Desorientierung und Stress reagieren. Mythisch werden wir also die Wirklichkeit dann organisieren, wenn uns die *Ordnungsmodi* des Mythischen sinnvoll und geeignet erscheinen – oder wenn uns keine anderen zur Verfügung stehen. Welche „Ordnungen" läßt das mythische Denken in der Wirklichkeit entstehen? Das ist die Frage. Cassirer hebt immer wieder die Orientierungsfähigkeit des mythischen Denkens a) gegen die des wissenschaftlichen Denkens so ab, daß deutlich wird, daß *beide* Möglichkeiten, „die Welt" zu erkennen, dies in einer sinnvollen Weise tun können.

Dann zeigt er b), daß das mythische Denken seine eigene Sprachform konstruiert. Auch bleibt c) das Ich im mythischen Denken nicht verborgen, sondern kommt durchaus zu Bewußtsein, wenngleich anders als im Sprachdenken. Und in der Version des mythischen Denkens gibt d) das Bewußtsein die grundlegenden Ordnungsmodi von *Raum, Zeit und Zahl* gleichwohl nicht auf: „aller Zusammenhang, den die Inhalte des mythischen wie die

---

335 Wie dargelegt in MdS
336 MdS S. 66; Hervorh. S.W.
337 Cassirer hat nicht über Gewalt geschrieben. Doch die „Kritik der Gewalt" von Walter Benjamin (1988) bestätigt die mythische Qualität der Gewalt in einer Weise, mit der Cassirer durchaus einig wäre.
338 VM S. 122

des empirischen Bewußtseins allmählich gewinnen, ist nur in diesen Formen von Raum, Zeit und Zahl und vermöge des Durchgangs durch sie erreichbar."[339] Ihre Grundstrukturen beziehen sich auf den Raum als „ideelle Bedingungen der ‚Ordnung im Beisammen', die Zeit als die ideelle Bedingung der ‚Ordnung im Nacheinander'."[340] Die „Zahl" ist die Bezeichnung dafür, daß wir in unserer Wirklichkeit Größenverhältnisse erkennen. Cassirer bezieht sich bei dieser Kategorisierung vor allem auf Kant und Leibniz.

All diese „Ordnungen" bringt Cassirer also für ein „Denken" in Anschlag, das er konstitutionell als „Abkömmling der Emotion"[341] bezeichnet. Ein Widerspruch? Sicher nicht. Vielmehr untermauert Cassirer anhand tradierter Ordnungskriterien seine Überzeugung, daß alle unsere symbolische Wirklichkeit immer nur aus der *Relation* unserer Erfahrungsfähigkeit entspringen kann. Freilich ist es auch für Cassirer nicht immer leicht, entgegen den konträren und konkurrierenden wissenschaftlichen Strömungen gerade die Relation von Denken und Fühlen plausibel zu erklären: „Mythus entsteht nicht allein aus intellektuellen Prozessen; er sproßt hervor aus tiefen menschlichen Gefühlen. Dennoch gehen andererseits alle Theorien, die nur das emotionale Element betonen, an einem wesentlichen Punkt vorbei. Mythus kann nicht als bloßes Gefühl bezeichnet werden, weil er *Ausdruck* des Gefühls ist. Der Ausdruck eines Fühlens ist nicht das Gefühl selbst."[342] Der Ausdruck eines Fühlens ist nämlich ein Akt des aktiven Bildens und Formens, und insofern kann er nicht der mentalen und intellektuellen, der „geistigen Energie" entbehren. Das wäre jedenfalls die Erklärung des Erkenntnistheoretikers Cassirer. Wenn wir nun versuchen, die Dimensionen des mythischen Denkens vorzustellen, die sich, folgen wir Cassirer, im häuslichen Familienalltag *aktualisieren*, dann werden wir sicher auf viele seiner Gedanken und Schlußfolgerungen verzichten. Denn die Frage ist: Welche häusliche Erlebniswelt konstituiert das mythische Denken?

10.1   Das Zeitliche und das Handeln

Mythisches Denken kennt *keine objektiven Zeiteinteilungen* in Vergangenes, Gegenwärtiges und Zukünftiges. Es kennt nur die Zeitlichkeit der subjektiven Lebendigkeit. Nämlich jene, die sich im Rhythmus des Lebendigen selbst zeigt, ganz ähnlich wie in der Musik. Das heißt natürlich nicht, daß man sich überhaupt nicht in den Dimensionen des Hier und Heute, des Vergangenen und des Zukünftigen zu orientieren vermag. Das heißt nur, daß diese Zeitzonen beliebiger und vor allem, daß sie sich im mythischen Bewußtsein nicht streng voneinander trennen. „Für den Mythos gibt es keine Zeit, keine regelmäßige Dauer und keine regelmäßige Wiederkehr oder Sukzession ‚an sich', sondern es gibt immer nur bestimmte inhaltliche Gestaltungen, die ihrerseits bestimmte ‚Zeitgestalten', ein Kommen und Gehen, ein rhythmisches Dasein und Werden offenbaren. Hierdurch wird das Ganze der Zeit durch gewisse Grenzpunkte und gleichsam durch gewisse Taktstriche in sich abgeteilt; aber diese Abschnitte sind zunächst lediglich als unmittelbar empfundene, nicht als gemessene oder gezählte vorhanden."[343]

---

339 PsF II S. 101
340 PsF II S. 101
341 VM S. 131
342 MdS S.60, Hervorh. E.C.
343 PsF II S. 133

Das mythische Leben verlangt insofern nach *Zyklen*, die sich *inhaltlich* erkennen lassen. Die sich z.B. an biologisch, wie an gesellschaftlich-kulturell, bzw. an religiös definierte *Zäsuren* des Lebens knüpfen. Geburten etwa, der Tod, der Eintritt in das Erwachsenenalter von Mädchen und Jungen. Denn „es ist gewissermaßen ein eigenes mythisch-religiöses ‚Phasengefühl', das sich ... an alle Vorgänge des Lebens, insbesondere an alle großen Lebensepochen, an alle entscheidenden Wandlungen und Übergänge knüpft. Schon auf den niedersten Stufen pflegen diese Übergänge, pflegen die wichtigsten Einschnitte im Leben der Gattung, wie in dem der Einzelnen, kultisch irgendwie ausgezeichnet und aus dem gleichförmigen Ablauf des Geschehens herausgehoben zu werden."[344]

Im Familienleben gibt es *„Zeiten"*, in denen bestimmte Familienmitglieder immer an- oder abwesend sind. Es gibt regelmäßig wiederkehrende Ereignisse des Alltags, Essens- und Schlafrhythmen etwa, oder Zeiten, in denen die Räume und Dinge des Haushalts gereinigt werden. Es gibt Tage, an denen besondere Nahrung bevorzugt wird und Zeiten, in denen, z.B. aus religiösen Gründen, auf Nahrung überhaupt verzichtet wird. Also erfüllt das mythische Denken unser Bedürfnis nach Zeitstrukturen im Erkennen von Zyklen, nicht im Erkennen von Maßeinheiten.

Sie im Sinne der Daseinsvorsorge effizient zu situieren kann durchaus bedeuten, daß es kein Mittagessen gibt, sondern daß eine Familie nur am Abend gemeinsam ißt. Es kann heißen, daß unter der Woche täglich zwischen sechzehn und siebzehn Uhr ein Elternteil, oder auch die Nachbarstochter gegen Bezahlung, zur Hausaufgabenbetreuung zur Verfügung steht. Einkaufen – Kochen – Kinder zum Musikunterricht schicken – Tiere versorgen – Besuch empfangen – ganz gleich wer dies alles wann erledigt, es bedeutet in jedem Fall, daß die *stetigen* Belange der Daseinsvorsorge in ein *sinnvolles* „Nacheinander" gebracht werden müssen. Denn, und das gilt für alle Formen mythischen Denkens: Die Zeit, wie auch der Raum, besitzen „nicht eine schlechthin gegebene, ein für allemal feststehende Struktur", sie gewinnen vielmehr „diese Struktur erst kraft des allgemeinen Sinnzusammenhangs, innerhalb dessen ›ihr‹ Aufbau sich vollzieht."[345] Anders gesagt: Aus dem Handlungswesen einer symbolischen Form ergibt sich ihr spezifisches Raum- und Zeitverstehen.

Für Familien heißt das: „Zeiten" aktualisieren sich im Handlungswesen der Daseinsvorsorge im Modus des mythischen Denkens, also ganz dicht an den sinnlich-anschaulichen Vorgängen dort. Verständliche Zeitstrukturen sehen daher etwa so aus: Nach dem Essen gehen wir ..., wenn Lena ihr Zimmer aufgeräumt hat, dann..., noch vier Mal schlafen, dann..., wenn ich diese fünf Seiten gelesen habe, dann..., usw. Das Handeln als sinnliche Gestalt, ist überhaupt die entscheidende Dimension, in der sich mythisches Denken selbst versteht und zu verwirklichen weiß. Die „geistigen" Taten sind also nicht das Thema der mythischen Lebensform. „Der Mythos ist ja kein System von Glaubensdogmen. Er besteht vielmehr aus Handlungen als aus Gedanken, Phantasien und Vorstellungen."[346] Und in diesem Handeln geht es um *Lebenspraxis*.

Aus dem Handeln also, das sich – in gewöhnlichen, wie in ungewöhnlichen Zeiten – um die eigensten Belange des Daseins *für mich* und *für andere* ergibt, zeigt sich im mythischen Erleben „die Welt". Und ergeben sich „Ordnungen". Deswegen steht im mythischen Denken „die reine Tat, die Funktion dieses Weisens und Bedeutens, ... gewissermaßen auf sich selber, ohne der Zurückführung auf ein persönliches Substrat, auf einen Täter zu be-

---

344   PsF II S. 134
345   STS S. 102
346   VM S. 126

dürfen."[347] Es handelt sich, um es nochmals zu betonen, beim mythischen Denken also nicht um eine reduzierte, eine „prälogische" Erfahrungsform, sondern es geht hier „um eine Lebensform ..., d.h. um etwas, das mit der handgreiflichen Lebenspraxis aufs engste verwoben ist."[348] In diesem Sinne ist die im mythischen Denken sich konstituierende Wirklichkeit immer eine „Erlebniswelt". So kann es auch im Familienleben tatsächlich Situationen geben, die sehr viel mehr dadurch verständlich sind, weil etwas *geschieht* – und nicht, weil geredet wird. Wenn eine Mutter beispielsweise ihre Ankündigung ohne weitere Diskussion in die Tat umsetzt und drei Tage nicht mehr für Einkauf und Essenszubereitung sorgt, weil Erna und Peter die zugesagten Hilfeleistungen nicht erbracht haben[349].

Die Orientierung des mythischen Denkens am Handeln erklärt auch dessen Neigung, *Rituale* zu entwickeln. Rituale, also nur um ihrer selbst willen inszenierte und stereotyp ablaufende Handlungen, sind geeignet, in unserer Wirklichkeitserfahrung stabilisierende und strukturierende Wirkung zu erzeugen; wir haben oben Gehlen zu diesem Thema erörtert. Für Cassirer ist das Ritual eine ganz eindrückliche Gestalt des mythischen Bewußtseins. Rituale begleiten bis heute in allen Kulturen beispielsweise die Übergänge an Lebenszyklen. Die Geburt, Geburts-Tage, den Eintritt ins Erwachsenenalter, Familiengründung, Ausbildung und Berufslaufbahnen, den Tod. „Durch diese Riten wird die fließend immer gleiche Reihe des Daseins, wird der bloße ‚Verlauf' der Zeit gewissermaßen religiös abgeteilt; durch sie erhält jede besondere Lebensphase ihren besonderen religiösen Einschlag und ihren besonderen religiösen Sinn."[350]

Die Bedeutsamkeit von Ritualen für Familienleben läßt sich mit der Kulturphilosophie Cassirers daher widerspruchsfrei mit pädagogischer, psychologischer und soziologischer Familienforschung behaupten. Sind sie doch in den Sozial- und Verhaltenswissenschaften überhaupt ein höchst aktuelles und umfangreiches Thema, dem wir an dieser Stelle gewiß nicht gerecht werden können. Immer die Schuhe ausziehen, auch wenn sie nicht schmutzig sind – immer Samstag Eintopf, auch in der Sommerhitze – jeden Abend ein liebevolles Gutenachtritual, ganz gleich, ob der Tag harmonisch oder chaotisch verlaufen ist – dies und ähnliches manifestiert Alltagsstrukturen ebenso wie die Faktizität von Familienbindungen, grenzt das „Eigene" vom „Fremden" ab, den Tag von der Nacht, beendet Streit und sorgt für „Gewißheit" des Da-Seins. Auch ohne Worte.

10.2   Das Räumliche und die Dinge

„Was zunächst den mythischen Raum angeht, so entspringt er einerseits der charakteristischen mythischen *Denkform*, anderseits dem spezifischen *Lebensgefühl*, das allen Gebilden des Mythos innewohnt und ihnen ihre eigentümliche Tönung verleiht. Wenn der Mythos das Rechts und Links, das Oben und Unten, wenn er die verschiedenen Gegenden des Himmels, Osten und Westen, Nord und Süd voneinander scheidet – so hat er es hier nicht mit Orten und Stellen im Sinne unseres empirisch-physikalischen Raumes, noch mit Punk-

---

347 PsF III S. 84
348 Krois, in Poser, 1979, S. 199-217
349 Mütter mit einer „entspannten Einstellung zur Hausarbeit", also solche, die auch etwas liegen lassen können, sind am erfolgreichsten, wenn es gilt, Kinder zur Mitarbeit zu bewegen. S. Hofer et al. 2002, S. 116
350 PsF II S. 134; Cassirer sieht übrigens zwischen Mythos und Religion keinen signifikanten Unterschied: „In der Entwicklung der menschlichen Kultur können wir keinen Punkt angeben, an dem der Mythos endet und die Religion anfängt." VM S. 139

ten und Richtungen im Sinne unseres geometrischen Raumes zu tun. Jeder Ort und jede Richtung ist vielmehr mit eine bestimmten mythischen Qualität behaftet und mit ihr gewissermaßen geladen."[351] „Heiligkeit oder Unheiligkeit, Zugänglichkeit oder Unzugänglichkeit, Segen oder Fluch, Vertrautheit oder Fremdheit, Glücksverheißung oder drohende Gefahr – das sind die Merkmale, nach denen der Mythos die Orte im Raume unterscheidet. Jeder Ort steht hier in einer eigentümlichen Atmosphäre und bildet gewissermaßen einen eigenen magisch-mythischen Dunstkreis um sich her: denn er ist nur dadurch, daß an ihm bestimmte Wirkungen haften."[352]. Oder anders: Im mythischen Raum besitzt „jeder Punkt, jedes Element ... gleichsam eine eigene ,Tönung'".[353] Cassirer meint damit, daß wir unser alltägliches Zuhause quasi in „Bezirke" einteilen – Keller etwa können, neben ihrer Zweckbestimmung z.B. recht gruselig sein, Wohnzimmer haben, neben ihrer repräsentativen Funktion, meist Kuschelecken; Küchen sind, neben ihrer „Werkstattfunktion", meist begehrt für gemütliche Stunden und daher tauglich für die „Kultur des Zusammenlebens"; hingegen fand ich an so mancher Kinderzimmertür schon Schilder, die – je nach präsentierter Seite – den Eintritt verboten oder erlaubten: Symbole für den Wunsch einer Persönlichkeit nach Respekt. „Im Gegensatz zu der Homogenität, die im geometrischen Begriffsraum waltet, ist somit im mythischen Anschauungsraum jeder Ort und jede Richtung gleichsam mit einem besonderen *Akzent* versehen",[354] der *symbolisch* präsent ist und oftmals nur den Mitgliedern der Familie verständlich, da er sich aus ihrem *Zusammenleben* heraus konstituiert hat.

Dasselbe gilt auch für die Dinge, die im Haus sich aus verschiedenen Gründen ansammeln. Weil sie gebraucht werden, um in ihnen zu sitzen, es bequem zu haben, oder weil sie in anderer Weise zweckdienlich sind, wie etwa technische Geräte. Mit ihnen allerdings verfährt das mythische Denken in merkwürdiger Weise, da es sich ausdrücklich an den Gegebenheiten des Leibes orientiert. Ein Gerät ist praktikabel, wenn es sich als Erweiterung der leiblichen Fähigkeiten erfahren läßt. Und das heißt, daß etwa moderne technische Geräte im Haushalt derart zu Werkzeugen[355] „mutieren". So wäre in der mythischen Aneignung beispielsweise ein PC auch für den modernen Menschen „kein bloßes Produkt, ... kein(en) bloßes(n) Artefakt, sondern es wird ihm zu einem Selbständigseienden, zu etwas, das mit eigenen Kräften begabt ist."[356] Eine merkwürdige Vorstellung? Eher nicht. Jedenfalls kann man mit Cassirer nicht ohne weiteres von einem Entfremden der Lebenswelt durch Artefakte der modernen Technik sprechen. Er behauptet, daß sich erwachsene Menschen die Dinge ihrer Alltagswelt in gewisser Weise *animistisch* aneignen, ähnlich wie Turkle[357] es bei Kindern bestätigt fand, die sich Computer als beseelte Wesen verständlich machen. Nach Cassirer kommt daher die Bewußtseinsfunktion des mythischen Denkens bei Kindern und Erwachsenen nicht generell, sondern nur graduell in anderer Weise zum Ausdruck.

Das mythische Denken „belebt" also die Dinge. Die Dinge – für Cassirer das „aliud", das schlechthin andere – sprechen das mythische Denken aller Hausbewohner an. Ja, das mythische Denken verleitet gleichsam dazu, von den „Dingen" des häuslichen Alltags „nicht wie von einem toten, gleichgültigen Stoff ›zu‹ sprechen. Die Gegenstände sind ent-

---

351 STS S. 103, Hervorh. E.C.
352 STS S. 103
353 PsF II S. 105f
354 PsF II S. 106, Hervorh. E.C.
355 PsF II S. 257-261
356 WWS S. 124
357 Turkle 1984

weder wohlwollend oder böswillig, freundlich oder feindlich gesonnen, vertraut oder unheimlich, verlockend und faszinierend oder abstoßend und bedrohlich."[358] Insofern zeigen
sich Gegenstände in der mythischen Wahrnehmung, unabhängig von ihrer Zweckmäßigkeit, mit emotional gefärbten Bedeutungen aller Art besetzt, vor allem „sobald wir von
einer heftigen Gefühlsregung heimgesucht werden"[359], so Cassirer. Dann „stellt sich auch
bei uns diese dramatische Auffassung der Dinge ein. Die Dinge zeigen nun nicht mehr ihr
gewöhnliches Antlitz; plötzlich verändern sie ihre Physiognomie; sie nehmen die besondere
Tönung unserer Leidenschaften, von Liebe, oder Haß, Angst oder Hoffnung an."[360] Ihre
Symbolik bezeugt sogar (durchaus unvernünftige) Vorschriften, Regeln,[361] Hierarchien und
Sympathien – was gehört wem, was ist für alle verfügbar und was ist *tabu* – ein Tabu zu
brechen ist *gefährlich*. Eine *profane* Sache hingegen wegzuschenken, ist *belanglos*. Das
Profane gilt dem mythischen Bewußtsein als das Bedeutungslose schlechthin. Im mythischen Denken markiert es – anders als in der Umgangssprache – die völlig unspektakulär
und reibungslos funktionierenden Dinge und Handlungen des Alltags. Weil etwa der mütterliche Schreibtisch und ihr Parfüm für alle tabu ist – der Vorgarten und die Gartengeräte
hingegen profan, so ist dies unhintergehbar prägend für die Bezugsebene, die ihr Partner
oder die Kinder zu diesen Dingen haben.

Mögen also Räume, Dinge und Inwohner im „Haus" gleichwohl nach rationalen Kriterien, objektiven Bestimmungen und sozialkulturellen Regeln geordnet sein, verortet sein
und in Beziehung stehen – das mythische Denken überlagert diese Kriterien mit einer Symbolik, die noch eine ganz andere Ordnung zutage treten läßt. Eine *lebendige* Ordnung, wie
es scheint, eine Ordnung, die die menschlichen Beziehungen in ihren Gezeiten, in Räumlichkeit und in den Dingen symbolisch fixiert. Und diese lebendige Ordnung erzeugt einen
„Strukturraum. Hier entsteht, hier ‚wird' das Ganze nicht aus den Elementen, indem es aus
ihnen genetisch, nach einer bestimmten Regel erwächst, sondern es besteht ein rein stati-
sches Verhältnis des Inneseins und Innewohnens."[362] Oder anders: das „statische Verhältnis
des Inneseins und Innewohnens" bedingt, daß mythische Räume wie „das Haus" als *kosmi-*
sche Gebilde funktionieren. Alles steht in ihnen mit allem in einer flexiblen Verbindung.

Dazu ein Beispiel: Frau Anger hatte ihre Mutterrolle praktisch verloren, ihre beiden
dreizehn und fünfzehn Jahre alten Söhne behandelten sie bestenfalls wie eine kleine
Schwester. Die „Rückkehr" – um es einmal so zu nennen, in ihre Mutterrolle, inszenierte
nun Frau A *symbolisch* u.a. dadurch, daß sie ihre persönlichen Aktenordner, die in einem
Waschkorb in einer Ecke lagerten, gut sichtbar in das Bücherregal im Wohnzimmer räumte,
das bis anhin ihre Söhne mit einem bunten Durcheinander an Dingen belegt hatten. Und:
Der Fernseher, der das Wohnzimmer dominierte, weil Nicki und Beat an ihm, wann immer
sie wollten, ihre Spiele spielten, wurde von ihr eines Tages in den kleinen Hausflur gestellt.
Außerdem fanden Nicki und Beat regelmäßig auf dem Eßtisch ein Heft, in dem sie schriftlich über die Finanzlage des Haushalts und über die Tätigkeiten, die zur Erledigung anstan-
den, informiert wurden. Sie wurden zunehmend gesprächsbereit. Nach entsprechenden
Vereinbarungen kam der Fernseher wieder auf seinen alten Platz, aber er diente nun der
ganzen Familie.

---

358   VM S. 123
359   VM S. 123
360   VM S. 123
361   MdS S. 54, u.a.
362   PsF II S. 110, Hervorh. S.W.

Fassen wir zusammen: Wenn das mythische Denken diesen Erfahrungsholismus geradezu anstrebt, dann nehmen wir jetzt einmal an, daß es den Anforderungen der pluralen Wirklichkeit häuslichen Familienalltags völlig gewachsen ist. Dafür spricht auch die wissenschaftliche Betrachtung des häuslichen Familienalltags, wie wir oben sahen, denn sie kommt zu dem Schluß, daß sich die Sach- und Persönlichkeitssysteme eines familialen Gebildes zwar im Erkennen, nicht aber im Handlungsmodus des Familiären differenzieren lassen. Vielmehr fallen alle Systeme in jeder einzelnen Handlung der Daseinsvorsorge funktional zusammen. Für deren Gelingen kann das mythische Erfahren nicht sorgen. Aber es kann die Voraussetzungen dafür anbieten, sie gelingend zu verwirklichen. Denn das mythische Denken wird jedenfalls dafür sorgen, daß die Handlungswelt der Daseinsvorsorge „synthetisch, nicht analytisch"[363] begreiflich wird. Daß man sie als „ungebrochenes, kontinuierliches Ganzes empfindet, das eindeutige, präzise Unterscheidungen nicht zuläßt."[364] Und daß der Familienraum ein Ort des sozialen und weniger des individuellen Erlebens ist.[365]

Aber was heißt dann „Ordnung"? Chaotische Schreibtische, oder Kinderzimmer, oder Badezimmer? Gestylte Küchen, großzügige Pflanzenarrangements, Schuhberge vor der Wohnungstür? Sind das Symbole für gelingendes, oder für dysfunktionales Familienleben? Beides wird sich von einzelnen Familienmitgliedern möglicherweise sehr konträr, aber nichtsdestoweniger höchst plausibel begründen lassen. Denn sie sind ja keine fremden, anonymen, plastischen Präsentationen, sondern es sind *mythische Bilder*,[366] lebendige, bewegte Erscheinungen, deren „Sein und Werden" aufs engste im eigenen Handeln, im gemeinsamen Handeln verwurzelt ist. Was wird denn aber genau erzählt in Familien über Schuhberge vor der Wohnungstür, über Pflanzenarrangements und über chaotische Schreibtische?

10.3   Die Sprache

Wie können wir die Sprache im modernen Familienleben erfassen und begreifen, wenn wir im Anschluß an Cassirer davon ausgehen, daß das Familienleben im gemeinsamen häuslichen Alltag ein mythischer Erfahrungsraum ist? Können wir annehmen, daß die Sprache es versteht, die eindrückliche, selbstreferentielle Welt familiärer Alltäglichkeit, das Ineinanderwirken ihrer widersprüchlichen Denk- und Handlungsebenen, zu klassifizieren, zu bestimmen und verhandelbar zu machen? Nun, an einer Phänomenologie der mythischen Sprachform, ähnlich der, die Cassirer für die Wissenschaft entworfen hat[367], können wir unsere Frage nicht festmachen. Aber trotzdem: Würde man alles zusammensetzen, was der Sprachphilosoph Cassirer in seinem Gesamtwerk über die Sprache im Genre mythischen Verstehens geschrieben hat, dann ließe sich vermutlich genügend Stoff für eine eigene Untersuchung finden, die darüber Aussagen machen könnte, was in unserer modernen Welt im Medium des mythischen Denkens sprachlich erzeugt und sprachlich befördert wird. Und selbst wenn wir in dieser Untersuchung derartige Aussagen nur auf die moderne Familie zu beziehen suchen, so werden wir uns wohl mit dem Blick auf einige wesentliche Aspekte bescheiden müssen.

---

363   VM S. 130
364   VM S. 130
365   MdS S. 66
366   WWS S. 106
367   PsF III dritter Teil u.a.

Will man überhaupt von einer Sprachform des Mythischen reden, steht man sogleich vor einem schwierigen Problem, nämlich die Ausdrucksfunktion des Bewußtseins und die Darstellungsfunktion des Bewußtseins zusammenzudenken. Versucht man diesem Problem in der Erfahrungsphänomenologie der PsF auf die Spur zu kommen, so zeigt sich: Das mythische Denken will in den Eindrücken, die auf uns wirken *Identität* schaffen – das Sprachvermögen hingegen will diese Eindrücke in *Distanz* rücken und *Differenz*[368] schaffen. Aber gleichwohl läßt Cassirer hier keinen Widerspruch gelten, denn: „Die Dynamik des Denkens (als solches S.W.) und die Dynamik des Sprechens gehen mit einander Hand in Hand; zwischen beiden Prozessen findet ein ständiger Kräfteaustausch statt. Der gesamte Kreislauf des seelisch geistigen Geschehens ist auf diesen Austausch angewiesen und wird von ihm her stets aufs neue in Bewegung gesetzt.“[369] Deswegen kann man nicht sagen, das Ziel der Sprache, nämlich *die Auseinander-Setzung von Ich und Welt* verwirkliche sich nur im Prozeß einer fortschreitenden *Entwicklung* von der mimischen über die analogische bis zur Sprache der reinen Bedeutung.[370] Es verwirklicht sich ebenso als produktiver und konstruktiver Prozeß, in dem „nicht dem ‚Werk‘ der Sprache, sondern ihrer ‚Energie‘ die höchste Bedeutung zu›kommt‹.“[371] Was bedeutet, daß Sprache die Qualität einer *Tätigkeit* besitzt, die im Wesentlichen die humane Erfahrungswirklichkeit erzeugt.[372]

Natürlich wird uns jetzt letzteres beschäftigen müssen. Dabei erläßt uns Cassirer die Frage, ob bei mythischen Sprachgestalten das mythische oder das sprachliche Denken den Anstoß gegeben hat, welche ihrer Funktionen „die gebende, welche die empfangende, welche die ursprüngliche, welche die abgeleitete sei, ...: ihr durchgängiges In- und Miteinander ist das einzige, was sich prinzipiell feststellen und was sich empirisch verfolgen läßt.“[373] Deswegen kann man mythische Elemente in der „Kindersprache“ finden, u.a. weil Kinder denken, die Dingwelt sei beseelt und weil sie daher die Dinge an-sprechen.[374] Die ganze Dimension mythischen Denkens hingegen finden wir in der Vielzahl von Götternamen, über deren Klassifikation archaische Gemeinschaften die Ich-Wahrnehmung und verschiedenste Tätigkeiten des täglichen Lebens entwickeln und in ihrem Dasein manifestieren.[375]

Worauf es aber nach Cassirer der Sprache ankommt, sind nicht die Vielfalt der Mittel einer Sprache, sondern „daß sie für ihr Ziel geeignet und angemessen sind.“[376] Das kann letztlich nur heißen, den menschlichen Individuen in allen Lebenslagen dazu verhelfen, daß sie „Gefühle und Gedanken klar und angemessen zum Ausdruck ... bringen“[377] können. Um diesen Anspruch im Familienleben zu erfüllen, muß sich die Sprache auf völlig andere Bedingungen einstellen als etwa in einem Kloster, oder in militärischen Einrichtungen oder in Gymnasien, oder in der Wirtschaft. Das Ansinnen, Sprache könne auf irgend einem Weg ein einheitliches Verstehen[378] „der Welt“ befördern, hält Cassirer für illusorisch. Sprache ist darauf gerichtet, spezielle Welten zu erschließen. Provinzen des Daseins. Die des

---

368   "Das Ziel der sprachlichen Bezeichnung liegt in der Differenz." PsF I S. 138
369   STS S. 151
370   Ausführlich dargelegt in Band I der PsF
371   VM S. 203
372   Es sei nochmals auf Cassirers Aufsatz in STS S. 121-152 verwiesen
373   STS S. 145
374   STS S. 146f; s.dazu auch Nießeler 2003 S. 195ff, der Cassirers Aktualität hinsichtlich des kindlichen Spracherwerbs auch in aktuellen pädagogischen und entwicklungspsychologischen Konzepten bestätigt sieht.
375   WWS S. 71-159
376   VM S. 202
377   VM S. 200
378   VM S. 201f

Kindseins, die des Alltags, die der Jugendkultur, die der Berufe, die der eigenen sozialen Schicht, die der Wissenschaft, die der Politik, und das alles natürlich in den Sprachen verschiedener Kulturräume. „Die menschliche Sprache", so Cassirer, „entspricht stets ganz bestimmten Lebensformen und ist auf sie eingestellt,"[379] und die vielfältigen Wandlungen, die sich dort beständig vollziehen, vollzieht die Sprache mit – ließe sich in Cassirers Sinne ergänzend hinzufügen.

Wegen der Provinzialität des Sprachlichen wird auch der „Mensch der höheren geistigen Kultur ... sofort zum ‚Barbaren', sobald er sich innerhalb der Gemeinschaft, in der er steht, nicht mehr sprachlich verständlich machen kann".[380] Auch daß es eine „Kindersprache" geben soll, weist Cassirer aufgrund seiner Untersuchungen zu diesem Thema zurück: „Es gibt keine ‚Kindersprache' schlechthin, – sondern jedes Kind spricht *seine* Sprache, die es auf lange Zeit eigenwillig und eigensinnig festhält."[381] Auch die gängigen Abwertungen der Alltagssprache will er nicht gelten lassen, trotz ihrer Unbestimmtheit, ihrer logischen Mängel, ihrer Unschärfe. Denn in ihren Ausdrücken „wird uns unsere erste objektive oder theoretische Anschauung der Welt zuteil. Solche Anschauung ist nicht einfach ‚gegeben'; sie ist das Ergebnis einer konstruktiven intellektuellen Anstrengung, die ohne den ständigen Beistand der Sprache ihr Ziel nicht erreichen könnte."[382]

Erst dort, wo für uns durch die Sprachsymbole eine „reine Sachbeziehung sich entwickelt hat, und wo sie für das menschliche Bewußtsein übermächtig geworden ist, da ist die Welt endgültig zum bloßen Stoff herabgesunken. Sie kann beherrscht, sie kann mehr und mehr dem menschlichen Willen gefügig gemacht und von ihm beherrscht werden, aber sie ist, vermöge eben dieser Form der Unterwerfung, zugleich für den Menschen verstummt; sie spricht nicht mehr zu ihm."[383] Doch in genau diese Region der *Distanz* zur Welt, bringt uns die Sprache so lange nicht, so lange das mythische Denken sich ihrer noch hinreichend bedient.

Kultiviert sich die Sprache im Medium des Mythischen so fußt sie auf zwei mythischen Grundelementen, nämlich a) folgt sie dessen Strukturbedingung, also der „Sammlung aller Kräfte auf einen Punkt"[384] und entfaltet insofern *Wirkung;* sodann ist sie b) an die Grundfunktion des mythischen Denkens im sozialen Leben des Menschen angepaßt. Sie wird demnach das alltägliche *lebenspraktische Handeln* und die in ihm präsente Personen- und Dingwelt in ihrer Symbolik verorten. Was für Sprachphänomene für a) und welche für b) uns beispielgebend sein können und wie sie im Sprachraum des Familiären dann aussehen, das wollen wir nun einzeln erörtern:

Zu a) Die Wirkung der Sprache. In seinem letzten Buch hat Cassirer erklärt, wie die Politiker des Naziregimes ihre Propaganda durch die mythische Version der Sprache betreiben konnten. Das Wort kann demnach in seiner mythischen Version „soziale Macht"[385] demonstrieren. Das bedeutet, daß in Worten die „ganze Tonleiter menschlicher Affekte – von Haß, Angst, Wut, Hochmut, Verachtung, Anmaßung und Geringschätzung"[386] *fühlbar* werden kann. In Verbindung mit entsprechenden Riten trug die mythische

---

379   VM S. 210
380   STS S. 141
381   STS S. 141, Hervorh. E.C.
382   VM S. 208
383   STS S. 146
384   WWS S. 103
385   VM S. 173
386   MdS S. 370

Sprachform der Nazis das Ihre dazu bei, „Urteilskraft und Fähigkeit kritischer Unterscheidung, unser Gefühl für Persönlichkeit und individuelle Verantwortung hinwegzunehmen..."[387] Die Sprache im mythischen Denken ist in der Lage psychische Gewalt und Grausamkeit zu erzeugen. Das wünschen wir uns im Familienleben nicht, gleichwohl ist dieser Ort bekanntlich anfällig für derartige Gewalt. Warum ist das so?

Die Begründung für die Fähigkeit der Sprache, derart eindrückliche Wirkungen zu erzeugen – man denke auch an die Klage, das Bitten, das Schimpfen – zeigt nach Cassirer, daß sie sich mit den wichtigsten mythischen Merkmalen versehen hat, nämlich der Setzung von Identität und Wirksamkeit. Sie verhindern schließlich die Differenzierung des Wortzeichens von dem, was es bezeichnet[388]. Daher gilt dem mythischen Bewußtsein ein Bild oder ein Name nicht als Symbol, sondern das Bild oder der Name „ist" der oder dasjenige, welches das Bild oder das Wort darstellt oder bezeichnet. „Der Name und das Wort, oder auch das Bild besitzen „keine bloße Darstellungsfunktion ..., sondern ... in beiden ›ist‹ der Gegenstand und seine realen *Kräfte* enthalten .... Auch das Wort und der Name bezeichnen und bedeuten nicht, sondern sie sind und wirken. Schon der bloßen sinnlichen Materie, aus der die Sprache sich bildet, schon jeder Äußerung der menschlichen Stimme als solcher, wohnt eine eigentümliche Macht über die Dinge inne."[389]

Die mythische Sprachversion kann also Kräfte des Willens, der Intuition, mobilisieren, die den *individuellen* Ausdrucks- Darstellungs- und Selbstbehauptungsbedürfnissen des Subjekts entsprechen und nicht nur dessen Kommunikationsbedürfnissen, also der Verständigung mit dem *Du* dienen. Das mythische Denken veranlaßt die Sprache gleichsam dazu, die ganze subjektive Energie – gleich welcher Art sie sein möge – in die Sprache zu investieren, im Sprechen Wirkung zu produzieren, „die Sprache" als Selbstreferenz zu nutzen, oder auch um das Gegenüber „fühlen zu machen", das Gegenüber zu über-reden, zu erweichen. Diese Kraft der Sprache ist der Herausbildung der Ich-Identität, wie auch der Beziehungsebene wohl nicht entbehrlich. Allerdings finden wir sie auch technisch[390] eingesetzt in der Rhetorik und dort durchaus in manipulativer Absicht. Im Familienleben kennen wir solch eindringlich identifizierende und appellierende Kraft der Sprache am ehesten daran, wie Familienangehörige sich *rufen* und *beim Namen nennen*.

Abgesehen von Spitz- oder Kosenamen ist vor allem die Weise des Rufens, des Namen Gebens von Bedeutung. Sie nämlich „spricht das Innere, Wesentliche des Menschen aus und ‚ist' geradezu dieses Innere. Name und Persönlichkeit fließen hier ineins zusammen."[391] Die Intonierung des Namens gibt dem Gerufenen also Botschaften über die aktuelle Stimmung des Rufenden, über dessen Wert- oder Geringschätzung und die Beziehungslage: Ich bin gefragt..., ich bin lästig..., ich werde gebraucht..., ich bin erwünscht..., jetzt kommt etwas unangenehmes auf mich zu.., nichts wie weg hier..., usw. Die relative Konstanz der Intonierung wird durchaus längerfristig prägend sein für Selbstwert und Beziehung. Eine junge Frau, achtzehn Jahre alt, deren Mutter kurz zuvor im familieneigenen Hof Suizid begangen hatte, erzählte mir, daß sie immer die Stimme ihrer Mutter hören würde, wie sie, vom unteren Treppenabsatz nach oben zu ihrem Zimmer, ihren Namen gerufen habe. Dieses Rufen „war" die Mutter – die intensivste Erfahrung *der Person* der Mutter –

---

387 MdS S. 371
388 „Das Unvermögen des mythischen Denkens, ein bloß Bedeutungsmäßiges, ein rein ideelles und Signifikantes zu erfassen" drückt sich am prägnantesten in der Sprache aus. PsF II S. 53
389 PsF II S. 53, Hervorh. E.C.
390 MdS S. 360ff
391 PsF II S. 54

die ansonsten permanent mit dem Hof und dem dazu gehörenden Gasthaus beschäftigt war. Dieses Rufen begleitete sie seit ihrer Kindheit und seine Appelle riefen in ihr immer mehr widersprüchliche Gefühle wach, die sie letztlich in ohnmächtiger Passivität schweigend und bei geschlossener Zimmertür verharren ließen, bis es verstummte.

Wenn uns a) gezeigt hat, daß sich die Wirkmacht der mythischen Sprachform vor allem effizient auf *Individuation* richten läßt, so werden wir nun darlegen, daß b) die soziale Kompetenz des mythischen Denkens die Sprache auf *Kommunikation* gerichtet sein läßt. Übertragen wir dieses Schema auf die Lebensform Familie und deren Handlungswesen der *Daseinsvorsorge*, dann heißt das: Die Wirkmacht der Sprache ist geeignet, prägnant die einzelne *Persönlichkeit* zur Geltung zu bringen. Die soziale Kompetenz hingegen, die die Sprache in ihrer mythischen Form zum Ausdruck bringt, richtet sich auf Fragen der *Lebenshaltung* und der *Kultur des Zusammenlebens*. Wie müssen wir uns das vorstellen?

Zu b) Das Sprachhandeln[392]. So entschieden die Sprache der Wissenschaft die Subjektivität aus ihren Gegenständen ausschließt und von ihnen abtrennt, so sehr will die mythische Sprachform die *Verbundenheit der Dingwelt mit den Personen* zum Ausdruck bringen. „Wie der Mythos, so geht auch die Sprache von der Grunderfahrung und der Grundform des persönlichen Wirkens aus; aber sie schlingt nun die Welt nicht, wie dieser, wieder unendlich vielfältig in diesen *einen* Mittelpunkt zurück, sondern gibt ihr eine neue Form, in welcher sie der bloßen Subjektivität des Empfindens und Fühlens gegenübertritt. So gehen in ihr der Prozeß der *Belebung* und der *Bestimmung* stetig ineinander über und wachsen zu einer geistigen Einheit zusammen."[393]

Das, was Cassirer hier meint, sollte uns nicht in heikle und traditionslastige Auseinandersetzungen über das Subjekt-Objekt Verhältnis führen. Denn eigentlich meint er in der Wechselwirkung von „Belebung und Bestimmung" die *Aktivität*, die die mythisch inszenierte Sprache mit dem Ziel einer *praxistauglichen Ordnung* in pluralen Handlungsräumen entfaltet. Allgemeinbegriffe sind dabei allerdings unwesentlich. Die Sprache muß *gestaltgebend* sein, „physiognomisch"[394], wie es Cassirer nennt. Sie wird also diesbezüglich geeignete Sprachmittel erfinden, die es erlauben, „Gegenstände anhand sichtbarer und greifbarer Merkmale ›so‹ voneinander zu unterscheiden"[395], daß sie Teil menschlichen Miteinanders sind. In vielen Beispielen führt Cassirer vor, wie gestaltungsfreudig die Sprache ist, wenn es darum geht, die Belange der Lebenspraxis auf diese Weise zu erschließen.

„In einigen nordamerikanischen Sprachen wird die Tätigkeit des Waschens durch dreizehn verschiedene Verba bezeichnet, je nachdem es sich um das Waschen der Hände oder des Gesichts, um das Waschen von Schüsseln, von Kleidern, von Fleisch usf. handelt."[396] Im Arabischen gibt es dagegen weit über fünftausend Bezeichnungen für das Kamel[397]; Farbnamen sind in vielen Sprachen auf die Verständlichkeit wichtiger Merkmale gerichtet, so kann es sinnvoll sein, daß „jede Schattierung einer bestimmten Farbe ... ihren besonderen Namen ›hat‹, während unsere allgemeinen Ausdrücke – blau, grün, rot und so weiter – fehlen. Die Farbnamen variieren zuweilen, je nachdem, um welches Objekt es sich handelt: ein Wort für grau wird nur verwendet, wenn von Wolle oder von Gänsen die Rede ist, ein anderes bei Pferden, ein drittes bei Vieh und wieder ein anderes, wenn man vom

---

392 VM S. 206
393 PsF I S. 260, Hervorh. E.C. und S.W.
394 PsF III S. 129
395 VM S. 210
396 PsF I S. 262f
397 PsF 264, s.a. VM S. 209f

grauen Haar bei Menschen und bestimmten Tieren spricht."[398] Und es scheint Cassirer höchst einleuchtend, daß beispielsweise bestimmte Indianerstämme „für ‚tanzen' und ‚arbeiten' dasselbe Wort verwenden – offenbar nicht deshalb, weil sich in ihnen der anschauliche Unterschied zwischen Tätigkeiten nicht unmittelbar aufdrängt, sondern weil der Tanz und die Feldarbeit bei ihnen wesentlich demselben *Zwecke* der Lebensfürsorge dienen. ... Aus solchem Ineinandergreifen der Tätigkeiten ergibt sich das Ineinanderfließen der Benennungen, der Sprachbegriffe."[399]

Im Ansinnen, den personalen und sachlichen Zwecken der Daseinsvorsorge angemessen zu kommunizieren, sind Wahl und Semantik von Worten und Gesten daher an individuelle Lebensformen angepaßt. Mehr noch. Die Sprache mythischer Herkunft *formt* sozusagen das für uns kulturell und individuell nötige *Wissen* im Alltag *anwendungsgerecht*. Mit derartigen *Sprachbegriffen* klassifizieren und ordnen wir also nicht lediglich die Anschauung – vielmehr äußern wir in ihnen „immer zugleich ein tätiges Interesse an der Welt und ihrer Gestaltung."[400] Aufgrund seiner Studien über derartige Sprachformen von Naturvölkern kam Cassirer zu dem Ergebnis, daß sie in der Kommunikation ihrer unmittelbaren Lebenspraxis eine Ausdrucksfülle besitzen, „die von unseren Kultursprachen niemals auch nur annähernd erreicht wird."[401] Gewiß. Das Genre moderner Daseinsvorsorge im Familienleben besitzt keine derartige „Expertensprache". Auch wenn Familien gelegentlich als „Experten ihres Alltags" bezeichnet werden.

Brauchen wir eine derartige Expertensprache? Oder ist sie im zivilisierten Kulturraum verloren und vergessen gegangen? Wie auch immer. Trotzdem bringt sich auch das moderne mythisch konstituierte familiale Gebilde im Kontext der Daseinsfürsorge „zur Sprache". Und auch wenn wir nicht auf eine ähnliche Untersuchung der Sprache von Familien verweisen können, wie Cassirer sie für Lebensformen jenseits zivilisatorischer Einflüsse gefunden hat, so generieren sicher viele Familien individuelle Redewendungen für bestimmte Tätigkeiten, individuelle Namen für Räume oder Gerätschaften, usw.[402] Nun ist in neueren Untersuchungen über die helfende, beratende oder auch therapeutische Arbeit mit belasteten Familien die Sprachform im Familienraum wenig beachtet.[403] Wir subsumieren die Sprachanwendung im Familienleben heute allerdings im Begriff der *Interaktion*. Der Begriff Interaktion betont das tätige, das aktive, das auch sprachliche Sich-Verhalten *zur* und das auch sprachliche Sich-Auseinander-Setzen *mit* „der Welt".[404] Sprache wird so begrifflich in den *Verhaltenskontext* einbezogen. Und an diesem Ort versteht sich Sprache als

---

398   VM S. 210f
399   WWS S. 108f, Hervorh. E.C.
400   PsF I S. 257
401   PsF I S. 262
402   So erzählt Woog beispielsweise von einer Familie, die gemäß der Tagesstrukturierung durch den Vater, die erste Mahlzeit am Tag um fünfzehn Uhr ganz selbstverständlich „Frühstück" nennt. Woog 1997, S. 112
403   bei Gehrmann et al. 2001 ist sie kein Thema; Kron-Klees 2001 nimmt sich der Problematik zwar an, beschreibt sie aber vornehmlich als Problematik von stark belasteten, d.h. auch bildungsschwachen Familien. Wiegand-Grefe 2001 hingegen zeigt, daß das Sprachproblem auch bei Paaren und Familien aus bildungsstabilen Schichten auftritt, insofern die in der ambulanten Familientherapie präsentierten Probleme vornehmlich Projektionen und kulturellen Perspektiven entspringen (Geschlecht, Lebenszyklus, Kontext des Behandlungsrahmens usw.) so daß sich individuelle Problemdefinitionen fortwährend ändern.
404   Bei Hofer et al. 2002 wird Sprache bevorzugt im Zusammenhang mit dem Begriff Interaktion behandelt, da man davon ausgeht, daß Interaktion „auf verbaler oder nicht verbaler Verhaltensebene" stattfinden kann. S. 7; Bei Petko 2004, der ja die Gesprächsformen und Gesprächsstrategien sozialpädagogischer FamilienbegleiterInnen untersucht, nimmt der Begriff eine ähnlich bedeutende Rolle ein, wobei Gespräch und Interaktion nicht klar voneinander zu differenzieren sind.

aktiver Gestaltungsmodus, sehr ähnlich dem, den auch Cassirer der Sprache zuschreibt. Dabei können wir es aber nicht belassen. Denn für ihn geht die Formkraft der Sprache zwar mit Verhaltensdimensionen Hand in Hand, sie spielt jedoch dabei deutig eine dominante Rolle für das menschliche Wirklichkeitsverstehen überhaupt. Sprache ist für Cassirer nämlich zuerst einmal *Wortsprache*.[405] Aus dieser Perspektive rückt Cassirer dann die Vitalität, die die Sprache dem Verhalten, resp. dem Handeln zufügt, ans Licht. Was heißt das alles nun für unser Thema des Sprachhandelns?

Die Sprache mythischer Form situiert sich im *Geschehen* mythischer Erfahrungsräume. Das heißt: Sprache – ob reich oder bescheiden – situiert sich im mythischen Erfahrungsraum „Familie" im Geschehen der *Daseinsvorsorge*. Sprache ist mit und in diesem Geschehen verflochten, und eigentlich müßte man nach Cassirer sagen: Sie gibt in symbolischer Form diesem Geschehen ein „Gesicht". Das ist ihr möglich, weil sie sich herausnimmt, im Geschehen aufzutauchen. Die Sprache spricht nämlich dort, *während* eine Menge anderes geschieht. Profanes durchaus, Tischdecken oder Schuhe anziehen, den Fernseher zappen, Kleider suchen.... Dort, im Geschehen, wird die mythische Sprachweise sich entfalten, denn dort wird *gehandelt*. Diese Sprache will sich nicht isolieren vom Geschehen.

Deswegen *kann* die Sprache im Familienalltag aktiv sein, wenn ein Familienmitglied allein zuhause ist und mit sich selbst spricht, oder aber wenn mehrere Familienmitglieder anwesend sind. Am Tag versteht sich, nicht während der Schlafenszeit. Nun läßt sich für die Zeit, in der *miteinander* gesprochen werden kann, kein verläßlicher Richtwert finden, da sie sich an der Lebenslage einer Familie mißt. Aber schauen wir dennoch auf dieses Beispiel: Wenn man den durchschnittlichen täglichen Zeitaufwand einer Frau mit zwei Kindern für verschiedene Haushaltsleistungen betrachtet,[406] so verwendet sie für ihre Berufstätigkeit, Wohnungsreinigung, Wäsche und Bekleidung, Einkäufe, Kochen, Kinderbetreuung und Freizeit insgesamt über 11,5 Stunden, für Gespräche hingegen 2 Stunden (was recht hoch gegriffen scheint). Sollte das nicht heißen, daß sie bei all ihren sonstigen Tätigkeiten stumm ist, oder monologisiert, weil niemand zuhause ist, dann heißt das lediglich, daß sie in der Zeit ihrer Abwesenheit von zuhause nicht mit Familienmitgliedern spricht, also dann, wenn sie ihrer Berufstätigkeit und ihren Einkäufen nachgeht. Nämlich ziemlich genau 3 Stunden. Der Zeitrahmen des Sprachhandelns – wenn mehr als zwei Familienmitglieder anwesend sind und häusliche Tätigkeiten (einschließlich „Gespräche") stattfinden – beträgt nach diesen Zeitangaben gut 10 Stunden. Das mag viel erscheinen. Aber wenn wir Wochenenden und Ferien, Feiertage usw. auch rechnen, dann ist eine Familie, selbst wenn Eltern berufstätig sind und die Kinder zur Schule gehen, durchschnittlich mehrere Stunden täglich gemeinsam zuhause. Und in dieser Zeit haben sie die Gelegenheit zu handeln und zu sprechen. Die Frage ist nun: Was für Sprachformen entwickeln sich sinnvollerweise im mythischen Erfahrungs- und Handlungsraum der familialen Daseinsvorsorge?

Das Gerede: Das Gerede funktioniert neben allen möglichen Tätigkeiten, einschließlich Fernsehen oder Zeitung lesen. Die Redenden brauchen nur in Sicht-, bzw. in Hörweite normaler Sprachlautstärke zu sein, so eben, daß im Reden mit-teilen möglich ist. Es geht im

---

405 PsF III S. 127 Laute, Gesten, Mimik sind in ihrer Spontaneität nicht „Zeichen" i.S. Cassirers, da sie nicht sozusagen ausdrücklich bestimmten Dingen oder Vorgängen zugeordnet werden. Zeichen sind nur Medien, die etwas *als* etwas, bzw. die eines *im* anderen ab-sichtlich wiedererkennen lassen. Und das ist die Funktion des Wortzeichens.

406 Zitiert nach Hofer et al. 2002 S. 112 in Anlehnung an Krüsselberg 1987

Ge-rede[407] ums Erzählen, Erwähnen, Zufügen, Anfügen, nicht darum etwas Bestimmtes zu sagen. Dem Gerede „liegt daran, daß geredet wird" denn „das Miteinandersein bewegt sich im Miteinanderreden und Besorgen des Geredeten."[408] Man hört auf das Geredete als solches. Es verlautet das Hier und Jetzt, zumeist ohne persönliche Ansprache und daher ohne Anspruch auf Antworten: Die An- und Abwesenheiten, die Gestimmtheiten und Unstimmigkeiten, die Alltagsbelange und Geschäftigkeit. „Wo ist bloß wieder das Salatbesteck..., hast du schon gehört..., da muß doch noch..., wie bitte...? Verstanden wird weniger das Gesagte, sondern das Gerede als solches, denn man „meint *dasselbe*, weil man das Gesagte gemeinsam in *derselben* Durchschnittlichkeit versteht."[409] Kaufmann hat diese Sprachform in seiner Untersuchung zum häuslichen Alltag eines Paares auch erkannt als „dasjenige Instrument, welches erlaubt, Tag für Tag eine gemeinsame Perspektive und eine gemeinsame Realität aufzubauen, sich in seinen verschiedensten Vorstellungen konkret bestärkt zu fühlen, weil der andere zuhört und mit derselben Stimme spricht."[410] Das Gerede als ein Sprachsymbol der Kultur des familialen Zusammenlebens? Schon möglich. Jedenfalls sind wortlose Zeiten im Familienleben meist keine guten Zeiten.

Das Tischgespräch: Selbst das Tischgespräch, wohl die bekannteste „Institution" familialer Kultur[411], ist in Familien an die Tätigkeit der gemeinsamen Mahlzeit gebunden. Die Gespräche bei Tisch waren in unserem Kulturkreis für Familien früher streng reglementiert, die Sitzordnung war hierarchisch festgelegt, u.ä. Heute sind alle aufgefordert zu erzählen – und es variieren Themen, wie etwa das Lästern über Nichtanwesende, die heiklen aktuellen Themen der Familie, oder auch der Hang, Heikles zu verschweigen.[412] Und es scheint ein besonderes Gewicht zu haben, wenn Familienangehörige allen Alters sich beim Essen durch unliebsame Reden oder ähnliches gestört fühlen. Auch das Tischgespräch symbolisiert die Kultur des Zusammenlebens und zwar über den Rahmen des Familienlebens hinaus, denn: Zu Tisch lädt man allerorts aus den verschiedensten Gründen Gäste ein, und für das Mahl wie für das Gespräch mit Gästen am Tisch, gibt es in allen Kulturen komplizierte Regeln.

Die Beschreibung: Die Familiensprache kommt nicht aus, ohne Beschreibungen dessen, was mit Lebenshaltung konkret zu tun hat. Mit Sachfragen, finanziellen Angelegenheiten, mit Tätigkeiten, Handlungsketten. „Wenn ich tatsächlich für unseren Ausflug am Sonntag einen Kuchen backen soll, dann muß jemand Laura ein sms schicken, damit sie noch Hefe kaufen geht, denn der Teig braucht mindestens zwei Stunden, bis er aufgegangen ist und in der Zeit werde ich dann die Füllung vorbereiten und ich brauche jemand, der mir dazu Nüsse schneidet und zwar ohne......" Die Beschreibung legt also einen exakten Vorgang dar, derart, daß wir ein persönliches Verhältnis dazu gewinnen können. Die Beschreibung schafft „nicht die Distanz abstrakter Erklärung, sondern gewinnt die Gegenwart qualitativer Zusammenhänge."[413] Es geht alle etwas an, was da geschieht. Natürlich wird in der

---

407 Lt. Etymologischem Wörterbuch ist „zählen" die Ausgangsbedeutung von reden, was zu einer gewissen Analogie von reden und erzählen geführt hat.

408 Heidegger 1993, S. 168; Wenn wir die Darstellung des Geredes hier mit Heideggers Erklärung zu dieser Sprachform unterstützen, dann bedeutet das nicht, daß Heidegger mit Cassirer hier, oder überhaupt, philosophisch übereinstimmt.

409 Heidegger 1993, S. 168; Hervorh. M.H.

410 Kaufmann 2005, S. 226. Was Kaufmann hier für ein Paar, das einen gemeinsamen Haushalt führt, vorstellt dürfte auch für Familien gelten.

411 Gestrich 2003 S. 620ff

412 Dazu Keppler 1994

413 Nießeler 2003, S. 209

Beschreibung eines Vorgangs auch die Fähigkeit des handelnden Subjekts präsent und dessen Bereitschaft, für sich und andere Sorge zu tragen. Die Beschreibung ist aber primär eine Informationsquelle. Besonders im Zusammenhang mit allen Arten häuslicher Arbeit ist sie wohl eine der ersten Lernmethoden, der wir begegnen.[414]

Das Gespräch: Das Gespräch ist ein Sprachphänomen, das seit langer Zeit schon gewissenhaft erforscht wird. Am meisten von Männern für Männer. Ist aus dieser Tradition vom „Gespräch" in Familien die Rede, so meint man damit eigentlich immer eine Begegnung jenseits alltäglicher Arbeit, ausschließlich um miteinander zu sprechen. Dieses Gespräch, sei es zwischen zwei oder mehreren Familienmitgliedern, ist in vielen Familien nicht an der Tagesordnung. Wir werden ihm – auch aus diesem Grund – besondere Aufmerksamkeit zukommen lassen müssen. Erfolgreich, da um konkretes Vorgehen besorgt, bewährt es sich in Familien i.d.R. als *Planungsgespräch* – etwa wie man ein Fest, oder einen Umbau, oder eine Ferienreise plant.[415] Oft kommt das Gespräch in Familien auch *zufällig* zustande. Man trifft sich zufällig im Keller auf der Suche nach bestimmten Schuhen – der Schutz dieses Raumes und dessen Ungestörtheit sind unvermittelt der Auslöser für den Vater, seinem Sohn die schwierige Frage nach dem Verbleib der Freundin zu stellen, die schon drei Wochen nicht mehr erwähnt wird. Und die Suche nach den Schuhen endet im Gespräch, sitzend auf irgendwelchen Kisten... Auch das Plaudern oder *Plauschen* ist ein Gespräch, das im „Nichtstun", vornehmlich an trauten Orten im Familienraum und ohne bestimmten Inhalt, einfach nur Vertrautheit sprachlich er- und bezeugt. Sehr häufig versteht sich das Gespräch in Familien aber als *Krisengespräch* und insofern als Mittel, Probleme zu *lösen*, Beziehungen zu *klären* und zu *verändern*.

Das Gespräch, so es sich vollständig vom Handeln distanziert, verlangt von der Sprache, daß sie sich in ihrer *darstellenden* Funktion ausspricht. Die Sprache als Gespräch markiert daher den Einbruch einer anderen Erfahrungsdimension in die mythische Lebensform Familie. Die Sprache malt und plasticiert im Gespräch nicht die unmittelbare Gegenwart. Sprache fungiert im Gespräch *ausdrücklich* als Zeichen und muß es auch, denn im Gespräch soll sie ja ein Nicht-Hier und ein Nicht-Jetzt im Hier und Jetzt *repräsentieren*.[416] Es soll sich nämlich im Gespräch durch Hinhören auf „den Gesprächspartner, in dessen Äußerungen sich eine mehrsinnig erfahrene und gedeutete Wirklichkeit niederschlägt,"[417] eine *andere* Erfahrung als die *eigene* eröffnen. Ziel des Gespräches *als solches* wird es daher sein, den Austausch von individuellen Sichtweisen und den perspektivischen Vergleich derselben zu ermöglichen.[418] Das gilt im Grunde auch für das Planungsgespräch, für das Zufallsgespräch und für den Plausch. Aber je mehr dem Gespräch inhaltlich zugemutet wird, desto höher wird der Anspruch an die darstellende Sprachkompetenz der Gesprächsteilnehmer. Das Gespräch bedarf also der *Einübung*.

Nutzen wir dieses Stichwort, denn es verweist uns unausweichlich wieder auf die Ansprüche modernen Lebens an Familien: Pluralisierung, Individualisierung, Entstrukturierung von Lebensräumen schaffen nie gekannte Bedürfnisse nach Verstehen und Ortung. Sie alle brauchen Sprache. Deswegen bringen auch die Wandlungen im familialen Selbstverständnis vergleichsweise hohe Ansprüche gerade an die Gesprächskultur von Familien mit

---

414 So auch Nießeler mit Verweis auf Wagenschein. Nießeler 2003, S. 207
415 Hofer et al. 2002, S. 252f u.a.
416 S. dazu PsF III S. 133
417 Nießeler 2003, S. 210
418 Nießeler 2003, S. 210

sich. „Wenn aber im heutigen Alltag das Selbstverständliche nicht selbstverständlich ist, muß es immer auch ausgehandelt werden."[419] *Aushandeln* meint Sprachkompetenz derart, daß sachliche und persönliche Anliegen in einem Vertrauen schaffenden Gespräch ver- und ausgehandelt werden müssen. Das Aushandeln soll per definitionem also zu einem Ergebnis führen, das erfolgreiches Handeln (wieder) ermöglicht. Genau dieser Ansatz ist heute unentbehrlich, denn „die Familie ist von einem Befehls- zu einem Verhandlungs- oder Diskurshaushalt geworden. ... Interessengegensätze werden stärker über Appelle an die Einsicht und das Verständnis des Partners ausgetragen als über Vorschriften, Regeln, Anordnungen und Strafe."[420]

Hinreichend bestätigt ist, daß besonders sprachkompetente Familien natürlich sehr hilfreiche Gesprächsmodelle für ihre Kinder zur Verfügung stellen können. Es ist also die Voraussetzung, daß Eltern eine Streit- und Gesprächskultur entweder mit der Zeit entwickeln, oder bereits von Anbeginn im Familienraum etablieren konnten. So zeigt sich ihren Kindern, wie sie aus einer asymmetrischen Gesprächsebene langsam heraus- und in eine symmetrische Gesprächsebene hineinwachsen können. Ullrich[421] bestätigt in ihrer Untersuchung über den Zusammenhang zwischen Ehepaar- und der Eltern-Kind-Beziehung auf der Interaktionsebene, daß „in Familien, deren Eltern ausgeglichen miteinander diskutierten, ... die Jugendlichen viel häufiger die Initiative ›ergriffen‹. Sie stellten weniger Behauptungen auf, gingen auf die Beiträge ihre Eltern überwiegend ein und machten Verhandlungsangebote. Obwohl im Alter von 15 Jahren die Jugendlichen die Anleitung der Väter respektierten, konnte ein hierarchisches Machtgefälle nicht beobachtet werden."

Dabei ist es wichtig, daß Kinder die Gesprächsebenen ihrer Entwicklung entsprechend entdecken können. Denn verständlicherweise sind sie durchaus bereit, die symmetrische Gesprächsebene auch mit acht oder neun Jahren schon einzunehmen, so man es ihnen nahe legt.[422] Gespräche, als Mittel, Beziehungen zu klären und zu verändern, können daher im Familienraum – nehmen wir jetzt einmal an, mit Gewinn – durchaus paradoxe Ziele verfolgen, nämlich *Verständigung* (dienlich der Kultur des Zusammenlebens) einerseits und *Selbstdarstellungswünsche* (dienlich der Entfaltung der Persönlichkeit) anderseits. Vor allem Jugendliche verwickeln ihre Eltern gern in Gespräche, in denen sie durchaus feindselig gesinnt, ihr Autonomiebestreben austragen[423]. So ein Gespräch mag für Jugendliche zwar geeignetes rhetorisches Manöver sein, vielleicht bezeichnen wir es aber treffender als *Palaver*: Eine wortreiche und sinnvollerweise auch langwierige Verhandlung, da es im Palaver, verdeckt von einer Sachfrage, im Grunde um Positionierung der Redenden geht.

Warum ist das heute so bedeutsame Gespräch in Familien so schwierig und was bedeutet es, wenn die Sprache im Familienleben versagt? Cassirer würde vor allem folgenden genetischen Punkt der Sprache, den wir oben angedeutet haben, stark machen: Was die Sprachform des mythischen Denkens durch seine Fixierung auf den Handlungskontext jedem Habitus erschwert, wenn nicht sogar verwehrt, sind Abstraktionen. Ist Metakommunikation. Die Sprache im mythischen Verstehen, wird sie aus dem Handlungsduktus herausgenommen, gelangt nicht, oder nur schwer und unzureichend in die Sphäre des Darstellens, oder der reinen Bedeutung.

---

419 Thiersch 1992, S. 45
420 Hofer et al. 2002, S. 252
421 zitiert nach Hofer et al. 2002, S. 258
422 Dazu finden sich bei Hofer et al. 2002 interessante Untersuchungen zusammengefaßt. S. 255ff
423 Hofer et al. 2002, S. 254

Die Sprache, und darauf kommt es an, die Sprache in ihrer mythischen Form kann e-
ben nicht ohne Not ihr eigentliches Feld, selbst wenn es strittig ist, hinter sich lassen –
nämlich die *Pluralität* alltäglicher familialer Handlungswelt. Und genau das soll im Konfliktgespräch geschehen, denn die Konflikte fokussieren fast immer die personale, bzw. die
Beziehungsebene[424]. Wenn nun noch nach so etwas wie „Ursache und Wirkung" gefragt
wird, dann weiß das mythische Denken gewiß „Rat": Es ist nämlich nicht an *bestimmten*
Ursachen und an *bestimmten* Wirkungen orientiert, ihm stehen gewissermaßen „die ‚Ursachen' selbst noch in freier Auswahl zu Gebote."[425] Und so würde auch Cassirer bestätigen,
was moderne systemische Familientherapeuten beobachten: Im Konfliktgespräch in Famili-
en gibt es meist so viele „Wahrheiten", wie Familienmitglieder. Zudem ist es noch gut
möglich, daß die Zufriedenheit des Einen mit Handlungen zu tun hat, die für den oder die
Anderen gerade das Gegenteil bedeuten. Überhaupt ist das, was in Familien einheitlich
bewertet und erlebt wird, ohnehin recht gering[426], ein Umstand, der sich im Konfliktfall
noch verstärkt.

So ist es erklärlich, daß Konflikte sprachgewandte Familien in ähnliche Sprachnot führen, wie sprachlich einfach strukturierte Familien. Familien, Paare, die in einem gemeinsamen Haushalt zusammenleben, können und wollen sich auch oft einfach nicht mehr miteinander verständigen[427]. Ihre Not sprachlich zum Ausdruck zu bringen, ist Familien mitunter
nur in mehr oder weniger ausgeprägter Symptomsprache möglich.[428] In auffälligen und die
Daseinsvorsorge belastenden *Verhaltensweisen*. Dazu zählt auch die psychische Gewalt des
Wortes. Daß sprachgewandte und womöglich auch in ihrem Status stabile Familien mehr
Chancen haben, die Sprache im Gespräch lösungsorientiert zu modifizieren – mit oder ohne
professionelle Hilfe – dürfte außer Zweifel stehen.

Wenn nun die Sprache versagt, dann „sinkt auch unsere objektive Anschauung gewissermaßen auf ein anderes *Niveau* herab. Der unmittelbare *Gebrauch* der Objekte kann völlig ungeschädigt oder doch in weitem Maße erhalten sein – und doch gelingt es nicht mehr,
die Objekte in ihrem reinen ‚Sein' zu erfassen und in ihrem ‚So-Sein' zu bestimmen."[429]
Dann muß die bare *Wirksamkeit* der Dinge, Räume, der Geräusche, der Gesten, der Mimik,
das Schweigen für Strukturen sorgen. Der Haushalt kann deswegen trotzdem funktionieren,
er kann aber aus diesem Grund auch kollabieren. Klar ist, daß Sprachnot die Funktionalität
des Familienlebens insgesamt beeinträchtigt. Und es leuchtet ein, daß sprachlich hilfreiche
Interventionen diejenigen sind, die den Weg über *anerkennende* Äußerungen der *Leistungen* der Familie nehmen.[430] Das heißt, Sprache kann ihre Vitalität dann entfalten und sich
auch für Konfliktfälle kultivieren, wenn sie sich wieder in das Handlungswesen der Familie
einfinden kann. Was das konkret bedeutet, werden wir dann im letzten Kapitel versuchen
am Beispiel zu erklären.

Kommen wir zum Schluß. Mag auch das Tischgespräch der bekannteste und geach-
tetste Repräsentant familialer Sprachform sein, so wäre nach Cassirer der Fall gegeben, daß
vermittels der Sprache das alltägliche Handeln als solches *plastisch* wird. Das Tun und
Lassen in Familien wird sprachlich kommentiert, bestimmt, erwogen, hinterfragt, ver-

---

424 So Wiegand-Grefe 2001
425 PsF II S. 61, Hervorh. E.C.
426 Hofer et al. S. 209
427 Vorgestellt bei Kaufmann 2005
428 Kron-Klees 2001, S. 10f und S. 42
429 STS S. 132, Hervorh. E.C.
430 s.a. Petko 2004, S. 301 u.a.

schwiegen, beschrieben, betont, verlautet, suggeriert, usw. Über die *Gestalt* gewissermaßen der Sprache, entsteht ein bewegtes mehrdimensionales *Bild* für die ganze Familie über die Belange der Lebenshaltung, der Belange der einzelnen Persönlichkeiten und der Kultur des Zusammenlebens. Dieses fragile Bild kann sich aus vielerlei Gründen plötzlich verändern, und es wird sich gemächlich verändern, entsprechend den Lebenszyklen einer Familie. Und es wird für jede und jeden Beteiligten an diesem Bild ganz eigene Schattierungen, Überschneidungen, filigrane und grobe Strukturen haben. Sie alle geben relative Annahmen kund über Vorlieben, Vorrechte, Fähigkeiten, wer wann wo anzutreffen ist „im Haus" und vieles mehr. Das Gespräch, so haben wir mit Cassirer erwogen, hebt sich aus dieser Sprachgestalt ab. In der Sozialpädagogik zumindest besteht kein Zweifel darüber, daß es im heutigen Familienleben offenbar unumgänglich ist, eine Gesprächskultur zu etablieren. Wie Familien bei der Findung ihrer Gesprächsebene unterstützt werden können, wird auch Thema des folgenden und letzten Kapitels sein.

Schlußnote: Familie als Kulturleistung. Ein An-Denken

Um eine Überlegung kommen wir bei Cassirer kaum herum: Man muß die Kultur als Symbol des seine Freiheit inszenierenden Subjekts, wie auch als „Prozeß der fortschreitenden Selbstbefreiung des Menschen beschreiben."[431] Die Kultur ist das Symbol menschlicher Freiheit in Bezug auf sein *Handeln*. Dieser *„poietische"*[432] Freiheitsbegriff Cassirers versteht Freiheit nicht als die Verwirklichung eines sittlichen Gesetzes, sondern als „Quelle für Handlungen, Werke oder Produkte, die geschaffen werden, ohne ihren Sinn durch den Tod der schöpferischen Akteure zu verlieren."[433] Cassirer richtet sich insofern gegen „eine der Kantischen Philosophie ebenso wie der späteren idealistischen Philosophie inhärente Tendenz zur Entmündigung des Individuums gegenüber den Ansprüchen einer intersubjektiven Vernunft."[434] Die „freie Persönlichkeit ... ist nur dadurch Form, daß sie sich selbst ihre Form gibt."[435] Nicht die Vernunft ist Garant einer sich sittlich verwirklichenden Freiheit, sondern sie ereignet sich gewissermaßen im kulturschaffenden Handeln *als solchem*. Der Anspruch der Vollkommenheit läßt sich jedoch daran nicht stellen. Das heißt, Cassirer setzt auf „die *faktische Moralität* einer die Freiheitsspielräume erweiternden kulturellen Komplexität."[436]

Es dürfte kaum Widerspruch hervorrufen, wenn man behauptet, daß die Kulturgestalt Familie zu gerade einer solchen Erweiterung der kulturellen Komplexität einen unverzichtbaren Beitrag leistet. Denn was ist es, was familiale Gebilde in der privaten Vorsorge für das Dasein eigensinnig und eigenständig verwirklichen, wenn nicht eine Form der „faktischen Moralität des Handelns"? Aber im derzeitigen Kulturprozeß scheint, wir haben es erörtert, den Männern und Frauen die Lust am Familienleben zunehmend zu vergehen. Bzw. die Lust dazu wird von berechtigten Sorgen ob des Erfolgs einer solchen Unternehmung immer öfter besiegt. Nun würde Cassirer vielleicht einwenden, daß es bei der Frage nach dem Sinn irgendeiner Kulturleistung nicht „um Lust oder Unlust, um Glück oder Leid, sondern um

---

431 VM S. 345
432 E. Rudolph in Kaegi et al. 2002 S. 42
433 E. Rudolph in Kaegi et al. 2002 S. 45
434 E. Rudolph in Kaegi et al. 2002 S. 43
435 EBK S. 249
436 E. Rudolph in Kaegi et al. 2002 S. 43 Hervorh. E.R.

Freiheit und Unfreiheit"[437] geht. Die Verabschiedung oder die forcierte Wandlung einer Kulturgestalt wird sich nach Cassirer also dann ereignen, wenn sie „statt ein Vehikel ›zur‹ Selbstbefreiung zu sein, (Menschen) mehr und mehr in Zwang und Sklaverei verstrickt."[438] Was bedeutet dieser Aspekt von Freiheitsdenken für die Kulturgestalt Familie?

Cassirer hat ihn am Kulturphänomen der modernen Technik durchdacht. Schauen wir, zu welchen Schlüssen er dort kommt, bevor wir sie auf die Familie übertragen. Die moderne Technik hat für Cassirer eine „Mündigkeit"[439] entwickelt, die uns nicht mehr allein von vielen Naturnotwendigkeiten befreit, sondern die sich den Ordnungen der Natur geradezu entgegensetzt. Sie hat sich der Herrschaft des „Sachdienstgedankens"[440] entzogen. In ihr repräsentiert sich auch nicht mehr nur Entdeckungslust und Spieltrieb, sondern bereits künstlerische Ambition und religiös gefärbte Wünsche nach Erlösung von irdischer Gebundenheit schlechthin. Mit Hilfe der modernen Wirtschaft, so Cassirer, ist die Technik also zu einer *dominanten* Kulturgestalt geworden, vergleichbar mit der Religion noch vor einigen hundert Jahren: „Sie beharrt nicht nur auf ihrer eigenen Norm, sondern sie droht diese Norm absolut zu setzen und sie anderen Gebieten aufzuzwingen."[441] Deswegen haben wir ethische Probleme mit der modernen Technik, die aber nach Cassirer nicht ihrem gestaltenden Prinzip anzulasten sind und daher anderweitig gelöst werden müssen.

Gegenüber der modernen Technik ist die Familie eine schwache Kulturgestalt. Symbolisiert die Technik in ihrer heutigen Gestalt die Loslösung von Naturnotwendigkeit und Subjektivität, so symbolisiert das Familiäre geradezu die Unmöglichkeit dieser Loslösung. Die familiale Daseinsvorsorge wird funktions- bzw. sie wird sinnlos, wenn sie sich von den Bedürfnissen des Leibes und der Seele und dessen, was diese Lebendigkeiten nährt und pflegt, loslöst. Die „Freiheit" der Kulturgestalt Familie wird wahrscheinlich nur als Formenvielfalt gedacht werden können, jedenfalls so lange es nicht möglich ist, familiale Kulturkompetenz und familiale Leistungen mit anderen Mitteln zu erzeugen. Aber auch die für das Familienleben konstitutive mythische Erfahrungsform, wie sie Cassirer nahegelegt hat, ist in modernen Lebenswelten unzeitgemäß. Verdeckt vom Paradigma wissenschaftlicher Denk- und Verstehensformen. Ist es gar möglich, dass die Kulturgestalt Familie zwar in ihrer Funktion anerkannt und respektiert wird, daß aber ihre sinnstiftende Erfahrungswelt in den überwiegend herstellenden und von menschlichen Grundbefindlichkeiten abstrahierenden Kulturwelten buchstäblich nicht verstanden wird?

Oder anders gewendet: Könnte es sein, daß das Verstehen dieser Lebendigkeit Wurzeln wie auch Defizite moderner Kultur berührt? Offenbaren Spontaneität, Gefühlstiefe, Kreativität, Leiblichkeit, Geschicklichkeit, Für-sorgen, u.a., als konstitutive Elemente einer Handlungswelt nicht unausweichlich die in industrialisierten und individualisierten Lebensformen ausgeblendete Sehnsucht des Menschen, „sich selbst mit dem Leben der Gemeinschaft und mit dem Leben der Natur zu identifizieren"[442]? Deren „Wahrheit" erschließt sich aus dem schlichten „da sein" eines jedes Menschen. Sie erschließt sich insofern aus der mythischen Weise des Verstehens von Ich und Welt, dem es Sinn macht zu sagen, daß jedes Merkmal unserer Erfahrung und unseres Erlebens Anspruch hat auf Wirklichkeit.

---

437 STS S. 77
438 STS S. 77
439 STS S. 73
440 STS S. 89
441 STS S. 78
442 MdS S. 53

IV. Kapitel: Sozialpädagogische Kulturarbeit mit Familien

1 Kulturphilosophie und Familie als symbolische Form. Eine sozialpädagogische Aneignung.

Cassirers Kulturphilosophie als Verstehensmodell für ein Feld sozialpädagogischer Praxis. Das ist Programm im letzten Kapitel. Es geht um die *Praxisrelevanz* der Kulturtheorie. Über sichtbare wie auch verdeckte *Verknüpfungen* zwischen Cassirers Kulturphilosophie und dessen Modell der Familie als symbolische Form einerseits und der Sozialpädagogik als eine sozialwissenschaftlich geformte Disziplin der Erziehungswissenschaft anderseits, soll versucht werden, dieses Programm hier in Abschnitt 12, zu starten, und zwar mit der Frage: Was profitieren wir von diesem Denkmodell für unser Selbstverständnis als Disziplin und als Profession? Kommt uns einiges darin vielleicht bekannt vor und verlangt insofern nach einer Bekräftigung? Hat es Neues zu bieten, das es zu prüfen und anzueignen gilt? Das ist es, was wir in den folgenden drei vergleichenden Analysen gewissermaßen abwägen werden. Auf einem a) historischen Streifzug – notgedrungen ohne Blick auf die symbolische Form Familie – dann, b) auf einem solchen in der Gegenwart, der sich dann der symbolischen Form Familie annehmen kann. Als Drittes c) suchen wir eine „Kulisse", vor der wir uns sozialpädagogisch einvernehmlich mit dem Kulturmodell Familie verständigen.

Um die *Praxis*, also um die *Anwendung* des Kulturmodells in der sozialpädagogischen Arbeit, kümmern sich die Abschnitte 13 bis 16. Abschnitt 13 wird zunächst die *theoretischen Kriterien* der symbolischen Form Familie kurz zusammenfassen, bevor wir in Abschnitt 14 dann aus den theoretischen Kriterien *und* den sozialpädagogischen Aneignungen aus Abschnitt 12c den Entwurf dreier *Kriterien für praktische sozialpädagogischer Arbeit* mit Familien starten. Sie sind nicht als Voraussetzungen für diese Arbeit gedacht, sondern eher als ein „Profil"; als Versuch, der sozialpädagogischen Kulturarbeit mit Familien eine Art Kontur zu geben. In Abschnitt 15 kommen wir zu praktischen *Formen sozialpädagogischer Kulturarbeit*. Sie wollen kein sozialpädagogisches „Konzept" zur Arbeit mit Familien geben. Auch kein methodisches, „handlungsleitendes Instrumentarium". Beschreibend können wir vielmehr durch die „Brille", die uns Cassirers Theorie anbietet, ausloten, was uns in der Arbeit mit Familie etwas angeht. Als theoriegeleitete Auswertung[443] qualitativer Daten basieren diese Arbeitsformen auf Cassirers Kulturtheorie und deren sozialpädagogischer Aneignung. Diese Arbeitsformen werden durch Beschreibungen veranschaulicht, die auf kontinuierlichen Aufzeichnungen von Erlebnissen und Beobachtungen aus meiner selbständigen Arbeit als aufsuchende Familienberaterin basieren. Abschnitt 16 wird den Abschluß dieser Untersuchung bilden. Wie zuvor die Einzelbeispiele, so werden hier drei durch Aufzeichnungen dokumentierte Geschichten[444] erzählt vom Gestaltungsprozeß dreier Familien, mit denen ich unter Einbezug von Cassirers Kulturmodell über jeweils gut zwei Jahre gearbeitet habe.

---

443 Lt. Cropley 2002, S. 124f
444 Die Handlungsbeschreibungen in den Beispielen sind authentisch, ansonsten sind die Personen- und Ortsdaten vollständig anonymisiert.

Beginnen wir mit den drei angekündigten „Streifzügen", bzw. stimmen wir uns auf sie ein, mit den folgenden beiden rückblickenden Skizzen:

Erste rückblickende Skizze: Cassirers Philosophie der symbolischen Formen zeigt (Kapitl I – II) ein Welt- und Menschenbild – ein symbolisches Universum, das uns nicht Wahrheit, sondern Deutung auferlegt und in dem sich menschliche Wesen nur insofern zurechtfinden, als sie sich in ihrer eigenen Schöpfung verständigen. In der Kultur. Von diesen menschlichen Schöpfungen handelt Cassirers Kulturphilosophie im engeren Sinne, sie war uns Modell, um eine dieser Schöpfungen, nämlich die universelle Gestalt familialer Gebilde, als eine kulturelle Erscheinung zu begreifen. Als eine symbolische Form. In dieser Identität betrachtet, zeigt „die Familie", nicht anders wie auch die Religion, die Wissenschaft, die Kunst, die Politik, das Recht, usw., eine relativ einheitliche *Erscheinungsform*, sie zeigt ein ihre Form existentiell bedingendes einheitliches *Handlungswesen* und eine dem Sinn dieses Handlungswesen angemessene, und die Gestalt als solche konstituierende Art und Weise des *Erkennens und Erfahrens*.

Zweite rückblickende Skizze: Cassirer meinte aufgrund seiner „Kritik der Kultur" sicher gehen zu können, daß sich symbolische Formen der Kultur wie Sprache, Religion, Kunst – auch Familie – in ihrer *Identität* erkennen lassen. Egal, welche Wandlungen sich zeitgemäß im Form-, Funktions-, und Konstitutionsradius einer symbolischen Form ereignen mögen. Der symbolischen Form Familie lassen sich z.B. eine Vielfalt an gleichwohl typischen Gegenständen, Tätigkeiten, Gesten, Sprachformen zuordnen. An ihr teilzuhaben ist begleitet von eigensinnigen subjektiven Erfahrungen, mithin Gefühlen, Bedürfnissen, bestimmten Denkmustern, Urteilsmodi, Interessen, Intentionen. Die Identität von Kulturgestalten – auch von Familien – versteht sich also keinesfalls normativ, sondern als eine *Identität von Bedeutungen*, die ihren Erscheinungen und Ausdrucksformen anhaftet. Etwas Typisches, Unverwechselbares sowohl in ihren Erscheinungen, wie auch in dem, was wir Menschen „tun", wenn wir uns in ihrer Symbolwelt aufhalten, wie auch in dem, wie wir in ihrem Wirkbereich denken, fühlen und uns ausdrücken.

Kurzum: In einer symbolischen Kulturform können wir uns als Menschen *wiedererkennen*, denn in ihrem Erscheinen zeigt sie ein Tun und Denken, das Menschen für ihr Dasein ganz offensichtlich für *sinnvoll* halten. Ein Familienleben etwa. Religiöse Praxis, Rechtsorgane, künstlerisches Wirken, usw. Gemeint ist: Symbolische Kulturformen halten wir hinsichtlich unserer menschlichen Angelegenheiten für *funktional*. Für irgendwie bedeutsam, vielleicht sogar für unentbehrlich. Nicht gemeint ist, daß symbolische Formen uns über das versichern können, was gut, was richtig und was der menschlichen Existenz würdig und angemessen ist. Oder gar ihren „Fortschritt" bedingt. Eine symbolische Form steht für die Korrelation des Individuellen mit dem Universellen, könnte man auch sagen. Aber gewiß ist: In symbolische Formen einzutauchen, an ihren Lebensformen teilnehmen – gleich wo auf der Welt – an Familienleben, an religiösem Leben teilnehmen, sich in Wissenschaft, in technische, in künstlerische „Welten" einlassen, bedeutet, sich in *durch Bedeutung vermittelte* und insofern „verstandene" Welten einzulassen. Was hat das nun alles mit Sozialpädagogik zu tun?

1.1 Der Blick auf die Historie

Cassirers Kulturphilosophie entstand zu einer Zeit, als die Sozialpädagogik, ungeachtet des anderen Denkens ihrer Symbolfigur Pestalozzi, nur wenig mehr war als der „verlängerte Arm der Fürsorge"[445]. Von deren Arbeit nahm Cassirer in seinem Beruf sicher keine Notiz. Cassirer schien sich, auch als Philosoph, weniger für die sozialen Fragen des zwanzigsten Jahrhunderts zu interessieren, als vielmehr für die politischen Fragen, da ihm die damalige politische Lage Europas zurecht äußerst besorgniserregend erschien. Bei allem politischen Interesse aber blieb er „nur" *aufklärerischer* Philosoph, d.h., er wollte die „Bedingung der Möglichkeit" für die Politik der deutschen Nationalsozialisten, als Frage nach den „philosophischen Grundlagen politischen Verhaltens"[446], klären. Entlang dieser beiden Aspekte – Aufklärung, Kulturtheorie – lassen sich seine Ansprüche an die Pädagogik als *Praxis* erkennen. Denn das einzige was dem Philosophen ja bleibt, ist festzustellen, daß „die Kultur sein und fortschreiten wird, sofern die formbildenden Kräfte, die letzten Endes von uns selbst aufzubringen sind, nicht versagen oder erlahmen."[447] Und damit genau das nicht geschieht, braucht das Kulturwesen Mensch Erziehung und Bildung. Pädagogik. Allerdings, so betont Cassirer, wird weder die Pädagogik noch sonst eine Wissenschaft es je vermögen, die „Unsicherheit über das Schicksal und die Zukunft der menschlichen Kultur"[448] zu beenden.

Die Pädagogik, nicht die Philosophie, ist berufen, die *Möglichkeiten* der *kulturgestaltenden* Kreativität des Subjekts, dessen „Willen und dessen Vermögen zur Form"[449], wie er es nennt, als *Bildsamkeit* zu begreifen und entsprechend anzuleiten. Cassirer geht es in seinem Anspruch an die Pädagogik um die Emanzipation der Fähigkeiten *des Tätig-Seins überhaupt*, nicht um deren Optimierung zur Erreichung objektiver Ziele. Und er bekannte, daß eine derartige Emanzipation des baren menschlichen *Könnens* eben nicht durch Etablierung normativ gedachter „Menschenbilder" und der Erziehung zur Moralität vonstatten gehen kann[450] (s.a. Kapitel I, 4).

Pädagogik hätte demnach die Aufgabe, Zöglingen und Auszubildenden Einsicht in die *Möglichkeiten* menschlichen Könnens zu vermitteln. Nur so wäre, Cassirers Überzeugung nach, Menschen die Entwicklung von *Verantwortung* gegenüber dem eigenen Handeln möglich. Die daher erforderliche, umfassende Anerkenntnis menschlicher Denk- und Handlungskompetenzen und deren Etablierung in Erziehungs- Bildungs- und Ausbildungsprozessen, würde letztlich auch dazu führen, politisches Bewußtsein für alle zu kultivieren. Nicht zuletzt deswegen, weil ein solches Bildungsprojekt um die spezielle Bildung der Sprache nicht herum kommt. Für Cassirer der einzige Weg, mythisches Denken zu überschreiten, was wiederum einen für politische Bewußtheit unerläßlichen Vorgang darstellt.[451]

Aber die Analyse des mythischen Denkens 1925 ruft für Cassirer nun doch auch die Sozialpädagogik auf den Plan. Denn das mythische Denken ist das Erfahrungskonstitutiv

---

445   Böhnisch et al. 2005, S. 11
446   So der Untertitel von MdS
447   EBK S. 260
448   EBK S. 260
449   EBK S. 247; s.a. hier Kap. I, 4
450   EBK S. 246. Eine ziemlich klare Botschaft gegen Kants moralische Vereinnahmung der Pädagogik.
451   Cassirer steht mit diesem emanzipatorischen Anspruch an die Bildungsidee im Kontext des Neuhumanismus, wie sie nach seiner Zeit z.B. von Herwig Blankertz, vor allem aber von Hans-Joachim Heydorn vertreten wurde. S. a. Blankertz 1969

menschlicher Gemeinschaft, so wie wir sie aus alltäglichen und lebensweltlichen Formen kennen. Und diese Formen menschlicher Gemeinschaft sind, einer bedeutenden These Paul Natorps zufolge, gleichzeitig die Bedingung der Möglichkeit von Pädagogik. „Der Mensch wird zum Menschen allein durch menschliche Gemeinschaft."[452] Pädagogik *ist* Sozial-Pädagogik. Natorps Sozialpädagogik war es dieser Annahme zufolge selbstverständlich, daß Bildung und Erziehung, diesseits wie jenseits von pädagogischen Institutionen stattfindet; d.h., daß formelle und informelle pädagogische Orte überall in der menschlichen Gemeinschaft zu finden und daß sie allesamt gleich bedeutsam sind für die Menschwerdung. Und eben dieses Faktum ließ Natorp (damals noch) ziemlich stabile bürgerliche Normen brechen und die Forderung an die Gesellschaft nach Erweiterung, wenn nicht gar Ablösung, der bürgerlichen Form der Familie stellen[453].

Die These Natorps von der menschlichen Gemeinschaft als Voraussetzung für alle Pädagogik, war schon seit 1899 bekannt. Ihr war aber vergleichsweise geringe Wirkung für die Sozialpädagogik als Disziplin beschieden. Ob Cassirer diese These seines Lehrers Paul Natorp kannte oder nicht, läßt sich nicht sagen, aber er hätte ihr ganz sicher zugestimmt. Worin er Natorp aber ganz sicher nicht zustimmen konnte, waren die Konstitutionsbedingungen, die Natorp für menschliche Gemeinschaft veranschlagt hat, wie z.B. Wille, Vernunft, Tugenden, und die er daher auch als sozial-pädagogische Inhalte für sozialpädagogische Erziehung und Bildung verstanden wissen wollte. Was hatte Cassirer daran auszusetzen?

Sicher ist: Natorps „Sozialpädagogik" von 1899 und Cassirers „mythisches Denken" stehen in einem Zusammenhang, weil Cassirer diesen Band der PsF bei seinem Erscheinen 1925 dem Andenken Paul Natorps gewidmet hat, der 1924 verstorben war. Sollte Cassirer dessen „Sozialpädagogik" gelesen haben, dann wäre es allerdings nicht nur aufgrund der persönlichen Beziehung zu seinem früheren Lehrer sondern auch von der Sache her, verständlich, daß er Paul Natorp sein Buch über das mythische Denken gewidmet hat. Denn Cassirer erfüllt mit diesem Buch einen wichtigen Teil von Natorps Forderung an Sozialpädagogik als Wissenschaft, nämlich „*die sozialen* Bedingungen der *Bildung* also und die *Bildungs*bedingungen des *sozialen Lebens*"[454] zu erforschen. Cassirers Angebot: Das mythische Denken. Eine Form symbolischer Welt- und Wirklchkeitsdeutung und: Eine Art „Kritik der sozialen Vernunft", die als anthropologische Größe daherkommt und erkennen läßt, wie Menschen ihre unmittelbare Vergemeinschaftungsleistung vollziehen. Nämlich durch stimmig aufeinander bezogene Erkenntnisleistungen – u.a. des Wahrnehmens und Denkens, des Urteilens, des Fühlens, der Gestaltung der Raum-Zeitlichkeit, der Selbst-Erkenntnis, der Sprachlichkeit und des Tätig-Seins.

Zweifellos steht Cassirer mit dieser Analyse im Widerspruch zu Natorps Annahmen über die Bedingungen des Sozialen. Und er steht mit ihr gleichzeitig in deutlicher Distanz sowohl zu Natorps Rezeption der Psychologie[455], wie zu deren damaligem Denken ganz allgemein, das u.a. das Mythische als „objektiv nichtig" erklärt und als subjektive Illusion dargestellt hat, so daß es einer Art „Illusionismus"[456] anheim gegeben werden konnte. Was Cassirer statt dessen für das mythische Denken in Band II der PsF *als* Sozialkonstitutiv festlegt und an anderer Stelle auch immer wieder ausweitet und differenziert, das – wir erinnern

---

452   Natorp 1925 S. 85
453   Natorp 1925, S. 220ff
454   Natorp 1925, S. 94; Hervorh. P.N.
455   PsF S. 62ff u.a.
456   PsF II Vorwort S. VIII

uns – hat nicht viel mit Psychologie und nichts mit Natorps patriarchal geformten Katego-rien, wie Trieb, Willen, Tugend und Vernunft zu tun, dafür sehr viel mit einer „Lebenslogik" unmittelbaren Denkens und Wahrnehmens, tätiger Geschicklichkeit und Körperlichkeit.

Nun, wie für Cassirers PsF überhaupt, so auch für die symbolische Form des mythi-schen Denkens, fanden sich ja selbst in der Philosophie eigentlich bis heute keine Gefolgs-männer, intendierte sie doch die Gleichbewertung vorwissenschaftlichen Denkens mit wis-senschaftlichem Denken. Alt schon ist die Angst, – pardon, überwiegend der Männer – der „Logos" könnte den „Mythos" nicht besiegen, nicht überwinden. Dennoch: wir haben es oben ausgeführt, es ist nicht so, daß wir Menschen auf vorwissenschaftliche Erkenntnis-möglichkeiten verzichten, sie gar hinter uns lassen könnten. Vielmehr aktivieren wir sie an Orten und Situationen im menschlichen Dasein, die keine andere Art menschlichen Ich- und Weltverstehens sinnvoll besetzen kann. Sie als *Bildungsgut* quasi in ihrem Vermögen, in ihrer Bedeutung für menschliches Dasein *anzuerkennen*, – wär dies ein Anspruch Cassi-rers an die Pädagogik, den sie noch einzulösen hätte? Jedenfalls ist für die Pädagogik vor-wissenschaftliches Erkennen, bzw. solches Verstehen und Denken, immer schon von Inte-resse. Oder besser: Mythisches Denken, um bei Cassirers Terminus zu bleiben, mittels Erziehung und Bildung[457] zu „kultivieren", ist seit je schon pädagogisches Geschäft. Wäre möglich, daß dieses Geschäft, aus o.g. Gründen[458], zu entschieden betrieben worden ist.

1.2   Der Blick auf die Gegenwart

Wir stehen jetzt vor dem Problem, daß Cassirers Kulturphilosophie in keinem aktuellen Diskurs der Sozialpädagogik, auch nicht der Pädagogik, wirklich eine Rolle spielt[459]. Cassi-rers Verstehensmodell der Familie als symbolische Form mit einem aktuellen Begriff von Familie in den weiteren Sozial- und Verhaltenswissenschaften zu vergleichen, fällt daher schwer (Kapitel III, 1). Wie also sollen wir das hier vorgestellte Modell der Familie als sym-bolische Form fachlich integrieren? Ich schlage vor, das Kulturmodell Familie gewissen Paradigmen gegenüber zu stellen, die das Thema Familie gegenwärtig im öffentlichen Raum einerseits, und anderseits auch im pädagogischen und sozialpädagogischen Denken und Handeln interpretieren. Nehmen wir also zunächst die Gegenwart in den Blick und stellen im nächsten Abschnitt 12c dann deren Integration in das Kulturmodell zur Diskussion.

Die Notwendigkeit, daß Ehe- und Familienleben *erlernt* werden, ist in Deutschland im Kinder- und Jugendhilfegesetz festgehalten (§ 16 Abs. 2 Nr. 1 SGB VIII), wo es heißt: „Leistungen zur Förderung der Erziehung in der Familie sind insbesondere 1. Angebote der Familienbildung, die auf Bedürfnisse und Interessen sowie auf Erfahrungen von Familien in unterschiedlichen Lebenslagen und Erziehungssituationen eingehen, die Familie zur Mitarbeit in Erziehungseinrichtungen und in Formen der Selbst- und Nachbarschaftshilfe besser befähigen, sowie junge Menschen auf Ehe, Partnerschaft und das Zusammenleben mit Kindern vorbereiten,..."[460]

---

457   S. dazu auch Nießeler 2003, S. 220ff

458   Schließlich hat Philosophie, hat vor allem das Denken Kants, bzw. des Idealismus überhaupt, die sog. „geis-teswissenschaftliche" Pädagogik maßgebend beeinflußt.

459   Nießelers Abhandlung zur pädagogischen Bedeutung von Ernst Cassirers Kulturphilosophie wurde schon erwähnt. Nießeler 2003

460   Zitiert nach Textor in: Chassé et al. 2004, S. 151

Ehe- und Familienbildung ist heute ein Teil der *Erwachsenenbildung*, sie wird in entsprechenden Institutionen angeboten und folgt deren Angebotsformen und Methoden. Sie ist daher auch Praxisfeld der Sozialen Arbeit. Entsprechende Angebote finden sich u.a. in Volkshochschulen, bei kirchlichen Trägern, bei Jugendämtern, Mütterzentren und entsprechenden Verbänden. Die Zusammenfassung von Textor[461] über Möglichkeiten der „Ehe- und Familienbildung" zeigt jedenfalls, daß der „Trend" dort auf der Optimierung von Erziehungs- und Beziehungskompetenz liegt. Sie zu schulen und zu bilden gilt als maßgebend, wenn Ehe und Familie gelingen sollen. Dazu leisten auch eine Unmenge von „Ratgebern" ihren Beitrag für diejenigen Eltern (meist Mütter), die zuhause versuchen, ihrem offenbar unzureichenden Wissen über die Lebensform, die sie eingegangen sind, aufzuhelfen.

In familientherapeutischen Praxen, wie überhaupt in der *ambulanten Erziehungs- und Familienberatung,* stehen die Störungen und Probleme der Beziehungen der Familienmitglieder im Vordergrund, sowie die Veränderung und Erweiterung erzieherischer Kompetenzen der Eltern. Die Funktionalität des Handlungswesens spielt dabei keine nennenswerte Rolle[462], schließlich will ja „der Familienanalytiker und Familientherapeut ... nicht haushälterisches Handeln analysieren oder therapieren..."[463] Immerhin: Familien in problematischen Lebenslagen, qualifiziert durch soziale Randständigkeit, Bildungsschwäche und drohende Armut, stehen, abgesichert durch das KJHG in den §§ 27-35, „Hilfen zur Erziehung" zur Verfügung. Und wie die Bezeichnung sagt: Es geht primär um die erzieherische Kompetenz von Eltern. Die „Leistungsfähigkeit" von Familien herstellen bedeutet, ihnen bei der Erfüllung ihres erzieherischen Auftrags zu helfen und sie zu motivieren, sich dem „Sozialraum mit seinen vielfältigen stützenden Angeboten zu öffnen"[464]. Aus der sozialpädagogischen Praxis kennen wir als derartige Hilfen eine Reihe von stationären, teilstationären und ambulanten Hilfeformen. Zu ihnen gehören auch Formen der *aufsuchenden sozialpädagogischen Hilfen für Familien.* Sie gewinnen seit einigen Jahren zunehmend an Bedeutung, auch die im letzten Kapitel dieser Untersuchung vorgestellten Fallillustrationen stammen aus einer derartigen Arbeit. Momentan sind wir aber noch an der „Kulisse" zu dieser Illustration.

Jedenfalls: Solche aufsuchenden, also im Privatraum von Familien im weitesten Sinne beratend tätigen, sozialpädagogischen Hilfen, können sich etwa a) entlang einem *„low level"* Konzept auf eine Familie einlassen und die notwendigen Veränderungen durch taktvolle Anwesenheit, hilfreiche Verhaltensmodelle und dezente Strukturierung des Familienalltags bewirken. Typisch für diesen Ansatz ist die „klassische" Form der Familienhilfe[465]. Im Hinblick darauf analysiert Petko[466] aufgrund quantitativer Erhebungen die Wirksamkeit von Gesprächsformen sozialpädagogischer *Familienbegleitung* auch länderübergreifend. Man kennt zwischenzeitlich in dieser aufsuchenden Arbeit aber auch den b) *beratend/therapeutischen Ansatz.* Er ist darauf gerichtet, die notwendigen Veränderungen durch die bewußte Arbeit der Familienmitglieder an ihren Einstellungen und Verhaltensweisen zu

---

461 Textor in: Chassé et al. 2004, S. 151-161
462 So auch Wiegand-Grefe 2001
463 v. Schweitzer, 1991, S. 146
464 Böhnisch et al. 2005, S. 164
465 Siehe Handbuch sozialpädagogische Familienhilfe 1998; Woog 1998; Petko 2004,
466 Petko 2004 S. 17 bis 25. Petko bezieht seine Untersuchungen vor allem auf die in der Schweiz gängige Praxis der sozialpädagogischen Familienbegleitung. Diese ist, im Gegensatz zu Deutschland, ein Angebot freier Träger, unterscheidet sich konzeptionell jedoch kaum vom deutschen Modell der Familienhilfe.

bewirken, wie dargestellt bei Kron-Klees[467]. Angesichts eines hohen Krisen- und Gefähr-
dungspotentials in Familien kann sich aufsuchende sozialpädagogische Arbeit mit Familien
auch für ein Konzept entscheiden, das die eher *direktive sozialpädagogische Arbeit* im
Sinne eines „Managements" anleitet, mit dem Ziel, „Gesundung" und den Erhalt der Familie zu bewirken, wie etwa der von Gehrmann und Müller[468] dargestellte Ansatz „Familie im
Mittelpunkt" es veranschaulicht.

Nun können ja alle diese Konzepte aufsuchender und teilweise auch ambulant sozialpädagogisch beratender Praxis, den Bezug zu dem sie tragenden Rahmenkonzept nicht
verleugnen: Dem von Hans Thiersch in den siebziger Jahren vorgestellten *Konzept der
Alltags- und Lebensweltorientierung*. In Kapitel III haben wir versucht, es im Zusammenhang mit der Kulturtheorie zu betrachten. Es sei hier nochmals erinnert: Thiersch entwarf
unter der Begrifflichkeit Alltag ein „sozialwissenschaftliches Konzept zur Rekonstruktion
von Lebensverhältnissen und Handlungsmustern"[469]. Die Widersprüche, die Offenheit und
die Dysfunktionalität in den *Strukturen* des Alltags *erkennen* und das *Alltagshandeln* restaurierend *verändern* – das ist – in kürzester Form – das Anliegen der auf Alltagstheorie
bezogenen sozialpädagogischen Arbeit in Familien.

Hans Thiersch fügt mit der konzeptionellen Auswertung von Alltagstheorien dem sozialpädagogischen Denken und Handeln unser modernes, und als solches wissenschaftlich
und literarisch beschriebenes *Lebensgefühl* ein: Der Verlust von „gelingender" Alltäglichkeit steht in der Moderne für den Verlust von Vertrautheit, von Selbstverständlichkeiten,
von tradierten Organisationsformen, Hierarchien, Rollen und fragloser Ordnung in Lebenswelten, so auch in Familien. Aber: Mehr als andere kulturelle Handlungswelten ist es
gerade die Handlungswelt der familialen Daseinsfürsorge, die im Einbruch modernen Zeitgeistes alleingelassen ist (Kapitel III B, 5), in der *selbstbestimmten* Re-konstruktion der
gesellschaftlich-kulturellen Quellen alltäglicher Ordnungen.

Richtet sich also der zeit- und gesellschaftskritische Blick von Hans Thiersch konstruktiv auf die im Familienleben das Alltägliche stärkenden Kräfte und daher notwendig
auf das Unscheinbare, das Banale, das Verdeckte, so kommt unweigerlich die „Bedeutung
normativer Probleme"[470] an den Tag (Kapitel III A, 3). Mit Cassirers Kulturtheorie, so
mußten wir einräumen, berühren wir diese Probleme höchstens indirekt. Und in der Frage
nach einem Alltagsbegriff in Cassirers Theorie konnten wir nur spekulativ zugestehen:
Alltag wäre wohl bei Cassirer eine *Formkomponente* aller symbolischen Formen: Als Manifestation von *Ordnung* (wie auch immer geartet). Wie nun aber die Erfahrungswelt des
mythischen Denkens gleichwohl auch alltägliche Ordnung, also das alle Tage in räumlicher
und zeitlicher Verläßlichkeit Geschehende konstituiert, darüber wurde ja schon oben nachgedacht (Kapitel III C). Nun muß man sich angesichts dieser Vergleichsprobleme zwischen
zwei Definitionsgrößen zum Konstrukt „Familie" schon fragen: Ist ein Bezug des Kulturmodells zum heutigen Familienbegriff prägenden Paradigma „Alltag" überhaupt möglich?
Dies wird uns gleich beschäftigen.

Fassen wir jetzt die Bezugsgrößen, in denen Familien in der pädagogischen Welt
wahrgenommen werden, einmal zusammen. Es zeigt sich: *Familie* mäandert gewisserma-

---

467 Z.B. Kron-Klees 2001; auf ähnliche Ansätze der aufsuchenden Arbeit wird auch im „Handbuch" 1998
     bereits verwiesen.
468 Gehrmann, Müller 2001
469 Thiersch 2000, S. 43
470 Thiersch 1992, S. 52

ßen in unterschiedlichen Gewichtungen als *Relation der Symbolbegriffe*: *Erziehung – Beziehung – Alltag*. Nun kann man nicht behaupten, daß diese Relation allein innerhalb der Sozial- und Verhaltenswissenschaften die Grundlage für ihren Gegenstand „Familie" bietet. Diese drei Paradigmen familialer Lebensform sind auch in den relativ jungen Institutionen wirksam, die sich um Bildung und Beratung von Familien kümmern. Auch bestimmen sie maßgebend das Bild, das von „der Familie" in der Öffentlichkeit und in den Medien, oder genauer: in der Medienöffentlichkeit, kursiert, wo die Familie allerdings zunehmend zur Schau gestellt, als Spektakel an- und aufgeboten wird. Erziehungskompetenzen und Beziehungskompetenzen sollen – gewagt ausgedrückt: wie auch immer – einen „gelingenden Alltag" inszenieren, oder: Diese Kompetenzen korrelieren zum *„gelingenden"* Familienleben. Gemeint sind: *Glückende* Familienerziehung und Familienbeziehungen. Einem glücklichen Familienleben zugehören zu können, so bestätigt es uns auch die historische Forschung[471], ist als „Ideal" aber nichs Neues; vielmehr ist dieses Ideal seit den Anfängen der Neuzeit (auch) für Familienleben immer bedeutsamer geworden, immer gewichtiger. Und heute jedenfalls geht viel politische und auch wissenschaftliche Energie dahin, Familie in paradox anmutender Weise als erfüllendes *und* krisenhaftes Ereignis von Beziehung, Bindung, Intimität, Erziehung und Alltagswelt darzustellen. Familie: Ein Kunstwerk?

Wie auch immer. Uns stellt sich hier die Frage: In welchem Verhältnis steht ein derart begründetes *Selbstverständnis moderner Familien* zu dem, was uns als *Identität des Famliären* durch das *Kulturmodell* bekannt wurde? Oder auch: Wie läßt sich das Kulturmodell der Familie, ihre symbolische Form, in Beziehung bringen zum heutigen Selbstverständnis von Familien, das wir in seinen wesentlichen Paradigmen eben skizziert haben?

1.3   Familie: Das Kulturmodell – die Paradigmen der Moderne.
Eine Kulisse sozialpädagogischen Verstehens familialer Kultur.

Welche Bezüge können wir zwischen der modernen Deutung des Familiären und Cassirers Kulturmodell feststellen? Und welche Aspekte ergeben sich aus solchen Bezügen für die sozialpädagogische Arbeit mit Familien, so sie sich am Kulturmodell orientiert? Diese Fragen wollen wir nun schrittweise klären.

Das Erziehen, die gedeihlichen Beziehungen und deren gelingende Alltagserfahrung haben wir oben gleichsam als „Insignien" des *Selbstverständnisses der modernen Familie* dargestellt. Selbstverständlich sind das *Eigenschaften der familialen Daseinsvorsorge*. Teile von deren Symbolwelt, Teile der Identität der symbolischen Form Familie. Aus dem Modell der symbolischen Form Familie sind Erziehung, Beziehung und Alltag als Eigenschaften in der Tat nicht wegzudenken. Aber: Diese Eigenschaften sind *nicht identisch* mit der Daseinsfürsorge, wie wir sie im philosophischen Verstehensmodell mit Hilfe auch anderer Forschungen herausgearbeitet haben (Kapitel III, 7, 8, 9).

Mit einer solchen Behauptung würde[472] eine unzulässige Etikettierung betrieben. Wenn man so will: Eine kulturtheoretisch untragbare „Logik". Und zwar um den Preis, die *funktional* tragende Handlungs- und Erfahrungswelt der Familie auszublenden, was gleichbedeutend damit wäre, die *Voraussetzungen* für Familienerziehung und Familienbeziehun-

---

471   So auch Gestrich et al. 2003 mit Verweis auf die Familie, die ja als Rechtsform den Erhalt einer Abstammungslinie, bzw. Vermögen und Privilegien garantieren sollte.
472   nicht zuletzt auch aus Gründen der cassirerschen Begriffslogik

gen zu nivellieren. Nämlich a) die Arbeit des erzieherischen, pflegerischen *Fürsorgens füreinander im Familienhaushalt*. Und b) das, was diese *plurale Handlungswelt* des Familiären (Kapitel III, 8,9) als eine *charakteristische Erfahrungswelt* konstituiert: das myhische Denken. Fazit: Cassirers Kulturmodell fügt sich in die zeitgenössisches Paradigmatik des Familiären nicht ein, geht in ihr nicht auf.

Wenn nun trotzdem beides etwas miteinander zu tun haben soll, müssen wir einen anderen Weg der Verbindung suchen. Nutzen wir jetzt die „Brille", die uns das Kulturmodell anbietet und betrachten „durch" die „Familie als eine symbolische Form" die moderne Deutung des Familiären. Als erstes sehen wir wohl: Die Tatsache des Erziehens, der Beziehungsfindung und der Genese von Alltag steht unter den *funktionalen* und den *konstitutiven* Bedingungen der symbolischen Form. Was heißt das? Beginnen wir mit letzterem, also mit dem konstitutiven Element familiärer Erfahrung, dem mythischen Denken. Dann zeigt sich zuerst folgende Position:

1. Im mythischen Denken ist ein *Potential des Lernens* gesichert[473]. Und dieses Potential erschließt sich in der *Wirksamkeit* des unmittelbaren Erlebens als *informelles Lernen*. Genauer: Als pädagogisches Geschehen jenseits pädagogischen Wollens. In dieser Intention kommt es dem mythischen Denken nicht darauf an, wer hier von wem etwas lernt – wer hier wen erzieht. In der Wirklichkeit des Familienlebens erschließt sich daher dem Geist des „Zöglings" die individuelle und kulturelle Welt des Familiären: Z.B. die Subjektivität der Familienmitglieder, ihre Vorlieben und Abneigungen – die Funktionalität lebenspraktischer Dinge, wo das Putzmittel steht und wann man besser eine Kehrschaufel und nicht den Staubsauger verwendet – das „Wissen" um offizielle und inoffizielle Regeln – das Einüben bestimmter Verhaltenweisen. Der „Zögling" beobachtet, prägt sich ein, ahmt nach, übt, experimentiert mit Veränderungen, auch ohne dazu ausdrücklich und in erzieherischer Absicht aufgefordert worden zu sein. Die „Erziehenden" sind intentional u.a. auf die Weitergabe von Lebenspraxis in Sinn und in Tat gerichtet, auf modellhaftes Vorleben, auf schützende, sorgende und kritische Botschaften und alltagsbildende Inszenierungen. In dieser Wirksamkeit der pluralen Erfahrungswelt, die in der Tat ja auf keine Kompetenz des Erkennens, nicht die der Emotionen, nicht die der Ratio, nicht die der praktischen Fähigkeiten, auch nicht die der Deutung verzichtet, bildet sich auch das aus, was wir *Beziehungsqualität* nennen. So z.B. Sympathie, Intimität, Dominanzen und Hierarchien, Respekt wie auch Barbarei, so z.B. Grausamkeiten, wie psychische und physische Gewalt, destruktive Abhängigkeiten und Integritätsverletzungen im weitesten Sinne.

Wir bleiben noch beim mythischen Denken. Es zeigt: Am „Vorpädagogischen" – oder vielleicht besser: am *Erfahrungslernen* – haben alle Familienmitglieder gleichermaßen teil. Denn es generiert sich sozusagen aus dem, was im Hier und Jetzt wirklich, – gemeint ist: *wirksam* geschieht. Also nicht aus dem, was profan, was banal und unauffällig und in diesem Sinne für mythisches Denken „alltäglich" abläuft. Die Wirksamkeit des Erfahrens, der eigentliche „Gegenstand" mythischer Erkenntnis, ist auch sein entscheidendes Lernmedium (Kapitel III, 12). Wer vor dem Weggehen noch drei Minuten Zeit hat, sich die passenden

---

473 „Selbst der unzivilisierteste Mensch kann nicht in der Welt leben ohne beständige Bemühung, diese Welt zu verstehen." MdS S. 23. Ähnlich der wissenschaftlichen Neugier sieht Cassirer die Mythen an „Erklärungen", an Entdeckungen interessiert.

Schuhe zu suchen, kann einem anderen Familienmitglied nicht mehr beim Öffnen einer klemmenden Schublade helfen. Es sei denn, er oder sie verzichtet auf das Weggehen. Wie auch immer diese Situation gelöst wird – es ist eine *Wirksamkeit* in ihr denkbar und damit eine *Möglichkeit des Lernens*. Vielleicht in Gestalt einer *Botschaft*, die „gehört", und die in einem unergründlichen subjektiven Wahrnehmungs- und Urteilsprozeß entweder als geeignet befunden und *angeeignet* wird – oder auch nicht. Die Botschaft könnte z.B. in einer *Bemerkung* der Person verborgen sein, die eben hastig am Schuhe suchen ist und sie könnte lauten: „du mußt das jetzt ohne mich schaffen, wenn nicht, helfe ich dir später..." Die Aneignung könnte lauten: „man darf seine Interessen verteidigen."

Und Mythisches Denken im modernen Familienleben? Tendenziell ist es so, daß im modernen Familienleben eine de-strukturierte Offenheit das Dasein qualifiziert (Kapitel III, 4). Insofern quantifizieren sich diejenigen Situationen im Familienleben, in denen Erziehung *gewollt* wird, wo sie auf den Plan treten *muß*, wo Erziehungssituationen inszeniert werden wie auf einer Bühne. Geplant. Und – entsprechend der Unsicherheiten im Familienalltag – in einer Häufigkeit und Intensität, auf die eine informelle und unprofessionelle Erziehungswelt wie etwa die famililäre, nicht eingerichtet ist, nicht eingerichtet sein kann (Kapitel III 4, 5). Das Profane, das Banale, Alltägliche, das auch noch funktional für das Familienleben ist, ist rares Gut in vielen Familien. Familien leben heute, und wir denken, mehr als je zuvor, in der „Wirksamkeit" problematischer und konflikthafter Alltäglichkeit. Wer räumt den Tisch ab? ißt man gemeinsam? Anspruch der Eltern auf Mitarbeit der Kinder im Haushalt? Anspruch auf eigenes Geld? usw. Eigentlich gibt es *fast keine Selbstverständlichkeiten*, eigentlich steht alles zur Disposition – scheint alles mit pädagogischem Geschick, in pädagogischem Ansinnen, „ausgehandelt" werden zu müssen. Im Familienalltag können aber pädagogische Inszenierungen eigentlich nur als *Zäsuren* vorkommen. *Situativ* eben. Und mag eine „pädagogische Zäsur" im häuslichen Alltag durchaus die gewünschte Wirkung hervorbringen – der Familienalltag kann nicht zu einer pädagogischen Institution umfunktioniert werden.

Die dauernde erzieherische Lauerhaltung verzweifelter Eltern transportiert letztlich deren Ohnmacht – und ihr Bedürfnis, diese Ohnmacht zu negieren, sie ignorieren zu können, ja, sie für sich selbst *verstehen* zu können, aktiviert die Fähigkeit des mythischen Denkens, Krisen zu bewältigen[474], also: Ungereimtheiten und Stressoren in *Mythen* zu kleiden. Dramatik möglichst schnell *auf den Punkt zu bringen*. In generalisierenden Urteilen beispielsweise: Nie kommst du rechtzeitig... Schon wieder muß ich... Immer dasselbe... Anhaltende Belastungen kleiden sich in Geschichten *subjektiver* Erfahrung und Deutung. Und spätestens dann treten die *Beziehungsnöte* moderner Familien ins Rampenlicht. *Gefühle* des Unterliegens und des Versagens, der Schuldzuweisungen – der verbalen und tätlichen Machtkämpfe. Zwischen Eltern, zwischen Geschwistern, zwischen Eltern und Kindern – bei denen nicht selten auch Eltern die Szene als Verlierer verlassen.

Es ist kein neuer Gedanke und auch durchaus nahe liegend, daß die mythische Erfahrungswelt des Familienlebens durch die Nötigung, von unsteten Sach- und Beziehungsgefügen abstrahieren, und sie, mangels brauchbarer Handlungsmuster, immer mehr in Sprache fassen zu müssen, in ihrer konstitutiven Kraft überfordert ist. Gewiß, die Qualität eines Familienlebens hängt von weit mehr Faktoren ab als vom Sprachvermögen seiner Beteiligten. Aber von den Ansprüchen her betrachtet, nämlich alltäglich banale Orientierungen im Familienleben gleichsam argumentativ erkämpfen zu müssen, ist es womöglich sehr von

---

474 Diese Fähigkeit kann situativ durchaus problemlösend wirken, nicht aber bei anhaltenden Krisen.

Bedeutung, ob Kinder in einer Familie aufwachsen, in der ein relativ differenziertes Sprachvermögen vorhanden ist, bzw. ein hoher Bildungsstand herrscht oder nicht.

Dieser Blick auf die Möglichkeiten und Grenzen des mythischen Verstehens als Erfahrungsform im modernen Familienleben läßt natürlich die hochkomplexe Problematik des Erziehens und der Beziehungsfindung im Familienalltag nicht begreifen. Denn was wir nicht in diesen Blick genommen haben, ist, daß sich das Konstitutiv des mythischen Denkens ja auf den für das Familiäre funktionalen *Inhalt* bezieht. Oder einfacher: Es geht nicht nur um den Modus des *Erfahrens*, sondern um die Erfahrung sinnvollen *Handelns*. Um das Familienleben ermöglichendes, erhaltendes, um seiner *Funktion* gemäß *sinnvolles* Handeln. Und damit sind wir beim zweiten und vielleicht wichtigsten Blick angelangt, den wir vom Kulturmodell Familie aus auf das moderne Selbstverständnis des Familiären richten: Beim heiklen, bei dem der Moderne widerständigen Punkt sozusagen, bei der *funktionalen* Bedingung des Familiären:

2. Die *Daseinsvorsorge*, wie wir sie als Handlungs- und Verstehensgebilde der symbolischen Form Familie beschrieben haben, bringt in ihrer Pragmatik und in ihrem konkreten Erscheinen einen relativ *einheitlichen Sinn* zum Ausdruck. Sie konstruiert nicht lediglich eine schwache Kulisse, vor der sich nur der Alltag von Erziehung und Beziehungsqualität erkennen läßt. Der Begriff der Daseinsvorsorge, wie er sich in Cassirers Modell *als kulturelle Erfahrung* begreifen läßt, zeigt vielmehr eine *Handlungsmaxime*: Die *Fürsorge*. Ein allen Menschen mögliches Verstehen *und* Handeln[475]. Alle erwachsenen Menschen haben ein Denk- und Handlungsmodell von Fürsorglichkeit verinnerlicht, alle kindlichen Menschen sind auf dieses Denk- und Handlungsmodell noch existenziell verwiesen und erkennen, beobachten und verinnerlichen es daher. Menschen haben, m.a.W., ein „Wissen" davon. Alle Menschen können es optimieren, manche professionalisieren es, und manche sind sogar bei dessen Ausübung ganz besonders begabt und haben Spaß daran. Die Fürsorge, als tragendes „Element" im Begriff der Daseinsvorsorge, codiert gewissermaßen *die kulturelle Erfahrung des Familienlebens* (Kapitel 11, 12). Und als solche hat „Fürsorge" im Kontext Familie nur wenig mit „Helfen" zu tun, bzw. findet an ihm wahrscheinlich sogar seine Grenze. Dafür stellt sie als Handlungsmaxime die Rahmenbedingung des Erziehens und der Beziehungsqualität und der Strukturierung von Alltäglichkeit.

Jeder weiteren Erörterung zu dieser kulturellen Erfahrung soll Folgendes vorausgeschickt sein: Es ist auch für v. Schweitzer richtig, wenn Krebs den Begriff der Fürsorge ausdrücklich von einem reaktionären Liebesmodell abtrennt, demzufolge Liebe bedingungslos und altruistisch sein muß, was bekanntlich, unterstützt durch die christliche Tradition, der Ausbeutung der aus Liebe tätigen Menschen Tür und Tor geöffnet hat und immer noch öffnet. Würde die Daseinsvorsorge in familialen Lebenswelten auch in diesem Sinne „entrümpelt" und in Bildung und Beratung angemessen und ihrer Funktionalität entsprechend aufgewertet – könnte dann ihre Erledigung durch Erwachsene *und* Kinder in familialen Gebilden nicht dazu beitragen, daß die „Familie ... als die Bildungsinstitution, die Lebenssinn stiftet,

---

475   Diese Handlungsmaxime gilt letztlich auch für Verwandtschaftsbeziehungen, bzw. für die Verwandtschafts-
      familie. Denn Fürsorge ist ja nicht auf Koresidenz eingeschränkt. Dort stehen ihr lediglich andere Möglich-
      keiten zur Verfügung. Wo in der Verwandtschaft keine, auch keine ritualisierte Fürsorge mehr gepflegt wird,
      zerfallen die Beziehungen.

leichter lebbar"[476] ist? Könnte sich dann eventuell auch deutlicher zeigen, daß Familie „weder ein ‚Luxus' noch ein ‚Sozialfall' und auf keinen Fall eine private Bagatelleangelegenheit"[477] ist?

Wie auch immer: Die familiale Daseinsvorsorge macht Sinn, weil sie auf *Bedürfnisse der Familienmitglieder in ihrem Zusammenleben* gerichtet ist. Das ist es, was ihre Symbolwelt zum Ausdruck bringt, das ist es, was alle Familienmitglieder in ihr *lernen* können und das ist, was ihre *Beziehungen* qualifiziert und ihren *Alltag* strukturiert. Die *Bedürfnisse* der Familienmitglieder und deren Besorgung *inszenieren* sich im Symbolraum der familialen Daseinsvorsorge in – greifen wir auf Bubers Terminologie zurück – in den Beziehung des „Ich zum Du" und des „Ich zum Es". In den interpersonalen Beziehungen und in denjenigen, die die Familienmitglieder zu ihrer Dingwelt pflegen. Das Symbolische des Füreinandersorgens bestimmt die *Atmosphäre* des Familienlebens, das *Wohlbefinden* seiner Akteure[478]: Familienmitglieder im gemeinsamen Haushalt wollen alle essen, ruhen, sich amüsieren, sich sicher und zwanglos fühlen, sich zurückziehen können, sie wollen Sympathie, Erotik, Anerkennung ihrer Person, sie wollen Hygiene, sie wollen – müssen gepflegt werden, sie wollen Räume und Gegenstände, die brauchbar, den gemeinsamen und individuellen Bedürfnissen dienlich, geschickt und ästhetisch sind, die davon kund tun, wer sie benutzt und wozu. Und das alles muß sich im Alltag *organisieren*. Familienmitglieder sind in der Besorgung derartiger Bedürfnisse verwiesen auf a) die materiellen Möglichkeiten zur Lebenshaltung, b) auf eigene lebenspraktische Geschicklichkeiten *und* die der anderen, sowie auf Möglichkeiten, solche zu erlernen; c) auf die gerechte Gewichtung individueller Bedürfnisse und d) auf ihre Begabung und ihr Vermögen der mythischen Deutung ihrer familialen Symbolwelt.

Im Familienleben kann sich die Fürsorge füreinander nur entfalten, wenn man sie weder mit Moralität, noch mit Zweckdenken identifiziert. Fürsorge ist eine Handlungsmaxime, die „sieht", wo es fehlt, die sich unbeschadet (auch) ohne Forderung und (auch) ohne Bedingung ins Werk setzen, die (auch) in banalen Handlungen tiefe Empfindungen des Angenommenseins oder des Abgelehntseins erzeugen kann; die aber auch wünscht, verlangt, fordert – und verweigert. Die, wenn man das so sagen kann, das Menschliche als solches erreicht. Und die gerade deswegen nicht einklagbar ist. Die Sphäre des familialen Fürsorgens „offenbart" in gewisser Weise die Menschen in ihrer seelischen und leiblichen Bedürftigkeit, daher in ihrer Verletzlichkeit, daher in ihrer Güte, ebenso wie in ihrer Anmaßung. Die Erfüllung persönlicher Bedürfnisse nach Erhalt und Pflege leib-seelischer Gegebenheiten verlangt Selbstakzeptanz, Empathie, Respekt und Taktgefühl. Vermeintliche, wie auch tatsächliche Defizite an familialer Fürsorge – mag es die zu sich selbst, oder die von anderen sein – erzeugen erwiesenermaßen der subjektiven Lebensstimmung abträgliche Erfahrungen, wenn nicht gar Gefährdungen des individuellen Wohles und der persönlichen Entfaltung; und das gilt nicht nur für Kinder.

Wenn schon nicht wörtlich, so aber als Deutung betrachtet, darf man daher ernst nehmen, was v. Schweitzer denkt, daß nämlich die familiale Fürsorge für das Dasein zwischen „den Aufgaben einer systemtheoretischen Familienberatung oder –therapie und jenen der Regelung, Steuerung und Anpassung von perfekt funktionierenden rationalisierten Betrie-

---

476   v. Schweitzer in Krüsselberg et al. 2002, S. 388
477   v. Schweitzer in Krüsselberg et al. 2002, S. 388
478   Diese Atmosphäre ist nur bedingt angewiesen auf materielle Gegebenheiten, so auch Winkler, 2006, S. 166

ben angesiedelt sein muß."[479] Gemeint ist: *Das Handeln* der Daseinsvorsorge ist, will es für familiale Gebilde funktional sein, per se darauf gerichtet, die individuellen *und* kollektiven Daseinsbedürfnisse zu *erkennen* und nach Möglichkeit zufriedenzustellen. Familiale Fürsorge füreinander, als funktional tragendes Element von Familienbeziehungen, läßt – sozusagen modernisiert – in dieser Symbolik ein relativ simples Handlungsschema erkennen: was sein *muß*, wenn die grundlegenden Lebensbedürfnisse versorgt werden sollen, oder was sein *müßte*, wenn Zufriedenheit und Wohlbefinden sich einstellen sollen.

Im Handeln der Daseinsvorsorge ist, wir vermuten einmal, durch dessen plurales Handlungsschema eine relative Freiheit dazu gegeben, Bedürfnisse entweder *selbst-tätig* oder *kollektiv* mit entsprechendem Geschick erfolgreich zufriedenstellen zu können – oder sich solches anzueignen – oder auch Bedürfnisse zu ignorieren. Oder zu erfahren, daß *andere für mich tätig* werden. Denn familiale Daseinsvorsorge schafft immer Situationen sowohl souveränen *wie auch* abhängigen Handelns. Ihre Pragmatik ermöglicht also die Gemeinschaft, wie das Selbst *bildende* Erfahrungen, aber vor allem ermöglicht sie *Wohlbefinden*. Familienleben ist die Möglichkeit, unter informellen Bedingungen, zu lernen, „Mensch zu sein".[480]

Im Handlungskontext familialer Daseinsfürsorge liegt sozusagen der „Anfang pädagogischen Geschehens"[481]. Erziehen – gewollt oder nicht – im Horizont der Fürsorgens *ist* ein Akt des Fürsorgens. Daseinsvorsorge ist für heranwachsende Menschen aber mehr als ein Erziehungsfeld. Es ist ein Erfahrungsfeld, in dem sie *aufmerksam* werden auf die eigenen leib-seelischen Befindlichkeiten und Bedürfnisse. Darauf, daß sie diese Empfindsamkeit mit anderen Familienmitgliedern teilen. Daß es praktischer Fertigkeiten bedarf, um selbständig gewisse Bedürfnisse zu decken. Kindern haushälterische Fertigkeiten *lehren*, sie den Gebrauch von Gegenständen *üben* lassen – zu spüren, wie schwer vier Teller sind, wie man Obst verstaut, wie lange es dauert, bis ein Nudelwasser kocht und wie sich das anfühlt... Es gäbe unendlich viel Beispiele von Tätigkeiten im Familienhaushalt, die, selbst bei kurzzeitigem, aber regelmäßigen Einsatz für die Entwicklung und Ausbildung sensorischer, kognitiver Fähigkeiten und entsprechender Hirnfunktionen beste Dienste leisten könnten. Abgesehen davon bietet der Einbezug von Kindern in die Vorgänge der familialen Daseinsvorsorge auch die Chance, ihnen *Erfolge* in der Übernahme von *Verantwortung* *ermöglichen*. M.a.W.: Chancen, sozial kompetent zu urteilen und zu agieren. Es ist wenig verständlich, warum von der Bedeutung des familialen Handlungswesens für die Entwicklung und auch Erziehung von Kindern, in den unzähligen Diskussionen über familiäre Erziehung praktisch keine Rede ist. Fast scheint es, man spare das Thema aus. Warum?

Laut, immerhin, ist die Klage von Eltern, Kinder würden das Familienleben als einen Hotelservice betrachten. Gilt es modernen Eltern womöglich als rückständig, als spießig, ihre Kinder in die Handlungswelt der Famlie zu integrieren? Über das Kulturmodell Familie kann man solchen Verdacht nicht entkräften, man kann nur ihre Botschaft in den Raum stellen: Das familiale Fürsorgen ist nicht primär ein Feld für Erziehungsübungen, erschöpft sich nicht in Hausarbeit, ist letztlich zur „Selbstverwirklichung" und leider auch für romantische Liebesbeziehungen eher untauglich. Das Familienleben obliegt nicht einem „Team", und vollzieht sich auch nicht in einer „Wohngruppe", sondern ist an die symbolische Form einer Kulturkompetenz geknüpft. Umso eindrücklicher und glaubwürdiger wird sie sich

---

479   v. Schweitzer 1991, S. 146
480   Winkler 2006, S. 271
481   Winkler 2006, S. 166

Kindern vermitteln, je klarer die erwachsenen Bezugspersonen diese Kulturkompetenz auch als eine solche schätzen.

Von dieser Geltung ist die moderne familiale Daseinsvorsorge weit entfernt. Es ist nicht zu übersehen, daß wir das familiale füreinander Sorgen heute vornehmlich als problematisch empfinden. Als schwierig, als Gegenstand des Aushandelns – eben nicht nur zwischen Eltern und Kindern, da sich die rollendefinierte Zuständigkeit nun wirklich aufgeweicht hat. Es betrifft also die persönliche Identität und gilt, womöglich mehr als „früher", als mühsam. Es widerstrebt sozusagen den Erfahrungen moderner Erlebnis-, Spaß- und Medienkultur. Die Geltung der Indivualität, der Autonomie und Selbstverwirklichung individueller Interessen scheint mit dem, was unter Fürsorglichkeit verstanden wird, nicht kompatibel zu sein. Das familienkonstitutive Paradigma des füreinander Sorgens ist sozusagen nicht aktualisiert, immer noch nicht in seiner Qualität anerkannt – Stichwort: Frauenarbeit. Es gibt also viele Gründe, warum es um das Erkennen der Möglichkeiten wie der Grenzen[482] des Fürsorgens im Symbolischen des modernen Familienlebens nicht gut bestellt ist. Von Cassirers Verstehensmodell her gesehen ein deutliches Zeichen für mangelndes *Identitätsbewußtsein* (s.a. Kapitel III, 8, 10). Aber – das Kulturmodell läßt uns wohl keine Wahl, als die familiale Daseinsvorsorge zur Kenntnis zu nehmen.

Und nun die Frage: Was bedeutet es für sozialpädagogisches Denken und Handeln, sich des Familiären als einer Kulturgestalt zu nähern, deren Identitätsbewußtsein durch Traditionslasten stigmatisiert, und durch Zurückbleiben im Kulturprozeß in plurale Verstehens- und Handlungssequenzen zerfallen scheint? Weder die Wissenschaft, noch die Wirtschaft, nicht die Kunst, die Technik oder die Religion, die nach Cassirer allesamt ebenfalls ihre Identität in eigensinnigen Erfahrungsmentalitäten und ihre sinngeleiteten Handlungsmodi zum Ausdruck bringen, führen ein Dasein, das sich im Kulturraum in ähnlicher Weise hilfsbedürftig zeigt, wie die symbolische Form Familie. Was heißt das – auf einen ersten Blick – für die Sozialpädagogik? Wäre belasteten Familien durch die *Stärkung* ihrer kulturellen Lebensform zu helfen? Wenn das ein brauchbarer Gedanke sein soll, dann müßte sich diese Stärkung die *Chancen* zunutze machen, die sich Familien im modernen Kulturprozeß eröffnen. Vor allem, da offenbar viele Menschen ja nach wie vor an dieser Kulturform interessiert sind. *Die Chancen der Moderne sind:*

a)   Zur Familie – zur familialen Koresidenz – können alle Menschen sich entscheiden, die Freude und Interesse daran haben, ihre private Daseinsvorsorge über längere Zeit in einer familialen Lebensform, d.h. mit anderen Menschen gemeinsam zu bewerkstelligen und Kinder aufzuziehen. Daß die Öffnung – *die Pluralisierung der Form* – von Familien möglich und für ihre Beteiligten entsprechend abgesichert ist, dafür hätten Politik und Recht zu sorgen.

b)   Im Vergleich zu den Gründen, die das Eingehen familiärer Lebensformen seit dem Beginn der Neuzeit zunehmend – bis heute motiviert: Sicherung von Status und Vermögen, sozialer Aufstieg, Bestätigung von Geschlechterrollen, romantische Liebe, usw., darf im modernen Familienleben sozusagen der „Kern" der Identität des Füreinandersorgens ins Zentrum treten: *Das Wohlbefinden.*[483] Ist das provokant? Oder darf

---

482   Aber auch in „modern" gedachter Symbolik hat die Fürsorge für das familiale Dasein Grenzen, sie sehen wir heute deutlich in der Versorgung von alten und sehr kranken Familienmitgliedern.

483   Ein Umstand, den die Wirtschaft, bzw. die Werbung für Produkte, die sie Familien verkaufen will, schon lange entdeckt hat.

eine Familie behaupten, eine kulturelle Gestalt zu sein, die einen Lebensentwurf anbietet, der in der Erzeugung und Sicherung privaten Wohlbefindens, eine kulturell bedeutsame Leistung erbringt?

c) Die Auflösung tradierter Rollen und die Indifferenz von dem, was Frauen- was Männersache, was kindgerecht ist und was dem zuwider steht, gibt uns die Freiheit, die *Arbeit des Füreinander Sorgens* im Familienleben als *Funktionssystem* zu betrachten: Alle Personen im Familienhaushalt kommen hinsichtlich ihrer Fähigkeit und ihren Möglichkeiten mitzuhelfen in Betracht für diese Arbeit. Manche Familienmitglieder sorgen für die Familie primär dadurch, daß sie Berufsarbeit jenseits des Familienlebens gegen Geld und soziales Prestige eintauschen. Die Arbeit des Füreinander Sorgens im und jenseits des Familienlebens hat (Kapitel III, 7) Anspruch auf Formen der *Anerkennung*, der *Freizeit* und der Verwirklichung von *Gerechtigkeit*, auf die Verteilung von *Verantwortung* und die Einhaltung von *Regeln*.

Es handelt sich im vorgehenden um drei Visionen, angestoßen von Cassirers Kulturphilosophie, über sozusagen eine moderne Version der symbolischen Form des Familiären. Allerdings – nicht begründet, nicht relativiert, nicht beurteilt. Man mag solchen Visionen in den verschiedenen Praxisfeldern sozialpädagogischer Arbeit mit Familien folgen oder auch nicht. Aber mit welchen *Ansprüchen* des professionellen Selbstverständnisses wäre diese Arbeit verbunden? Verteilen wir sie auf zwei Schwerpunkte:

1. *Sozialpädagogische Kulturarbeit – Anleitung zur kulturellen Emanzipation?* Sozialpädagogische Kulturarbeit mit Familien soll eine *bildende und helfende Praxis*[484] bereit stellen, die sich auf die Kulturkompetenz von Familien *überhaupt* wie auch *in der Not* richtet und zwar bis hinein in die „kleinen, unauffälligen Aufgaben der Reproduktion der Verhältnisse."[485]. Was bedeuten diese beiden Dimensionen für die Sozialpädagogik als Kulturarbeit? Oder anders gefragt: Sind sie überhaupt zu trennen? Nach der Tradition des *Neuhumanismus*, von der her wir Cassirer in die Sozialpädagogik einbinden, sind die Dimensionen des Bildens und Helfens wohl nicht zu trennen. Und dieser Tradition folgt seine *Kulturphilosophie* indem sie lehrt, daß *alle* symbolischen Formen – auch Familien – *kulturelle Leistungen* „sui generis" erbringen: In der menschlichen Kultur einzigartige und insofern nicht zu relativierende Leistungen. Subjekt- wie kulturkonstitutiv bedeutsam. Sie stellen Bildungsgüter, sind Bildungsinhalte. In diesem Kulturmilieu sozialpädagogisch helfend tätig zu sein heißt: eine *universelle Kompetenz* – möge sie auch beschädigt sein – *aufdeckend* zu restaurieren und zu befördern, um *in deren Möglichkeiten* die für das *Wohl der Familie* nötigen *Veränderungen* zu erreichen. Dazu gehört: Familien sollen ihre spezifische Kulturleistung im kulturellen Umfeld *repräsentieren* können. So qualifiziert sich helfendes Handeln *als* bildendes Handeln. Sozialpädagogische Kulturarbeit mit Familien, die sich Hilfe suchen oder denen solche angetragen wird, meint so gesehen: Anleitung zur *kulturellen Emanzipation*. Das heißt: neben anderen professionellen Kompetenzen wird es zu-

---

484 Siehe dazu Treptow in Chassé et al. 1999, S. 50ff; wobei wir die Praxis dieser Aufgabe völlig anders sehen müssen, als es Treptow vorschlägt, Treptow in Chassé et al. 1999, S. 55ff

485 Chassé et al. 1999, S. 123

erst auf eine sozialpädagogische *Haltung* ankommen. Familien sollen „*ermächtigt*"[486] werden, die Qualität ihrer kulturellen Leistung *selbst* zu erkennen *und* anzuerkennen, um einerseits die Verantwortung, die mit dieser Lebensform einhergeht, wahrzunehmen und anderseits deren Ausbeutung zu verhindern. Was für *Formen sozialpädagogischer Kulturarbeit* sich in diesem Sinne zur *Stärkung* des Familienlebens in der sozialpädagogischen Praxis konkret empfehlen, das wird im Abschnitt 15 genauer zur Sprache kommen. Aber zuvor noch die Frage:

2. *Wer sind wir?*

a. Müßte sich die Sozialpädagogik – wenn man sich einmal des Jargons der Wirtschaft bedient – müßte sie sich im Feld von Kulturarbeit mit Familien als „Lobbyist" für die Familie verstehen? Vieles spricht dafür, daß diese Einstellung im Grunde vorhanden ist.[487] Entlang den bisher aufgezeigten Möglichkeiten des Kulturmodells könnte man SozialpädagogInnen aber auch

b. als „*KulturhermeneutInnen*"[488] bezeichnen. Ihrem Verstehen vorausgesetzt ist die *Autonomie* einer kulturellen Praxis in jeder ihrer individuellen Erscheinungen. In jeder Familie. So stünde „fallverstehende Hermeneutik"[489] im Zentrum professionellen Handelns, das in seiner kulturtheoretischen Orientierung von anderem wissenschaftlichen Regel- und von Methodenwissen ergänzt werden kann. In einer Variante dieses professionellen Selbstverständnisses könnte man sozialpädagogische Kulturarbeit mit Familien

c. auch als „coaching" verstehen. Im Sinne einer *Begleitung* von Menschen[490], die nicht nur als Berufs- sondern auch als Lebenspraxis eine kulturell eigenständige Kompetenz gewählt haben. Begleiten – in seiner ursprünglichen Deutung, dem Geleit, ein bedeutender mittelalterlicher Rechtsbegriff – meint: Mitgehen, Bestimmen des Weges, und vor allem bedeutet es: Schutz geben[491]. Das paßt zu unserem Modell. Denn bei Familien handelt es sich um ein – auch in seiner Defizienz – gleichwohl universell gültiges, einem in historischer Dimension gewachsenes und erprobtes, einem zutiefst sinnvollen, und für die menschliche Kultur insgesamt immer noch unentbehrlichen Phänomen. Über eine derart angeleitete Professionalität im Handeln werden wir nun weiter nachdenken.

---

486 Wir werden uns in der Anwendung (nächster Abschnitt) auf den Begriff der „Stärkung" festlegen. Das ist in der Sozialpädagogik eigentlich nicht neues: „Empowerment kann nicht als eine Methode der als ein professionelles Handwerkszeug angesehen werden, sondern repräsentiert eher eine professionelle Haltung, die den Focus auf die Förderung von potentialen der Selbstorganisation und gemeinschaftlichen Handelns legt." Keupp 1996, S. 164; zitiert nach Galuske 2003;
487 Dazu die Abhandlung über „Soziale Gerechtigkeit als Zugangsgerechtigkeit" in Böhnisch et al. 2005, S. 247ff
488 In Abwandlung des Begriffs „Lebenslagen- und Lebenswelthermeneut" von Sickendiek et al. 2002 S. 45
489 Sickendiek et al. S. 45
490 Die Bezeichnung der Schweizerischen Form der Familienhilfe als sozialpädagogische Familienbegleitung ist m.E. sehr treffend gewählt.
491 Wiederkehr 1976, S. 1; S. 36f

2 Die theoretischen Kriterien im Modell der symbolischen Form: Gestalt, Handlungswesen, Erfahrungskompetenz

Trotz Cassirers Abstinenz bezüglich pädagogischer Themen, konnten immerhin gewisse Verknüpfungen zwischen Sozialpädagogik und der Kulturphilosophie, sowie Wege der Aneignung gefunden werden. Nun geht es um die *Anwendung* des Kulturmodells in der sozialpädagogischen Praxis. Wo im Kulturmodell lassen sich theoretische Kriterien auffinden? Welche praktischen Kriterien legen sie – unter Einbezug der bereits vorgeschlagenen Aneignung der Kulturphilosophie – nahe? Und wie kann man sich dann die sozialpädagogische Arbeit mit Familien konkret vorstellen? Diese Fragen u.a. werden uns nun bis zum Schluß der Untersuchung beschäftigen.

Was für Kriterien sozialpädagogischer Praxis mit Familien wären aus Cassirers kulturphilosophischem Modell der *Familie als eine symbolische Form* abzuleiten? Oder anders herum gefragt: Welche Grundmuster zeigt das Kulturmodell der symbolischen Form, auf die sich sozialpädagogische Kulturarbeit beziehen kann? Solche Überlegungen verweisen uns wohl auf die drei bekannten Analysen von Kapitel III: die Formanalyse, die Funktionsanalyse und die Konstitutionsanalyse. Zeichnen wir sie in ihren Grundzügen hier noch einmal nach:

- *Die Formanalyse* zeigte uns: Die *Symbolgestalt* Familie erleben wir als eine Gruppe Menschen, bestehend aus Kindern und Erwachsenen, die über längere Zeiträume in einem gemeinsamen Haushalt *zusammen leben*. In den Kulturen unserer Welt finden wir überall eigenwillige Gesetze und Regeln, die Entstehung und Existenzbedingungen familialer Gebilde versuchen zu normieren und gleichzeitig für Schutz und Kontrolle familialer Gebilde sorgen. Denn die Leistungen familialer Gemeinschaften sind bislang für die menschliche Kultur unverzichtbar. Schließlich sind es Familien, in denen praktisch alle Menschen zur Welt kommen und ihre primäre Enkulturation erfahren.
- *Die Funktionsanalyse* zeigte uns: Die Symbolgestalt Familie ist eine Lebensform, in der ihre Mitglieder in privater Verantwortung, gemäß kultureller Sitten und Gebräuche, in ihrer gemeinschaftlichen Behausung für ihr Wohlergehen im Alltag arbeiten. Allein Kraft dieser Arbeit erhält sich die familiale Gemeinschaft. Diese Arbeit ist für ihre Existenz also *funktional*, d.h. sie macht *Sinn* für Familien. Die Arbeit familialer Daseinsvorsorge kann vollständig von einer Familie selbst geleistet werden, sie kann aber auch vollständig oder teilweise als Dienstleistung delegiert werden. In den industrialisierten Gebieten unserer Welt ist sie fast immer auch davon abhängig, daß eines oder mehrere Mitglieder der Familie die Haushaltsökonomie durch Erwerbsarbeit absichern. Familien tragen – dank der Funktion ihres Handlungswesens – global noch in bisher unverzichtbarer Weise dazu bei, daß im Kulturraum leiblich und seelisch versorgte, gepflegte, ausgeglichene und den Umgangsnormen der Kultur prinzipiell vertraute Menschen für Schul-, Bildungs-, Ausbildungs-, und Arbeitsverhältnisse zur Verfügung stehen. Wenn eine familiale Gemeinschaft im Ensemble symbolischer Formen,

wie Politik, Religion, Recht, Wirtschaft, usw., keine Möglichkeit mehr wahrnimmt oder wahrnehmen kann[492], um ihre Kulturkompetenz zu verwirklichen, also die Daseinsvorsorge im privaten Haushalt zu leisten, löst sie sich auf.

- *Die Konstitutionsanalyse* zeigte uns: In der Symbolgestalt Familie konstituieren sich die Beziehungen zur Dingwelt und zur Personenwelt im Familienalltag kraft einer ursprünglichen *Erkenntnisweise*. Es ist *das mythische Denken*. Ebenso wie wissenschaftliches Denken Wege zu wissenschaftlichen Erkenntnissen sucht, sucht das mythische Denken nach Wegen, die Wirkmacht, mit der plurale und diffuse Erfahrungsräume auf uns eindringen, zu durchdringen. Dabei ist es, im Gegensatz zum wissenschaftlichen Erkennen, darauf „spezialisiert", möglichst umstandslos Erklärungen und konkretes, sinnvolles Handeln zu ermöglichen. Als eine *Erfahrungskompetenz* ist es daher konstitutiv für den der *unmittelbaren Lebenspraxis* verpflichteten Erfahrungsraum, wie er sich z.B. im Familienleben findet. Und deswegen können wir die Argumentation auch umkehren und sagen: Familien erfüllen die Leistungen der privaten Daseinsvorsorge sinnvoll aus der Kompetenz des mythischen Denkens. Es strukturiert die Raum-Zeit im Familienleben nicht zweckrational, sondern durch Atmosphären, Stimmungen, Zyklen und Rituale. Derart entstehen Alltagsstrukturen und Alltagswissen von „mein" und „dein", von „erlaubt" und „verboten", von „heiter" und „unheimlich", von „dienlich" oder „hinderlich" und vieles mehr, und sie haften *symbolisch* in den persönlichen und dinglichen Sphären eines Familienhaushalt. Die Sprache im Familienraum ist – entlang dem Schema des mythischen Denkens – auf die konkrete Praxis spezialisiert. In dieser Funktion gestaltet sie dezent eine lebendige Physiognomie alltäglichen Handelns, in der Sachlichkeiten und Persönlichkeiten in all ihrer pluralen gegenseitigen Verwiesenheit kommuniziert sind.

Gestalt, Handlungswesen und Erfahrungskompetenz. Darin erkennen wir die theoretischen Kriterien der Symbolwelt eines Familienalltags, sie bilden die Praxisbedingungen aller sozialpädagogischen Arbeit mit Familien. Wie lassen sie sich in praxistaugliche Kriterien übersetzen?

---

492 V. Schweitzer sieht nur wenige Gründe, warum eine Familie ihre Daseinsvorsorge tatsächlich nicht mehr wahrnehmen *kann* und sich auflösen, oder sich gegen ihre Bedürfnisse verändern muß. Was heutzutage den Rahmen familialer Daseinsvorsorge übersteigt klar übersteigt ist 1. die Pflege sehr kranker oder aus Altersgründen pflegebedürftiger Familienmitglieder und 2. materielle Armut.

3 Kriterien praktischer Sozialpädagogik in der Symbolwelt von Familien

Bevor wir auf konkrete Arbeitsformen, also auf konkrete Formen der Anwendung im nächsten Abschnitt eingehen, stellt sich die Frage: Welches könnten Kriterien sein, die sozialpädagogischer Kulturarbeit in Familien „Kontur" geben? Was „profiliert" gleichsam die Praxis sozialpädagogischer Kulturarbeit?

3.1 Arbeitsbegriffe

Ich würde als erstes gerne die philosophische Begrifflichkeit verabschieden, bzw., sie in *Arbeitsbegriffe* übersetzen:

- Wir nennen die Gestalt einer Familie ihre *Personenwelt* und verstehen unter diesem Begriff einfach die Anzahl und Konstellation der koresidierenden Familienmitglieder.
- Sodann nennen wir die Funktion familialer Gebilde, also das Handlungswesen der Daseinsvorsorge, die *Handlungswelt* und meinen damit alle Aktivitäten der Fürsorge für das Dasein, die die Personenwelt in ihrer Dingwelt alltäglich erzeugt.
- Den mythischen Erfahrungsmodus des Familienlebens nennen wir ihre *Erfahrungswelt*.

Man könnte vermuten, daß z.B. eine GemeinwesenarbeiterIn, die dabei ist, mit einer Familie eine neue Wohnung zu suchen, vor allem die *Personenwelt* der Familie interessiert. Wie viele sind sie? Wie sind ihre Raumbedürfnisse? Gibt es Tiere?, usw. In Einrichtungen der Familienbildung, aber auch in ambulanten Formen der Familien, Paar-, oder Erziehungsberatung, am „dritten Ort", wie Thiersch es ausgedrückt hat, kommt man mit der ganzen oder mit Teilen der *Personenwelt* und mit der *Erfahrungswelt* der Familie in Kontakt. Die sozialpädagogische Kulturarbeit als *aufsuchende* Arbeit mit Familien begegnet der vollständigen familialen Symbolwelt: Der *Personenwelt*, der *Handlungswelt*, der *Erfahrungswelt*.

Der Begriff „Welt", der die genannten drei Arbeitsbegriffe eint, soll zum Ausdruck bringen, daß eine praktische Kulturarbeit es nicht mit „Beständen", durchaus aber mit „Phänomenen" von „Menschlichkeiten" zu tun hat. Personen – Handlungen – Erfahrungen. Es sind eigentlich drei *Symbolwelten*. Es sind *Schichten* von Familienleben. Und es sind *Verknüpfungen* im Familie Leben. Symbolisch einheitlich, aber differenziert zu betrachtende Welten. Eine *plurale Welt*, in der es sich nicht verläßlich vorhersagen oder planen läßt, ob eine gefühlsbetonte Handlung, ob eine rationale Einschätzung, ob praktische Geschicklichkeit, ob Zurückhaltung oder ob eine unliebsame Entscheidung gefragt ist, wenn beispielsweise der neunjährige Stefan den verletzten Hund der Nachbarn heimbringt und ihn pflegen und selbstverständlich behalten will, da er es bei den Nachbarn nicht gut hat. Was bedeutet es *in* dieser *Symbolwelt* sozialpädagogisch zu arbeiten? Was bedeutet es, *mit* ihren Symbolen sozialpädagogisch zu arbeiten?

3.2 Die Begegnung

Sozialpädagogische Kulturarbeit mit Familien meint: Formen der *Begegnung* zwischen der Autonomie einer spezifischen kulturellen Lebenspraxis und einer spezifischen Professionalität. Es sind Formen der Begegnung, die ein *Arbeitsverhältnis* gestalten, in der eine *Dienstleistung* erbracht wird. Es gibt einen Anlaß, eine Dienstleistung in Anspruch zu nehmen; im Fall der sozialpädagogischen Kulturarbeit ist dies eine von Familien selbst, oder von Familien in Zusammenarbeit mit zuständigen Behörden, festgestellte *Dysfunktionalität* des Familienlebens. Die Dysfunktionalität einer Familie erklärt sich, nach dem Kulturmodell, primär durch ungünstige Existenzbedingungen im gesamten Kulturraum (zu wenig, oder „falsche" Anerkennung im Kulturraum, keine effiziente Interessenvertretung auf politischer Ebene, Überforderung und Ausbeutung durch den Kulturraum) und kaum je durch unzureichende haushälterische Fertigkeiten. Die Perspektive auf individuelle Bedingungen (persönliche „Schuld") der Dysfunktionalität steht daher in der Arbeit mit Familien deutlich auf dem zweiten Rang[493]. Die Dienstleistung sozialpädagogischer Kulturarbeit erfolgt (nach vertragsrechtlichen Kriterien) *geregelt* hinsichtlich Entlohnung, Zeitaufwand und ähnlichen Vertragskomponenten und situiert sich, wie oben schon erwähnt, als ein Arbeitsverhältnis. Die so verstandene Begegnung[494] kann man als *Praxis* in folgende Sparten aufteilen:

a) *Die Begegnung zwischen zwei symbolischen Formen*: Der Familie und der Wissenschaft. Ihre Symbolwelten zeigen zwei nahezu konträre Formen der „Wirklichkeit" (s.a. Kapitel II, 4 und Kapitel III 3.2.). Die Wissenschaft versichert sich ihrer Inhalte durch ein Denken, das sich dort auskennt, wo vom subjektiven Erfahrungsbereich *abstrahierende* Symbole gefragt sind und eine Handlungswelt konstituiert werden muß, die darauf abzielt, größtmögliche Allgemeinheit, Gesetzmäßigkeit und Konstanz in ihren Erzeugnissen zu gewährleisten. Die Familie braucht Verstehens- und Handlungsformen, die die leib-seelischen Bedürfnissen des sozialen Subjekts in eine *konkrete* Symbolwelt formt und insofern ein Denken, das sich in Spontaneität, Emotionalität und dem Handeln zugunsten lebensdienlicher Bedürfnisse auskennt. *KulturhermeneutInnen*, so möchte ich die sozialpädagogischen „KulturarbeiterInnen" einmal nennen, können das wissenschaftliche Denken in den Kulturraum Familie integrieren, wenn es gelingt, dessen Abstraktionsmodelle, z.B. die *Gestalt des Erklärens* attraktiv zu machen[495]. In unserem Fall also, wenn es gelingt, das, was in *dieser* Familie individuell

---

493 Ineffiziente Arbeit von Managern oder Pfarrern wird gemeinhin auch nicht primär als persönliches Versagen, sondern zuerst einmal als Folge ungünstiger Bedingungen für die Wirtschaft oder die Religion betrachtet.

494 Zu diesem Begriff verweise ich auf die Ausführungen von Otto Friedrich Bollnow (1984). Als Grundkonstrukt des Begegnungsbegriffs, den ich hier verwende, verstehe ich Begegnung als verschiedene Dimensionen eines Gegenüber-Seins, in denen für Familienleben *Veränderungen* gesucht werden. Möglicherweise unscheinbare Veränderungen alltäglicher Handlungen, möglicherweise Veränderungen in Einstellungen und Verhalten von existentieller Bedeutung. Im Begriff der Begegnung soll auch die Skepsis davor codiert sein, sozialpädagogische Kulturarbeit in Familien als „Methodenwerkstatt" buchstabieren zu können.

495 Ich möchte in der Kürze dieser Erwägungen keinen Bildungsauftrag skizzieren. Doch daß Bildung im Familienleben einen Ort hat, erwähnten wir, und ich bin häufig erstaunt über das überwiegend große Interesse in Familien an Informationen wissenschaftlicher Art.

erfahren wird, als etwas zu erklären und darzustellen, was die Wissenschaft über Kulturgestalt des Familiären sagen kann. Was z.B. Familien vor fünfhundert Jahren erlebt haben und was sie heutzutage im nächsten Dorf erleben; was „Erziehung" im Familienleben bedeuten kann, usw. Wissenschaftliches Denken kann nützlich sein für den „Beweis", daß individuelle Erfahrung nicht gleichbedeutend ist mit der Erfahrung von Einmaligkeit, daß es nicht bedeutet, losgelöst zu sein von kulturellen Bedingungen und der eigenen Geschichte. KulturheurmeneutInnen können, m.a.W., wissenschaftliches Denken *als Modell* einsetzen, um die Individualität zu relativieren mit der die Defiziterfahrung interpretiert wird und um dadurch zu erreichen, daß Familien die Zugehörigkeit zu Kultur und zu einem bestimmten Kulturgebilde erkennen können.

b) *Die Begegnung zwischen Gast und Gastgebern*: Einem Gast ist gewöhnlich der Zutritt in allen Kulturräumen gestattet, denn in dieser Rolle sind die für alle nicht zufälligen Begegnungen notwendigen Umgangsformen codiert. Ein Gast ist der Joker in der Kulturwelt – überall gegenwärtig, nicht der Fremde schlechthin, auch nicht der Vertraute – vielleicht ist ein Gast so etwas wie ein Wanderer zwischen den Welten. Gewöhnlich sind Gäste willkommen und können den Besuch genießen. Die Veränderungen, die Gäste im Lebensalltag von Gastgebern auslösen, halten gewöhnlich beide Seiten für erwünscht; Gäste und Gastgeber stehen in einer berechenbaren Beziehung, und der Besuch eines Gastes ist zeitlich begrenzt. In meiner Kulturarbeit habe ich mich dafür entschieden, bei allen Besuchen Gast zu bleiben: Ich halte mich an die Orte, die ich im Familienraum zugewiesen bekomme, sage, wieviel Zeit ich maximal für den Besuch habe und nehme im Übrigen hin, wer mit mir wie lange kommunizieren will. Man könnte vielleicht sagen: Kulturarbeit mit Familien in der aufsuchenden Praxis inkorporiert gleichsam eine Gastrolle, die, da auf kulturellen Konventionen mit hoher Gültigkeit beruhend, berechenbare Bewegungen und Zäsuren in die Symbolwelt Familie hineinträgt.[496] Als Gast nehme ich gerne eine Tasse Kaffee oder ein Glas Wasser an. Als Kulturarbeiterin wünsche ich vielleicht einen anderen Ort für ein Gespräch als die Küche, oder wünsche jemand Bestimmtes aus der Familie allein zu sprechen, oder ähnliches. Wünsche, egal welche, müssen mit den Bedürfnissen der Familie kompatibel sein, oder in bedrohlichen Situationen eine Schutzfunktion erfüllen.

c) *Die Begegnung zwischen Kulturgestalt und Kulturarbeit*: Gäste, mit dem Auftrag, sozialpädagogische Kulturarbeit zu leisten, wollen einen *Gestaltungsprozeß* in der familialen Symbolwelt anstoßen und begleiten. Der Zweck dieser Arbeit ist es also, gewollte, gewünschte und vielerorts auch zum Erhalt der Familie notwendige *Veränderungen* in der Symbolwelt anzustoßen, sie zu begleiten, und auch *mit* zu verantworten, was die Arbeit in Gang bringt: Einen Gestaltungsprozeß mit nicht berechenbarer, gleichwohl aber mit anhaltender Wirkung, möglicherweise in der Personenwelt: weil vielleicht die Rückplatzierung eines Kindes aus dem Heim in die Familie erreicht wird. Sicher aber in der Handlungswelt: weil z.B. effizientere Möglichkeiten des Sorgens füreinander und der „Kultur des Zusammenlebens" entdeckt werden. Und ziemlich sicher auch in der Erfahrungswelt: weil z.B. Räume, Situationen, Gefühle anders gedeutet werden. Der Gestaltungsprozeß der Kulturarbeit entfaltet sich gleichsam über der

---

496 Aus eigener Erfahrung sehe ich die Gefahr, daß sozialpädagogische Arbeit im Privatraum von Familien distanzlos werden kann, weshalb ich hier die Gastrolle stark machen möchte, die mir zudem im Kulturmodell Familie nahe liegend erscheint.

symmetrischen Beziehung zwischen Familie und KulturarbeiterIn[497]. Im Kontext einer Kulturarbeit *arbeitet* nämlich nicht nur die Fachperson an ihrem Metier, sondern auch die Familie, nämlich an ihrer Lebensform. Diese Arbeit erfordert Mut von Familien. Denn sie läßt ihre Symbolwelt transparent werden. Deckt auf, was vielleicht nicht aufgedeckt werden wollte. *Eigentlich* nicht aufgedeckt werden wollte. Handlungen, Empfindungen, Gefühle. Diese Arbeit bedeutet, Vereinbarungen zum Handeln zu treffen, sie zu reflektieren. Ziele auszudenken. Erfolge anzuerkennen, Mißerfolge und Krisen konstruktiv zu deuten und mehr. Diese Arbeit bedeutet Experimentieren mit Ängsten, mit Ungewöhnlichem, mit Neuem. Experimentieren im sensiblen Symbolfeld des Sorgens für sich selbst und die Nächsten. Und für diese Arbeit gebührt Familien Anerkennung.

d) *Die Begegnung im gemeinsamen Handeln.* KulturhermeneutInnen erleben in Familien heikle und manchmal auch im öffentlichen Raum tabuisierte Emotionen. Trauer, Wut, Rachebedürfnisse. Ihr Deutungshorizont ist nun nicht die Intimität von Beziehungserfahrungen, sondern die Annahme, daß manche Familienmitglieder, oder womöglich alle, die Sorge um ihr Wohlbefinden nicht so wahrnehmen oder wahrnehmen können, wie es ihrem Bedürfnis entspricht. Das Miterleben der *symbolischen Erfahrungswelt* also deutet darauf hin, daß Familienmitglieder unterschiedliche Defiziterfahrungen an Fürsorglichkeit erlitten haben oder erleiden. KulturhermeneutInnen gehen davon aus, daß Verstehen und Verändern von der *symbolischen Handlungswelt* her: vom familiären füreinander Sorgen her, angegangen werden müssen, weil diese Handlungswelt mit der Erfahrungswelt einer Familie in einem konstitutiven Bedingungsverhältnis steht – *präsent* in der Symbolik der familialen Daseinsvorsorge. Wenn nun sozialpädagogisches Handeln bei der *Deutung* dieser Situation hilfreich sein soll, dann ist es unumgänglich, daß sich der professionell in der Familie arbeitende Gast und der Gastgeber im *gemeinsamen* Handeln begegnen. Zum Beispiel:

▪ *Das Gespräch*: Es ist zweifellos das bedeutendste Arbeitsinstrument der sozialpädagogischen Kulturarbeit. Ort, Zeitrahmen und Thema eines Gesprächs werden geklärt. Dabei können Kinder aktiv oder passiv anwesend sein. Sie können derart sich einbringen oder nur „mithören" und so erfahren, wie auf der Erwachsenenebene Schwierigkeiten beschrieben und Lösungen gesucht werden. Denn ein derartiges Gespräch *ist* (mit und ohne sozialpädagogische Kulturarbeit) ein Symbol familialer Daseinsvorsorge.

▪ *Beobachtende Teilnahme*: Als problematisch empfundene Situationen werden von KulturhermeneutInnen miterlebt – z.B. Frust, Konfliktstimmung, o.ä. am Mittagstisch – anschließend wird die Beobachtung mit einem oder mehreren Familienmitgliedern in Gesprächen reflektiert: – habe ich gesehen, daß das gemeinsame Essen für den Hunger nach Nahrung wichtig war? Gibt es möglicherweise Alternativen für die Stillung dieses Hungers? Habe ich gesehen, daß das gemeinsame Mittagessen für den „Hunger" nach Plaudern erfüllend war?, usw. „Spiegeln" meine Beobachtungen die Vorgänge und wie sollen sie verändert werden, so daß sich Sinn und Funktion eines gemeinsamen Mittagessens, oder eines Ersatzsymbols, verwirklichen können. Beobachtende Teilnahme kann auch bedeuten, (vor allem) mit Kindern über gemeinsame Tätigkeiten im Familienhaushalt, aber auch über Spielen, Inhalte des individuellen Erfahrens präsentiert zu bekommen und damit die Chance, mit ihnen zu „arbeiten".

---

497   Vom Kulturmodell her gesehen, kann diese Beziehung keine überwiegend, oder gar ausschließlich helfende, und daher asymmetrische Beziehung sein, wie etwa die zwischen Arzt und Patient.

- *Das Experiment*: Eine Vereinbarung mit einzelnen oder mehreren Familienmitgliedern, ein bestimmtes Verhalten über einen begrenzten Zeitraum hin auszuprobieren und sich dann darüber wieder auszutauschen, ob, warum und inwieweit die Handlungsalternativen hilfreich waren, oder nicht. Z.B. geht Frau Gutberg schon lange dem Einkauf mit dem knapp fünfjährigen Joris aus dem Weg, weil er im Laden für sich selbst einkaufen will, i.d.R. Süßigkeiten und Plastikautos, und diese Ansinnen durchaus mit Gewaltausbrüchen kommuniziert. Wie kann Joris das Einkaufen verstehen und sich beteiligen? Wenn er z.B. weiß, daß der von ihm geliebte Kartoffelsalat Kartoffeln erfordert?, wenn er sie aussuchen und wiegen kann? Was kann Frau Gutberg ihrem Kind über den Einkauf, über dessen Bedeutung für das Familienleben, sowie über ihre eigene individuelle Befindlichkeit und die von Joris zeigen, erklären, zutrauen?
- *Fürsprache und Repräsentanz*: Es ist das *Ziel sozialpädagogischer Kulturarbeit*, die Kulturkompetenz *in* Familien auch dahingehend zu stärken, daß Familien im Kulturraum *Präsenz* zeigen. Zu dieser Stärkung gehört, auch das wurde schon gesagt, *mit* Familien ihre interne Symbolwelt zu überschreiten, um Störendes oder Neues, jedenfalls Nichtalltägliches, zu *integrieren*. Das kann bedeuten, daß man Familien in Institutionen zu Präsenz verhilft. Z.B. indem man Begegnungen genau mit Mitgliedern der Familie vorbereitet, Situationen durchspielt, etc., und sie in der Situation „begleitend" unterstützt. Das kann sein, indem man Eltern z.B. bei Gesprächen mit Lehrkräften in der Schule beisteht, um die häuslichen Möglichkeiten des Lernens darzustellen, so daß Lehrpersonen die *Grenzen* zwischen schulischem und häuslichen Lernfeld deutlich werden können. Das Überschreiten familialer Symbolwelt kann auch durch den Einbezug *wichtiger* Familienmitglieder geschehen. Wichtig heißt: sie sind zwar nicht anwesend, aber sehr gegenwärtig. Es kann dann sein, daß schwierige Integrationen in die Erfahrungswelt der Familie bewältigt werden müssen. Meist handelt es sich um getrennte Väter, aber auch um Kinder, die im Heim leben, um Lebenspartner, die nicht im Haushalt leben, oder um verstorbene Großväter.

3.3 Der Arbeitsplatz

In der aufsuchenden Kulturarbeit mit Familien legt die Symbolwelt Familie den *Arbeitsplatz* der sozialpädagogischen Kulturarbeit fest. Wie und wodurch kennzeichnet sich dieser Arbeitsplatz?

1. *Durch Unmittelbarkeit*. Der Lebensraum einer Familie begegnet uns unverstellt. So wie er ist. Das Arbeiten im Kulturraum Familie ist daher ein Vertrauenserweis, denn jede Familie weiß, daß sie allen im Familienraum arbeitenden BesucherInnen, Einblicke in persönliche Existenzbedingungen gewährt. Sei es der Heizungsmonteur, oder die sozialpädagogische Familienberatung.
2. *Durch Unberechenbarkeit*. Ein Arbeitsbesuch bei einer Familie kann noch so gut vorbereitet sein, er wird sich der Unwägbarkeit des Familienalltags anpassen müssen – daß der Vater eben nicht um 15.00 Uhr zuhause ist, wie ausgemacht. Als KulturarbeiterIn kann ich meinen Arbeitsplatz nur bedingt selbst strukturieren, da ich dort lediglich eine Art Gastrecht erhalten habe.
3. *Durch Verwundbarkeit*. Die familiale Erfahrungswelt ist eine sehr *gefühlsnahe* Erfahrungswelt. Nähe, Vertrautheit, Fürsorge für unmittelbare subjektive Bedürfnisse, er-

fordern die „Erkenntnis durch Gefühle". Als KulturarbeiterInnen sind wir ein Stück in diese Atmosphäre der Nähe, der Spontaneität und Emotionalität eingebunden. Diese Atmosphäre erleichtert es, authentisch und spontan zu reagieren, beispielsweise Freude und Mitgefühl zu zeigen. Diese Atmosphäre erschwert aber durchaus, in problematischen Situationen distanziert zu urteilen und zu handeln. Wenn z.B. ein Elterteil unter Alkoholeinfluß gegen Kinder oder gegen mich aggressiv reagiert.

4. *Durch Bedarf an Arbeitsstrukturen.* Sie können durch eine Institution oder durch ein individuelles Konzept vorgegeben sein. Was immer wir dort in welcher Art bewegen – in Gesprächen, in inszenierten Experimenten, in der Teilnahme an Alltagsritualen, der gemeinsamen Mahlzeit etwa – es bedarf der Absprache, der Vereinbarung mit einer Familie, sowohl was die Themen, wie auch was die Zeitstruktur angeht. Denn wir sind Fremde im Kulturraum Familie. BesucherInnen. Gäste. Geduldet.

Wenn man mit Familien zu einer Arbeitsbeziehung findet, dann läßt sich der Arbeitsprozess gewöhnlich in drei Phasen unterteilen:

a) In die Phase des Anfangs: Eine Zeit der Vertrauensbildung, der Entdeckung von Schwierigkeiten, die bei der Kontaktaufnahme unspezifisch oder gar nicht zur Sprache kamen. Man könnte sagen, es ist die Zeit des Aufdeckens der Handlungswelt, des Entdeckens der Symbolik, die ihr eigen ist.

b) In die Phase der intensiven Arbeit: spezielle Themen, erwünschte Ziele, Einzelsituationen stehen im Vordergrund. Die Arbeit wird in kürzeren oder längeren Abständen gemeinsam zwischen Familien, bzw. Familienangehörigen, MitarbeiterInnen von Behörden auf ihre Effizienz hin überprüft. Zu dieser Arbeitsphase gehört es, daß mich Familien in Notfällen (sie definieren selbst, was sie darunter verstehen) immer – also rund um die Uhr – anrufen dürfen. Wenn ich zu erreichen bin, stehe ich zur Verfügung.

c) Die Phase des Stabilisierens: In der Abschlußphase wird gefestigt, was gelernt wurde, die Abstände der Besuche werden deutlich größer.

3.4 Das Praxisprojekt „Familienleben lernen"

Meine sozialpädagogische Kulturarbeit mit Familien ist im langjährigen Prozeß beruflicher und persönlicher Erfahrung entstanden und erst vor wenigen Jahren (2004) zu einem „Praxisprojekt" selbständigen Arbeitens geworden, dessen Entwicklung keinesfalls als abgeschlossen gelten kann und will. Ganz überwiegend kommen Familien nicht direkt auf mich zu,[498] sondern es sind Behörden, die mich beauftragen und von meiner Arbeit erwarten, daß dysfunktionale Familien – wir haben oben versucht zu klären, was damit gemeint ist – zu Stabilität und Kulturkompetenz finden. Insofern verbindet meine Arbeit i.d.R. die Zusammenarbeit mit Familien und Behörden.

Meine interne Praxis versteht sich als ein Entwurf sozialpädagogischen Arbeitens mit *Familien als Kulturphänomene.* Hausbesuche bei Familien straffällig gewordener Menschen als Bewährungs- und Erwachsenengerichtshelferin gaben erste entscheidende Anstö-

---

498 Auch wenn ca. 90% der Arbeit aufsuchend, also bei Familien zuhause, geleistet wird, ist ein Praxisraum für manche Besprechung, sei es mit getrennt lebenden Elternpersonen, oder mit MitarbeiterInnen von Behördern, unverzichtbar.

ße; meine Elter- und Hausfrauenrolle gab entscheidende persönliche Eindrücke; meine Arbeit in der Eltern- und Erwachsenenbildung gab wichtige Wegweisungen; meine Suche nach philosophischen Denkmodellen für sozialpädagogische Themen gab aufregende Einsichten; die Arbeit als Familienhelferin in Deutschland und als „sozialpädagogische Familienbegleiterin"[499] in der Schweiz, gab jedoch vermutlich den letztlich entscheidenden „Kick", nun vielen dieser „Eindrücke" Gestalt zu geben. So in etwa kam das kulturtheoretische Modell „Familie" wahrscheinlich zuwege, das für sozialpädagogische Praxis mit Familien fruchtbar sein soll. Warum?

Das Kulturmodell läßt mich das Familienleben als eine *Kulturkompetenz* wahrnehmen. Darüber haben wir bisher schon des öfteren gesprochen (etwa in Kapitel III B 10 und auch in diesem Kapitel unter dem Stichwort „Begegnung"). Um jetzt mein „Projekt" sozialpädagogischer Kulturarbeit zu präzisieren, möchte ich aber das Gesagte nicht lediglich wiederholen, sondern versuchen, es in wesentliche Punkte zusammenzufassen.

Familiale Kulturkompetenz kann man beim Eintreten in eine Familienwohnung erkennen, ebenso wie man die Kulturkompetenz wirtschaftlichen Handelns beim Eintritt etwa in eine Bank oder in einen Supermarkt erkennen kann, die künstlerischen Wirkens in einer Gemäldegalerie oder im Konzertsaal, usw. Kulturkompetenz ist symbolisch präsent. Sie ist im Familienleben präsent, insofern es *da* ist: Ein Zusammenleben von zwei oder mehreren Menschen mit einem realen oder symbolischen Generationenverhältnis, die in privater Verantwortung dafür sorgen, daß für alle Familienmitglieder im Alltag möglichst dauerhaft und zuverlässig ausreichend Pflege, Erziehung, Versorgung, verknüpft mit persönlicher Zuwendung, möglich ist.

Eine Symbolwelt des privaten Füreinandersorgens tut sich also denen auf, die in den Kulturraum „Familie" eintreten. Und indem ich eintrete, bin ich Teil dieses Kulturraums und – das ist bedeutsam – ich bin ein Symbol dieser Kulturkompetenz, denn ich bin da, weil sich diese Familie entschlossen hat, Hilfe zu beanspruchen, in der Hoffnung, sie könne dadurch ihr Familienleben positiv verändern oder retten. Wenn mein Projekt seinen Fokus darin sieht, Familienleben als Figur des *Lernens* zu begreifen, dann heißt das zunächst einmal nicht, daß die Menschen, die mit mir arbeiten, dies nicht gelernt hätten. Wir haben (fast) alle Lernerfahrungen in familialen Gebilden. Gemeint ist, das Gelernte gleichsam lernend zu überprüfen, da das Familienleben offensichtlich wenig erfreuliches zu bieten hat und auseinanderzubrechen droht. Daß dies in keinerlei asymmetrischen Beziehung, auch nicht wenn sie pädagogisch „funktioniert", geschehen kann, wurde schon oben betont. Aus meiner Erfahrung sind die folgenden Punkte für Ziel und Effizienz dieser Arbeit, nämlich – *daß Familien eine lebbare Kultur erfahren können* – von grundlegender Bedeutung:

1. *Das Richtige tun, damit Familien ihre Kulturkompetenz selbst erkennen.* Erst wenn Familien sehen, was sie diesbezüglich für ein Können bereits praktizieren, werden sie es a) in seiner Bedeutung für das Wohl im Familienleben entdecken und b) kreativ entwickeln können. Diese Kompetenz darf nicht als quasi „Hintergrund" des Familienlebens, etwa als eine Ressource, verstanden werden – sondern als das, was sie ist: als dessen *Bedingung*.

2. *Das Richtige tun, damit Familien die Symbolik der Daseinsfürsorge in ihrer überindividuellen Geltung durchschauen.* Dazu nur einige „Eckdaten":

---

499   Bei „pro juventute"

- Durchschauen, daß familiale Kulturkompetenz – wie alle Kulturkompetenz – eine subjektkonstitutive Funktion besitzt. Wer diese Kompetenz erlernt oder erfolgreich praktiziert, oder sich in ihr weiterbilden will, kann erwarten, daß sich dadurch sein Selbstbewußtsein stärkt; darf erwarten, daß er individuelle Bedürfnisse persönlichen Wohlbefindens, gelegentlich sogar tabuisierte Bedürfnisse, entdeckt und in konstruktiver Weise für ihre Erfüllung Verantwortung übernimmt; kann üben, seine Mündigkeit zu fördern, indem er für familiale Anliegen und Bedürfnisse im Kulturraum einsteht.
- Durchschauen, daß familiale Kulturkompetenz eine bislang unverzichtbare Leistung im menschlichen Kulturraum darstellt. Dazu kann es hilfreich sein, Familienmitglieder zu fragen, was geschähe, wenn die Arbeiten in der Familie nicht mehr erledigt würde – oder was es kosten würde, wenn man sie als Dienstleistung kaufen müßte.
3. *Das Richtige tun, damit Familien die Symbolik der Daseinsfürsorge für das Gelingen des Familienlebens durchschauen.* Da familiale Kulturkompetenz prinzipiell ein Gemeinschaftsphänomen ist, geht es um die Frage: Wie gestaltet sich im Familienleben die *Balance* zwischen dem Sorgen für die anderen und für sich selbst? Wie ist es bestellt um die Balance allen im Familienleben denkbaren Tuns als *Balance zwischen Ich und Wir?* Wer leistet was?, wem kommt es zugute? und geht es gerecht dabei zu? Für sich selbst sorgen kann für jedes Familienmitglied, ob fünf oder fünfzig Jahre alt, bedeuten: Ich brauche Zeiten und einen Ort des Rückzugs. Wie kann ich dafür sorgen? Und was brauche ich dazu von anderen Familienmitgliedern? Oder: Ich brauche Fertigkeiten und Dinge, um selbständig leibliche Bedürfnisse zu erfüllen. Wie kann ich dafür sorgen? Und was brauche ich dazu von anderen Familienmitgliedern?

Familien, mit denen ich arbeite, haben kaum das Bewußtsein ob der Bedeutung ihrer Leistung für sich und den sie umgebenden Kulturraum. In den Leiderfahrungen, die sie präsentieren, zeigt sich aber: Die „banalen" Ereignisse, wie die Verweigerung des Tischabräumens, das Desinteresse an schulischen Erfahrungen, an Vorlieben, Ungeduld beim Gutenachtritual, sind zuallerletzt ein praktisches, gar ein technisches Problem der baren Pragmatik. Vielmehr sind sie symbolisch wirksam als *Mangelerfahrungen* an Zuwendung, Respekt, Anerkennung und Gerechtigkeit. Sozialpädagogische Kulturarbeit bedeutet: Miterleben und Zuhören bei Geschichten solcher im Sinne der Daseinsfürsorge dysfunktionalen Ereignisse. „Sehen", daß und wie Familienmitglieder nicht ausreichend für sich sorgen. Familienmitglieder „sehen", die sich selbst unterversorgen, andere hingegen überversorgen, d.h.: sich selbst auf diese Weise abwerten und die anderen in gewisser Weise entmündigen. Familienmitglieder „sehen", die von anderen fordern, was sie selbst erfolgreich tun könnten. „Sehen" daß Über- und Unterversorgung symbolisch präsent sind als Mangel an Selbstbewußtsein, an Anerkennung, an Selbstwahrnehmung. „Sehen" bedeutet daher häufig auch: Eingebunden sein in die dysfunktionale Atmosphäre des Familienlebens, in Ärger, Frust, ja, Verzweiflung, Ohnmacht und Demütigung.

Der Anspruch an sozialpädagogische Kulturarbeit bezieht sich auf das *Symbolische* im Familienleben: Wie konnte etwa Frau Runte dazu motiviert werden, vor den Weihnachtsfeiertagen ihren Mann und ihre beiden Söhne zu einem Gespräch an den Tisch zu bekommen, in dem die Verteilung der Arbeit über die Feiertage vereinbart wurde und wie gelang es, daß der so gefaßte Plan auch stressfrei umgesetzt und die Feiertage *dadurch* als positive Erfahrung des Familienlebens von allen gewertet werden konnten? Positiv, weil kein Familienmitglied diese Arbeit, die ja eine *Zusammenarbeit* bedeutete, als Stress wahrnahm, die erkämpft werden mußte, wie etwas ganz besonderes, sondern positiv, weil sie sich schlicht als etwas *selbstverständliches* ereignet hat. Frau Runte hat mit mir nicht das Gespräch eingeübt – sie war vielmehr überzeugt davon, etwas selbstverständliches von ihrer Familie zu verlangen, die diese Überzeugung teilte. Die Familie hat weit über ein Jahr an u.a. dieser „Selbst-Verständlichkeit" gearbeitet: Die Weihnachtfeiertage wurden zum *Symbol* für die Kulturkompetenz, Familie leben zu können – und auch als solches erfahren.

Generell versuche ich die „Lebendigkeit" eines Familienlebens für meine Arbeit zu nutzen, indem ich möglichst verschiedene „settings" anstrebe. Also Einzelarbeit, sowie andere mögliche Konstellationen der Zusammen-Arbeit mit den Mitgliedern der Familie. Methodisch unterstütze ich meine Arbeit mit der Beratungsmethode der Transaktionsanalyse, da sie ein begriffliches Instrumentarium und ein Persönlichkeitsmodell anbietet, was es ermöglicht, dem fürsorglichen Handeln besondere Präsenz zu verleihen; daher paßt diese Methode aus meiner Sicht gut zum Kulturmodell Familie[500]. Sie hat – ganz verkürzt dargestellt – folgenden Hintergrund: Als Gesprächsmethode fußt die Transaktionsanalyse auf einer freudianisch inspirierten Phänomenologie der erwachsenen und, unter veränderten Vorzeichen, versteht sich, auch der kindlichen Persönlichkeit. Diese Phänomenologie beschreibt drei, man könnte sagen, universell zu beobachtende menschliche „Ich-Zustände": Das a) sogenannte „Eltern-Ich". Es bezeichnet Einstellungen, Verhaltensweisen und Sprachformen, die geeignet sind, sich selbst und anderen schützend und fürsorglich, wie auch kritisch und grenzsetzend zu begegnen, wobei letzteres für die Persönlichkeit durchaus positiv und nicht einschränkend gewertet sein kann. Im b) „Erwachsenen-Ich" aktivieren wir Interesse, Urteilskraft, gegenwartsorientiertes Verstehen und rationales Einschätzen von Situationen. Im c) „Kind-Ich" sind Menschen mit ihrer Gefühlswelt verbunden. Ihren Wünschen, ihrer Phantasie, ihren Ängsten und mythischen Konstrukten, wobei der Verstand keineswegs auf der Strecke bleibt, sondern durchaus zu raffinierten Schlußfolgerungen in der Lage ist.

Das Kulturmodell Familie kann allerdings keinen therapeutischen Ansatz zufrieden stellen. Denn nach seinen Kriterien ist keine Familie krank, ebensowenig wie ein anderer Kulturbetrieb krank sein kann. Ausgehend davon, daß Familienleben sich durch eine Kulturkompetenz konstituiert, möchte ich statt dessen weiterhin von *Dysfunktionalität* sprechen bei Familien, die die Möglichkeiten dieser Kulturkompetenz für ihr Zusammenleben nicht hinreichend nutzen können.

Ich möchte die Ausführungen zu meinem Projekt „Familienleben lernen" mit einem Perspektivenwechsel abschließen: Im Grunde leitet die Überlegungen dieses letzten Kapitels IV, eine zentrale Perspektive: Cassirers Kulturtheorie in ein sozialpädagogisches Handeln zu integrieren. Wir haben zu diesem Zweck oben u.a. diverse Bezüge über Geschichte und Gegenwart hergestellt. Ich möchte diese Perspektive einmal umkehren mit einer fiktiven Frage an Cassirer: Was bewirkt sozialpädagogische Kulturarbeit in Familien? Mit der Grundlage der PsF – so könnte die Antwort lauten – müßte derartige Praxis eigentlich dafür sorgen, daß sich Menschen *in ihrem Familienleben auskennen*. Und das bedeutet, daß diese Arbeit Familien über ihr Leben *aufklärt*[501]. Im sozusagen „klassischen" Sinne: Selbster-

---

500 Diese Methode ist in der Sozialpädagogik nicht unbekannt. Es handelt sich um eine ursprünglich psychothe-rapeutische Methode, erarbeitet vom amerikanischen Psychiater Eric Berne Mitte der fünfziger Jahre des letzten Jahrhunderts. Zur Einführung in die Transaktionsanalyse empfiehlt sich u.a. Hennig/Pelz 1997 und Schlegel 1995

501 Dieser Anspruch ist im Verlauf der Untersuchung verschiedentlich in den Blick gekommen (u.a. Kapitel III B 5) und, wie erwähnt, von Cassirer selbst vor allem in seinem Aufsatz über „Naturalistische und humanisti-

kenntnis durch Kulturerkenntnis. Selbst-Erfahrung durch Erfahrung kulturellen Tuns. Denn die Einsichten, die diese Arbeit in einem kulturellen Symbolfeld hervorbringen soll, sind ja nicht auf die Optimierung einer Fertigkeit, die ja letztlich auch in Spitälern und Klöstern praktiziert wird, gerichtet, sondern auf die Stärkung eines Welt- und Ichverständnisses, das sich über diese Kulturkompetenz gleichsam wie über ein Medium zu etablieren weiß. So könnte eine Einschätzung Cassirers aussehen. Weitergedacht: *Aufklärung* im Rahmen sozialpädagogischer Kulturarbeit behauptet:

- *Sich im Familienleben auskennen* ist eine Voraussetzung, um Selbstbewußtsein, Selbstwert und insofern die Mündigkeit des Subjekts und dessen Selbst-Verwirklichung auf den Weg zu bringen.
- *Sich im Familienleben auskennen* ist eine Voraussetzung, um es, wo nötig, *selbsttätig* sinnvoll verändern zu können.
- *Sich im Familienleben auskennen* ist – um es mit einem Schlagwort zu benennen – eine „Schlüsselqualifikation" für die Voraussetzungen der sozialen Kompetenz: für Empathie, Respekt, Toleranz und die Übernahme von Verantwortung.
- *Sich im Familienleben auskennen* bedeutet: Die in ihm wirksame Erfahrungsqualität des mythischen Denkens in seiner Eingeschränktheit, in seiner Kurzsichtigkeit zu durchschauen *und* es in seinen Stärken zu bewahren und zu pflegen: In seiner empathischen, emotionalen, pragmatischen, umstandslosen Lebendigkeit, in seiner Nischenqualität – der Sprache, in seiner kreativen Ordnungskraft der im Familienleben erfahrenen Zeit und Räumlichkeit.
- *Sich im Familienleben auskennen* bedeutet: Wissen, daß die Kulturkompetenz der familialen Daseinsvorsorge einerseits, und jede Form von Gewalt anderseits, ihrem *Sinn* nach einander konträr entgegengesetzt wirksam sind.

---

sche Begründung der Kulturphilosophie" (EBK S. 231) dargestellt. Die Absicht, die seine PsF verfolgt, ist daher nicht, „eine bestimmte dogmatische Theorie vom Wesen der Objekte und ihren Grundeigenschaften aufstellen, sondern statt dessen, in geduldiger kritischer Arbeit, die Arten der Objektivierung erfassen und beschreiben, wie sie der Kunst, der Religion, der Wissenschaft eigen und für diese charakteristisch sind." (WWS S. 209)

4 Formen Sozialpädagogischer Kulturarbeit: Von Mythen und symbolischer Dekonstruktion

Nun geht es um konkrete sozialpädagogische Kulturarbeit. Sie hat es mit *Dysfunktionalität* in familialen Gebilden zu tun. Wir müssen noch einmal diesen Begriff hervorholen, wenn wir über Formen des professionellen Handelns befinden, die dysfunktionales Familienleben positiv beeinflussen sollen, bzw. die Dysfunktionalität auflösen wollen. Was begegnet uns in dysfunktionalen Familienleben?[502]

Dysfunktionalität bedeutet zuerst einmal, daß sich die Personenwelt einer Familie über längere Zeit hin unwohl fühlt, d.h., daß ihre Alltagswelt erheblich mehr Stress als gelingende Routinen zeigt, daß ihre Erfahrungswelt mehr Konfliktbewältigung als gedeihliches Miteinander beherrscht. Die Handlungswelt der Daseinsvorsorge kann in dysfunktionalen Familien erstaunlich lange Zeit „funktionieren", der Hauptgrund, warum sie überhaupt noch besteht[503]. Erwachsene und Kinder zeigen sich in dysfunktionalen Familienverhältnissen in ihrer Würde, ihrer Integrität und in den Möglichkeiten der persönlichen Entwicklung und Entfaltung u.U. massiv behindert und beeinträchtigt. Ihr Wohl ist also nicht mehr gegeben. Es ist für manche Familienmitglieder vielleicht sogar potentiell oder akut gefährdet. Familien können in die Dysfunktionalität ihrer Symbolwelt hineinschlittern: gewisse Zyklen, z.B. Schulwechsel, Berufswechsel, Rollentausch der Eltern, lösen vielleicht Veränderungen aus, die nicht erfolgreich in den Familienalltag integriert werden konnten. Familien können natürlich auch durch krisenhafte Ereignisse oder durch Schicksalsschläge in ihrer integrierenden Kraft überfordert werden. Durch den Tod eines Familienmitgliedes oder eines anderen, der Familie nahe stehenden Menschen, durch schwere Erkrankungen, durch plötzlichen Verlust des Erwerbsarbeitsplatzes, durch Partnerkrisen, durch Trennungen oder Scheidungen, ja sogar durch böswillige Nachbarn oder Verwandte.

Dysfunktionalität kann sich aber auch so darstellen, daß deren Wirkungen vermeintlich nicht die ganze Familie, sondern ein einzelnes Mitglieder betreffen, das durch auffälliges Verhalten zeigt, daß es keinen angemessenen Zugang zur familialen Daseinsvorsorge findet[504], bzw. deren Möglichkeiten überschreitet. Womöglich, wenn es ein Kind ist, gibt es weder eine verständnisvolle Großmutter, Nachbarn, Lehrer o.ä.[505]. Dysfunktionalität kann aber auch bedeuten, daß bei einem Familienmitglied eine psychische Erkrankung, bzw. eine schwere Persönlichkeitsstörung diagnostiziert wurde, was als ursächlich für die Belastung der Familienlebens betrachtet wird. Eine Familie kann *in den Möglichkeiten* ihrer Handlungswelt besondere Fürsorglichkeiten für derart belastete Mitglieder bereit stellen. Und um diese besondere Fürsorglichkeit in der Familie zu konkretisieren, bedarf es professio-

---

502 Diese Skizze versucht einige grundsätzliche Problemkonstellationen belasteter Familien zusammenzufassen. Sie berücksichtigt dabei auch Darstellungen aufsuchender Familienarbeit u.a. von Helmig et al. 1998, Woog 1997, und meine eigenen praktischen Erfahrungen.
503 Es sei nochmals auf die Untersuchung von Wiegand-Grefe 2001 verwiesen.
504 Dazu im nächsten Abschnitt die Geschichte vom „bunten Haus".
505 Was die Resilienzforschung für unabdingbar hält.

neller beratender Hilfe. Vielleicht durch ein sozialpädagogisches Angebot. Aber die individuelle psychische Konstellation, das „Konstrukt" sozusagen, solcher letztgenannten Störungen gehört in die psychotherapeutische Praxis jenseits des Familienlebens.

Dysfunktionalität kann aber in Familien auch zustande kommen, weil die Erwachsenen schlicht nicht das Nötige gelernt haben, um ein Familienleben funktional zu gestalten. So z.B. Frau Bode. Eine alleinerziehenden Mutter von zwei vier und fünfjährigen Buben. Sie war bis zu ihrem dreizehnten Lebensjahr in desolaten Familienverhältnissen und anschließend im Heim aufgewachsen. Eine annähernd „passende Lebenseinstellung" zur Führung eines Familienhaushalts, geschweige denn zur Fürsorge überhaupt, hatte diese Mutter nicht verinnerlicht; entsprechend verstellt waren auch die Wahrnehmungs- und Entscheidungsfähigkeiten für angemessenes Handeln. Daher schaffte sie es als erwachsene Frau trotz vieler Mühe, viel gutem Willen – und trotz großer Zuneigung zu ihren Kindern, – trotz Anleitung, diversen Plänen und Unterstützung einfach nicht, die für sie und die Kinder notwendige Arbeit und Fürsorgeleistungen im Haushalt auch tatsächlich durchzuführen. Es gelang ihr zwar für Essen zu sorgen, auch ließ sie ihre Kinder nicht allein, vernachlässigte sie also nicht in grober Weise. Aber das Essen, die Ruhezeiten, die Rituale, die Ordnungen überhaupt in den Räumen des Familienhaushalts, waren für die Kinder wie auch für sie selbst, geprägt durch Spontaneität und nicht durch Kontinuität. Es gab Pommes mit Früchtejoghurt, gebadet oder zu Bett gebracht wurden die Buben mal um fünf Uhr, mal um einundzwanzig Uhr. Die Müllsäcke wurden wohl gepackt, aber nicht regelmäßig entsorgt, so daß mitunter Fliegenmyriaden zugegen waren. Den Gästen der Familie wurde meist umstandslos Erziehungsbefugnis eingeräumt. Die Kinder zeigten ernste Streßsymptome. Frau Bode gelang eine bemerkenswerte Leistung: sie erkannte, daß sie Handlungsalternativen für ihr haushälterisches Handeln brauchte. Die Kinder kamen in eine Pflegefamilie, die einen nahezu optimalen Kontakt mit der Mutter hielt. Sie lernte, ihre Kinder in überschaubaren Zeiträumen an Wochenenden erfolgreich zu versorgen. Ihr „Neustart" in eine weitere Ehe und ein weiteres Kind wurde ein Erfolg.

Und nun zum Thema: *Formen sozialpädagogischer Kulturarbeit.* Sie vollziehen sich ganz überwiegend über Sprache und, da im Familienraum situiert, zu geringen Teilen auch als Handlung (s. Kapitel IV, 3, B). Ihr Focus ist jedoch immer: Jede Möglichkeit zu sehen und zu nutzen, um dysfunktionale Elemente in der Handlungs- und Erfahrungswelt auf die Effizenz des familialen Füreinandersorgens hin auszurichten. Vielleicht müßte man deswegen auch sagen: Formen sozialpädagogischer Kulturarbeit wollen Familien in ihrer *Identität* stärken. Man könnte auch sagen: Sie wollen möglichst die dieser Symbolwelt *angemessenen* Anstöße geben, so daß Erfahrungswelt und Handlungswelt hinsichtlich ihres *Sinnes*, nämlich dem *leib-seelischen Wohlbefinden* der Familie, *gestärkt* und dann hoffentlich in erfüllterer Weise gelebt werden kann. Die im folgenden dargestellten Formen der Kulturarbeit verstehen sich lösungsorientiert, d.h. ausgehend von den Erscheinungen der Dysfunktionalität ist es das Ziel[506], die *familiale Daseinsvorsorge* in ihren *Möglichkeiten* zu stärken.

---

506 Entsprechend der im vorigen Abschnitt genannte Zielformulierung.

4.1 Familien in ihren Geschichten abholen

Alle Familien besitzen Geschichten. Geschichten – oder sagen wir doch terminologisch passend – sie besitzen Mythen über die Vorgänge im Familienleben. Und da interessieren, bzw. da werden zuerst einmal die Mythen von Bedeutung sein, die vom *Leid* erzählen. Vom subjektiven Leid einer Mutter, eines Vaters, eines Kindes. Mythen als Geschichten *subjektiver Erfahrung*. Und das heißt: Nicht nur *erzählen* wird eine Geschichte, von den persönlichen Erlebnissen und Empfindungen, – sie ist viel öfter und viel mehr eine *Erklärung*. Die Geschichte hat nämlich ein geordnetes Bild geschaffen von Schuld, von Vergehen, von bösem Willen, sie liefert eine „mythische Kausalität" der Ereignisse. Geschichten zeigen also nicht unbedingt den „Auftrag", den mir eine Familie gibt, der oft lautet: „Machen sie, daß meine Kinder folgen..." Sie zeigen mir nur, was mich gerufen hat. Diese Geschichten sind wichtig:

a) Geschichten zeigen Art und Ausmaß des Leides, das jemand mit sich trägt. Oder aushält. Oder erwartet. Auch wenn ich meine Arbeit als „lösungsorientiert" bezeichne, d.h., nicht am Problem festhaltend, so gebe ich doch Leiderfahrungen viel Raum. Die Erfahrung zeigt, daß die Anerkennung des Leides – indem ich nicht vorschnell tröste, nicht vorschnell relativiere, Lösungen verspreche u.ä. – die *Anerkennung und Entdeckung von Bedürfnissen* durch die leidende Person selbst freilegt. Wenn man so will betrachte ich die Arbeit mit den individuellen *Geschichten als eine Art mäeutische Arbeit*. Sie sind die „Brücke" zwischen Erfahrungs- und Handlungswelt und sie geben KulturhermeneutInnen die Gelegenheit, je nach dem was sich anempfiehlt – mehr nach der Handlungs- oder mehr nach der Erfahrungswelt zu fragen. Frau Gehrke z.B., hatte das Gefühl, der Haushalt sei eine gewaltige Woge, auf der sie sich entweder halten, oder von der sie untergespült wurde. Sie litt unter Erschöpfungszuständen, durchaus mit depressiver Symptomatik. Sie blieb immer ruhig. Jederzeit konnte eines der drei Kinder kommen und etwas von ihr verlangen, spielen, etwas suchen – Verben abfragen. Egal. Hausarbeit war nicht Sache der Kinder. Herr Gehrke war nicht weniger liebevoll. Er kam allerdings erst spät am Abend heim. Gespräche mit Frau Gehrke verband ich, wann immer es ging, mit Wäsche zusammenlegen, aufräumen, mit Hausarbeit eben. Aber Hausarbeit war dann auch Gegenstand des Gesprächs, so hatten wir es vereinbart. Ich staunte, wie liebevoll sie auch mit den unscheinbarsten Dingen des Haushalts umging, was sie für Geschichten dazu wußte, und mit welcher geradezu traumwandlerischen Sicherheit sie im bunten Durcheinander ohne Mühe auch kleine Dinge zu finden imstande war. U.a. fand Frau Gehrke dadurch zu Stabilität, daß sie ihre persönliche Form von Ordnung, die ihr nötig schien, beschreiben lernte und gleichzeitig akzeptierte, daß die Kommunikation mit einem Familienmitglied für sie einfach vor dem Aufräumen kam.

b) Es braucht auch *Erfolgsgeschichten*. Erfolgsgeschichten aus dem Leben jenseits des Familienlebens – Erfolgsgeschichten „vor meiner Zeit" – Erfolgsgeschichten „während meiner Zeit", die hoffentlich Erfolgsgeschichten der Kulturarbeit sind. Wir brauchen auch sie, denn sie liefern eine *stärkende Dynamik*, sozusagen die „empirische" Bestätigung: ich schaffe es (was immer es sein mag)! Ich bestehe nicht nur aus der jetzigen schwierigen Situation! Ich schaffe es, obwohl ich erst ein elfjähriges kleines Mädchen bin und meine Schwester kürzlich ins Heim gekommen ist, in der Schule tolle Noten zu bekommen, gute Freundschaften zu haben und ich kann meiner Mutter, wenn sie wieder einmal überhaupt nichts checkt und mich nervt, ausweichen und mich in mein Zimmer zurückziehen, dort lesen und es mir gut gehen lassen. Diese stärkende Dynamik im Erzählen derartiger Geschichten, wie der obigen von Lara, kann *wirkungsvoll* genutzt werden. Wirkungsvoll heißt, an der „richtigen" Stelle. Welche das ist? Wenn Familienmitglieder *gestimmt* sind, diese stärkende Botschaft auch anzunehmen. Wann das ist? Für mich eine intuitive Entscheidung.

c) Es braucht auch *Geschichten über die Zusammenarbeit.* Da gibt es alarmierende Geschichten – wenn nämlich dieselbe Geschichte beharrlich wieder und wieder erzählt wird. Was haben wir übersehen? Nun, daß z.B. Frau Runte einfach mit Geschichten über die nunmehr elf Jahre voll schmerzhafter Zurückweisungen von Axel – seit seinem zweiten Lebensjahr! – noch nicht zu Ende war. Jede Erfolgsgeschichte der Gegenwart wurde mit einer alten Leidensgeschichte entkräftet. Sie waren der „Beweis", daß Axel sie zurückwies. Irgendwann waren sie abgearbeitet. Anders als bei der Familie, die „das sprechende Haus" bewohnt hat. Aber davon später. Und es gibt „schöne" Geschichten. Sie fangen meistens so an: „Noch vor einem halben Jahr wäre ich wieder ..., aber jetzt kann ich das so... oder so.... machen..." Geschichten sind, um es in den Wissenschaftsjargon zu übersetzen, sie sind Möglichkeiten zur Evaluation der Kulturarbeit.

4.2 Formen der Stärkung des Familienlebens

Die Stärkung des Familienlebens ist aus der Perspektive des Kulturmodells wohl die wichtigste Position in der sozialpädagogischen Kulturarbeit. Stärkung heißt: Wir gehen von der Autonomie einer eigenständigen kulturellen Kompetenz aus. Sie braucht man nicht aus „Ressourcen" zu schöpfen. Sie ist da, steht vor uns, ist sichtbar, sie ist einfach nicht hinreichend. Stärkung heißt: Stärkung der Kulturkompetenz und damit die *Entdeckung ihrer Möglichkeiten und Grenzen* familiärer Handlungs- und Erfahrungswelt. Ich würde sagen: Es ist die eigentliche Arbeit *im Symbolischen.* Die Arbeit des Entschlüsselns. Die Arbeit des Aufdeckens. Der Dekonstruktion – wie der Titel des Abschnitts es ja ankündigt. Diese Arbeit orientiert sich, so kann man auch sagen, an der *Handlungsmaxime* des Füreinander Sorgens. Sie sucht Mittel und Wege, um das Familienleben als Ort der Mühe, des Kämpfens, der Unordnungen und der Ohnmacht als einen Ort erfahrbar zu machen, der *verfügbar* ist für ein spezifisches Handeln: Das Sorgen um individuelle und kollektive Bedürfnisse des Leibes und der Seele, Bereitstellung von Erziehung, Möglichkeiten der Entfaltung von Grunderfahrungen des Ich und des Wir, wie oben dargestellt.

Stärkung des Familienlebens durch Dekonstruktion des Symbolischen meint: Für *Transparenz* zwischen Handlung und Erfahrung sorgen. Deren Identifizierung auflösen[507] und als selbst zu bestimmenden Erfahrungsraum durchsichtig machen. Stärkung meint, wenn man so will: Dafür sorgen, daß Familien *selbst* das Symbolische in ihrem Leben erkennen – so daß die *Veränderbarkeit* von Handlung und Erfahrung deutlich werden kann. Ein Zimmer aufräumen, eine Steuererklärung machen, eine Glühlampe auswechseln, die

---

507 Zur Erinnerung: Cassirers Kulturmodell lehrt (Kapitel III B), daß in jeder Handlung im Familienhaushalt eine symbolische Form der Daseinsvorsorge zum Ausdruck kommt und (Kapitel III, C), daß Handlung und Erfahrung im Familienleben – anders, als im Berufsleben – in hohem Maße miteinander identifiziert werden.

Katzenkiste reinigen, Konzertkarten besorgen. Alle derartigen Handlungen erlauben ja einerseits gewisse „objektive" Feststellungen und anderseits eine fast unendliche Anzahl subjektiver Deutungen über die Möglichkeiten der *Lebenshaltung, der Integrität und Entfaltungsmöglichkeit einzelner Familienmitglieder und der Kultur des Zusammenlebens*: So begegnen wir Familien, die sich einfach keine Konzertkarten leisten können, in denen Mütter auch die Katzenkiste reinigen, obwohl es anders vereinbart war, weil die Tiere den Kindern gehören, in denen Männer für Steuererklärungen zuständig sind und Zimmer aufräumen eine Frage von Machtverhältnissen ist... Was bedeutet es, sich keine Konzertkarten leisten zu können? Oder immer die Katzenkiste zu reinigen? Oder immer die Steuererklärung zu machen? Zimmer aufzuräumen? Alle Familienmitglieder werden eigene Deutungen zu diesen Handlungen haben und vielleicht sogar werden sie diese Deutungen als die einzig „wahre" behaupten. *Positive* Deutungen der angeführten Handlungen wären zum Beispiel:

1. Für den *Akteur selbst*, a) ich tue etwas für mein Wohlbefinden, respektive, ich *erlaube mir*, etwas für mein Wohlbefinden zu tun; b) ich verfüge über wichtige Kompetenzen, die mir und anderen zugute kommen, respektive, *ich bin wichtig*, weil ich etwas wichtiges kann; c) ich tue etwas für das Wohlbefinden meiner Nächsten, d) ich freue mich, anderen eine Freude zu machen.
2. Den *Familienmitgliedern* geben die o.g. Handlungen, je nachdem was sie „sehen" – beispielsweise – weitere Deutungen und Botschaften wie etwa: a) *Ich sehe*, es ist erlaubt, für das eigene Wohlbefinden zu sorgen; b) *ich fühle*, ich bin willkommen hier, denn jemand erkennt meine Bedürfnisse und sorgt für deren Erfüllung; c) es ist gut, etwas wichtiges zu können.

Daß diese und ähnliche symbolische Formen der Anerkennung, der Verantwortung, der Zuneigung, konstitutiv wirksam sind für ein Familienmitglied, wie für die ganze Familie, das liegt auf der Hand – sie gilt es also zu bestätigen. Wahrscheinlich ist aber, daß die Symbolik dieses Handelns auch *problematische Botschaften* zum Ausdruck bringen kann. Solche, die abwerten, demütigen, die ungerecht sind und Mißbrauch fühlen lassen. Oder Überforderung – auch unangemessene Forderungen – repräsentieren. Am prägnantesten machen sich derartige Deutungen am Phänomen der „Unordnung" fest.

1. Für den *Akteur selbst*: Ich muß ja sowieso alles alleine tun d.h. a) Hausarbeit macht traurig und wütend; b) wenn „es" nicht getan wird, bin ich schuld am Unfrieden; c) ich muß für die Bedürfnisse der Familie sorgen, sonst bin ich ein Versager, eine Versagerin.
2. Für *Familienmitglieder* kann das – beispielsweise – Botschaften bedeuten wie: a) wer Zimmer aufräumt oder ähnliches im Haushalt tut, ist schwach; b) Hausarbeit leisten heißt sich ausliefern; c) nur Männer verstehen etwas von Steuern; d) Vereinbarungen braucht man nicht einhalten; e) andere tun vielleicht etwas für dich, aber nur, wenn du verzweifelt bist.

Die Handlungen selbst werden sich nur verändern, wenn die Familienmitglieder es wollen. Und sie wollen es dann, wenn sie schmerzhafte Erfahrungen hinter sich lassen wollen *und* wenn sie eine Möglichkeit der Veränderung sehen, die *sie selbst für machbar* halten. Wie es Familienmitgliedern geht, und wie sie freudlose Zustände ändern und wir sie dabei stärken können, das herauszufinden ist Inhalt der Kulturarbeit. Formen der Stärkung wären:

a) *Stärkung durch Anerkennung.* Das wichtigste dabei ist – nicht nur zu Beginn der Arbeit – *das Fragen.* Wer hat diese Wäsche gewaschen, die hier zu Trocknen hängt? Wer hat das letzte Mal eingekauft? Die Antworten darauf erfolgen i.d.Regel zunächst einsilbig, mißtrauisch. Als ob ich kontrollieren wolle, ob die Hausarbeit auch ihre Ordnung hat, als ob ich schales Lob verteilen wollte. Genau das will ich nicht. Ich bin daher nicht zufrieden mit einsilbigen Antworten. Ich will vielmehr wissen, was es für die Familienmitglieder *bedeutet*, wenn sie die gewaschene Wäsche hier sehen, wenn Axel seiner Mutter hilft, das Zimmer des kleinen Bruders aufzuräumen. Ich weigere mich sozusagen, Leistungen familialer Daseinsfürsorge als „selbstverständlich" hinzunehmen. Dann (es handelt sich natürlich meist um die Arbeit der Mütter) kommen oft Regungen von Trauer und Wut. Das sei nichts, niemand beachte das. Ich bestehe auf *Deutung*. Und – für mich überraschend – kommen sehr schnell die Botschaften, die der Wäscheständer symbolisiert: Ich sorge für euch... Ich mag euch... Es ist mühevoll... So geht man mit Wäsche um... Das ist es, was man als FamilienarbeiterIn tun muß... Wenn ich aufhöre, mich um die Wäsche zu kümmern, wird es chaotisch zugehen in unserem Alltag... Diese Dekonstruktion fördert z.B. an den Tag, wieviel Erziehung Kindern zukommt, ohne „erzieherische Ereignisse" zu inszenieren. Wieviel Fürsorge ohne Anerkennung ist. Und daß man es ruhig einmal riskieren kann, einer Mutter, die erzieherischen Dauerstreß produziert, zu sagen: „Gönnen Sie sich eine Auszeit. Erziehen Sie ihre Kinder nächste Woche nicht. Gehen Sie einfach Ihrer Hausarbeit nach – Ihre Kinder sind damit, jedenfalls für eine Woche, ganz sicher gut versorgt." Frau Runte ließ sich darauf ein. Sie war eine Woche nicht für Hausaufgaben zuständig, beantwortete lediglich Fragen. Sie erledigte keine liegengelassenen Arbeiten der Kinder und verzichtete vor allem darauf, Anleitungen und Anweisungen zu geben, die ohnehin in Rituale übergegangen waren. Die „Befreiung" vom Erziehen wollte sie nutzen, um Dinge zu tun, die ihr angenehm waren. Der „Erziehungsurlaub" brachte ihr erste und eindrückliche Erfahrungen von Sicherheit. Denn ihre Kinder, zwei Buben, sechs und zwölf Jahre alt, gerieten nicht, wie befürchtet, außer Kontrolle, sondern zeigten sich im Gegenteil recht umgänglich. Umgänglicher als sonst.

b) *Stärkung der erwachsenen Familienmitglieder.* Sie steht im Vordergrund, da Kinder in Abhängigkeit von deren Empfinden, Verhalten, von deren Selbst-Erfahrung stehen. Aber das Kulturmodell sieht es nicht vor, daß erwachsene Familienmitglieder nur Stärkung erfahren sollen, um ihre erzieherischen Verantwortung zu optimieren[508]. Das Kulturmodell legt es vielmehr nahe, daß familiale Kulturerfahrung *allen* Beteiligten Formen persönlichen Wohlergehens eröffnen will. Gemäß diesem Modell geht es mir daher einerseits um das „Wohl" der Eltern als Eltern. Klar: Eltern, die sich wohl fühlen, sind sozusagen „bessere" Eltern, als solche, die sich nicht wohl oder gar sehr elend fühlen. Es geht mir aber anderseits auch darum, daß sich *Eltern im Familienleben nicht nur durch die Elternrolle definieren.* Das ist nämlich auf Dauer ermüdend, einseitig und frustrierend. Selbst wenn Erziehung „gelingt". Stärken heißt also, Erwachsene zu „Erlaubnissen" verhelfen, ihre Neigungen und Interessen wahrzunehmen. Frau Pauli, Oberhaupt einer vierköpfigen Ein-Elternfamilie, hat sich entschlossen, ihre Musikprobe und den anschließenden Kneipenbesuch nicht durch den Status des Ein-Elterndaseins aufzugeben. Zweifellos kann diese „Tat", symbolisch betrachtet, bei Kindern

---

508 Diese ausschließliche Sicht auf die Funktionalität der Elternrolle ist bei der sozialpädagogischen Arbeit generell zu beobachten. Sie steht aber auch z.B. bei Kron-Klees klar im Vordergrund. Kron-Klees 2001, S. 26 u.a.

trotz bester Vorsorge Verlassenheitsgefühle erzeugen. Sie kann aber Kindern auch symbolisch „erlauben": Es ist ok, sich selbst Freude zu gönnen. Das mythische Denken, so jedenfalls Cassirer, ist dafür verantwortlich, daß wir das Symbolische im Verhalten unserer nächsten Mitmenschen genau wahrnehmen. Und wir neigen dazu, ihm einen größeren Wahrheitsgehalt beizumessen als der Sprache. So erklärt es sich zumindest, daß Frau Pauli, nachdem sie sich selbst eingehend über die Legitimität ihres Wunsches, zur Musikprobe zu gehen, klar geworden war, keine aufmüpfigen und „leidenden", sondern lesende und schlafende Kinder bei ihrer Rückkehr vorfand.

c) *Stärkung der Kinder und Jugendlichen im familialen Kulturraum.* Die kindliche Welt der Daseinsvorsorge besteht, je nach Alter, aus einem selbstbestimmten Teil – wie sorgen, bzw. wie können Kinder für ihr Wohlbefinden selbst sorgen, was steht ihnen zur Verfügung und wie nutzen sie es – und aus einem abhängigen Teil. Stärken heißt also einerseits: Kinder und Jugendliche in ihrer *selbstbestimmten* Daseinsfürsorge stärken. Das kann indirekt – durch Stärkung elterlicher Haltungen – gelingen, oder wenn sie uns den Einblick in ihre Symbolwelt gestatten. In ihr Zimmer, in ihre Spiele, in ihre Neigungen und Abneigungen, ihre Interessen. Axel, der eigentlich nicht mit mir sprechen wollte und nur lachte, und so sehr auf seinem Stuhl wippte, bis ich mit ihm gespannt auf den Sturz wartete, was höchstens zehn Minuten dauerte. Er duldete mich, als wir begannen „ich sehe was, was du nicht siehst" zu spielen. Erzählen, bemerken, fragen – nebenbei, versteht sich – wurde für mich erst dann möglich, als er sich aufs Schachspielen einließ. Der Stuhl fiel nie mehr um. Stärken heißt aber anderseits, und das ist m.E. ein sehr zentraler Aspekt: *Entlastung* von der *Abhängigkeit* kindlichen, bzw. jugendlichen Denkens und Fühlens von dem der Erwachsenen, bzw. der elterlichen Bezugspersonen. Auch wenn sie Wut und Haß vielleicht sogar äußern – Kinder sind bekanntlich ihren elterlichen Bezugspersonen tief verbunden, würden eigentlich alles tun, um ihnen zu gefallen, sie sind von geradezu ungeheurer Loyalität, so daß es – egal, was Eltern Ungutes anstellen – Außenstehenden (mir z.B.) nicht oder kaum gestattet ist, ein Elternteil zu verurteilen. Stärken von Kindern trotz der Abhängigkeit meint: Ihnen Gespräche – besser aber: Bemerkungen zuteil werden lassen, die sie von *Verantwortung* für Gefühle und Handeln von Elternpersonen entlasten, aber die ihnen (zumindest nicht gleich) kein spezielles Verhalten abverlangen. Es sollten in der Bemerkung Botschaften zu deuten sein, die Kinder „glauben" können, die ihnen einleuchten. Z.B.: Das entscheidet deine Mutter selbst – sie könnte das ja auch anders tun und du könntest es nicht verhindern.... Oder: Es ist nicht in Ordnung, wenn Kinder vor Eltern Angst haben... Oder: Ich sehe, daß du dich sehr anstrengst... Will man Kinder in dieser Weise stärken, dann erlebe ich oftmals auch heikle Situationen, nämlich dann, wenn sie, entgegen meiner Absicht, Kinder gleichwohl in einen Loyalitätskonflikt bringen. Das abzuschätzen ist nicht einfach. Lara hat beispielsweise einige liebevolle Kärtchen an ihre Mutter geschrieben, die sie mir präsentierte, oder sie, mit Blick zu mir, umarmt, denn ihre Mutter, so stellte sich unschwer heraus, hatte ihr den „Auftrag" gegeben, mir klar zu machen, daß sie eine gute Mutter sei.

d) *Stärkung der Symbolwelt.* Was heißt denn das? Wir sprachen des öfteren davon, daß die Dingwelt im Familienleben sozusagen ein Eigenleben führt. Die Dinge sind nicht nur da, weil sie einen Zweck haben, sondern vor allem liefern sie eine *physiognomische Umwelt.* Sie sind symbolisch für alles mögliche, das nur den Familienmitgliedern selbst bekannt ist. Sie können, m.a. Worten symbolisch sein für den lästigen kleinen

Bruder oder für den Vater, der nie da ist. Einer familialen Symbolwelt begegnen bedeutet: In einen fremden Kulturraum eintreten, ganz so, als handle es sich um eine Familie im Hindukusch oder in der Arktis. Sie stärken meint: Kein „Ding" im Kulturraum Familie kann ich aus meiner Sicht deuten – keines also als unnötig, als nebensächlich, als kitschig betrachten. Aber ich brauche, nein, ich soll „Dinge" nicht ignorieren. Nach meiner Erfahrung ist es so, daß Familien es schätzen, wenn ich nach den Dingen frage. Die „Dinge" wissen vieles. Daß es „heilige Ecken" gibt beispielsweise. Daß bestimmte Lampen anzeigen: Es ist gar nicht gut heim zu kommen. Jedes Familienmitglied hat Möglichkeiten und Grenzen, in deren symbolischer Präsenz für Wohligkeit sorgen, hat z.B. (hoffentlich) einen individuellen Raum zur Verfügung, Gegenstände, die ihm gefallen, usw. Alle Familienmitglieder können etwas dazu tun, daß sich ihre gemeinschaftlichen und individuellen Räumlichkeiten für sie gut anfühlen, daß sie Rückzug ermöglichen, daß „da" ist, was vertraut erscheint, was bedeutsam ist. Als ich das erste Mal das Poster über Tobis Bett sah – einen martialischen Rambo, bis an die Zähne bewaffnet – war er erst neun Jahre alt und litt an Bettnässen; er beobachtete mich genau. Ich schluckte meine Abwehr gegen dieses „nicht kindgerechte" Bild hinunter und bemerkte statt dessen, daß ihn dieser Krieger gewiß gut behüten werde. Schade, daß sein Vater das Poster eines Tages in der Wut zerriß. Daß Frau Runte Seehunde besonders liebte wurde mir erst klar, als ich einmal nach der Bedeutung einiger Seehunde aus verschiedenen Materialien und Seehundbildern fragte. Warum Seehunde? Sie konnte es nach einigem Nachdenken sagen. Das war sehr hilfreich für ihr Selbst-Verständnis. Und mir war klar, warum diese Seehunde in der Wohnung Platz haben mußten.

e) *Stärkung der Intuition des Fürsorgens.* Die Fürsorge ist wahrscheinlich die früheste symbolische Erfahrungsform, die Menschen in ihrer Biographie machen. Worum es dabei geht, haben wir deswegen verinnerlicht in körperlichen, in emotionalen, in seelischen „Daten", in Sprachformen, in Geschicklichkeiten, wir empfinden sie als Atmosphäre in Räumen, als Atmosphäre zwischenmenschlicher Beziehung. In jeder Biographie finden sich brauchbare und ineffiziente Modelle des Fürsorgens, brauchbare und ineffiziente Botschaften sich selbst und/oder anderen Menschen gegenüber fürsorglich sein zu können. Eltern zeichnet es als solche aus, fürsorglich sein zu können gegenüber ihren Kindern. Fürsorglich sein können Menschen daher *intuitiv* aus ihrem Erfahrungshintergrund, sie werden ihn erweitern, optimieren, doch manchmal leidet genau darunter dann auch die Intuition. Wieviel Intuition bei vermeintlich hilflosen Eltern sozusagen verschüttet ist, wurde mir deutlich bewußt, als einige der Experimente, die ich mit Müttern zusammen für eventuelle schwierige Situationen ausgedacht hatte, nie zum „Einsatz" kamen. Es stellte sich heraus, daß die gefürchteten Situationen anders – und viel eleganter – gelöst worden waren. Fazit: Stress, Angst, Wut, Verzweiflung, ja Zwang zum „beeltern" hemmen den Zugang zu brauchbaren Modellen des Fürsorgens für sich selbst und für andere. Diese Zugänge zu ermöglichen meint: Die Intuition des Fürsorgens *im Sorgen für sich selbst* stärken. Herr Tauber z.B., der schnell in Verzweiflung und Ohnmacht gerät, fühlt sich wohl und sicher, wenn er humorvoll sein kann. Er übte mit einigem Erfolg, schwierigen Situationen mit seinen beiden Buben humorvoll zu begegnen. Frau Runte, die dazu neigte, buchstäblich alles „im Griff" haben und regeln zu müssen, sagte sich, wenn dramatische Gefühle in ihr aufsteigen wollten: „Jetzt tue ich etwas, das ich noch nie getan habe, und wenn mir nichts einfällt, dann sage ich genau das und verlasse die Situation." Ihre Söhne waren zum Teil beeindruckt, von dem was ihre Mutter statt des üblichen „Dramas" inszenierte. Frau Gehrke, die sich sehr erschöpft hatte im Familienleben, wollte zuerst wieder lernen, ihre Empfindungen überhaupt wahrzunehmen indem sie sich fragte: Tut mir (dieses Geschrei, die grobe Liebkosung von Samuel...) das gut? Samuel bekam Erklärungen zum Empfinden und zu Reaktionen seiner Mutter. Das war er nicht gewohnt, aber er begriff, was er bis anhin höchstens gefühlt, was ihn daher womöglich auch irritiert hat: daß seine Mutter Schmerz und Unlustgefühle, daß sie Bedürfnisse und Vorlieben hatte.

4.3 Die Sprache stärken

Die Sprache kann auch im Familienleben viel Verwirrung stiften. Sie ist ja in diesem Kulturraum (Kapitel III, 11c) durchaus gehaltvoll, da sie im Medium der familialen Erfahrungswelt agiert. Das wird auch in den Geschichten deutlich, die Familien von ihrer Erfahrungswelt erzählen. Hier finden sich prägnante Weisen positiver Botschaften – oder auch schlimme Demütigungen und Abwertungen. Kraftausdrücke eben. Letztere bei Eltern und Kindern zum Schweigen zu bringen, ist das Anliegen der Familien selbst. Aber die besondere Sprache des Familienlebens kann man in der Kulturarbeit m.E. nicht „umformen". Wie kann man diese Sprachwelt bestätigen, gleichsam ihre Möglichkeiten nutzen?

Das Gespräch. Familien wird häufig anempfohlen, über Schwierigkeiten ein „Gespräch" zu führen. Nur, im Kulturmodell ist das Gespräch eigentlich eine besondere Sprachform im Familienleben. Deswegen sollte es auch besonders *inszeniert* werden. Es braucht einen *Ort*, einen *Zeitraum*. Es braucht ein *Thema*. Das trifft auch zu für Gespräche, die ich mit Familien führe. Aber es sind Arbeitsgespräche, keine Familiengespräche. Deswegen nehme ich auch nicht an Tischgesprächen teil[509]. Ich versuche hingegen, mit Familien Gespräche, die sie führen wollen oder müssen, vorzubereiten, sie zu entwerfen (zwischen Eltern, zwischen Eltern und Kindern oder Besprechungen jenseits des Familienalltags, z.B. in Behörden oder in der Schule, soweit ich diese nicht begleite). So kann es dem Vorhaben „Gespräch" z.B. förderlich sein, wenn Eltern ausdrücklich um ein Gespräch im Zimmer eines Kindes ersuchen – hilfreich kann es sein, wenn das Gespräch z.B. (in der Symbolik der Daseinsvorsorge) durch eine Kleinigkeit zum Essen oder Trinken begleitet, bzw. aufgelockert wird. Hilfreich kann auch die Einführung eines regelmäßig stattfindenden Familiengesprächs sein. Frau Pauli hat es z.B. erfolgreich eingeführt, einmal wöchentlich zu einem festgesetzten Zeitpunkt mit ihren drei Kindern etwa fünfzehn Minuten – bei Bedarf länger – am Küchentisch zu sitzen und zwei Dinge zu besprechen, 1.: was möchte ich bald oder gleich verändern im Familienleben und 2. was hat mir letzte Woche gut gefallen im Familienleben. In Familie Gatan hingegen, die aus einer südeuropäischen Sprachkultur kommt, war schon das Sprechen als solches eine heikle Angelegenheit, geschweige denn waren Gespräche möglich. Die Eltern und ihre beiden Jungen verständigten sich zuhause „nur" in der Sprache der Eltern. Und das so knapp wie möglich. Die deutsche Sprache war ein Tabu in der Familie, da die Eltern sie praktisch nicht beherrschten. Als ich die Familie kennenlernte, schien es, daß sich dieses Tabu mit der Zeit auf das Sprechen überhaupt ausgedehnt hatte. Nicht weil die sonst sehr liebevollen und fürsorglichen Eltern nicht gerne Kontakt hatten mit ihren Kindern, sondern weil es ihnen peinlich war, daß sie deutsch nicht gelernt haben, was die

---

509 Ich fühle mich dort zu sehr in der Gastrolle festgelegt. Aber das ist meine persönliche Einstellung.

Kinder respektierten indem sie das Tabu einhielten. Resultat: Die Kinder lebten in zwei Sprachwelten, die beide dazu noch recht unvollkommen waren. In die eine gehört die Schule und ihre Freizeitinteressen, in die andere die Eltern, das Familienleben. Daß das kaum gut gehen konnte, war klar als Robin, der ältere der beiden, im frühen Jugendlichenalter mit strafrechtlich relevantem Verhalten auffiel. Die Eltern waren buchstäblich ahnungslos, denn zuhause gab es in der Tat keinerlei Schwierigkeiten mit den Kindern. Daß anstatt Sprechen zunehmend Blicke und Gesten zwischen Eltern und Kindern für Verständigung sorgten, bestätigten die Eltern, als sie mir meine Erfahrung mit dem elfjährigen Basti erklärten. Er war bereit mit mir schriftlich zu kommunizieren und „sprechende" Gesichter zu malen. Um ihm zu sagen, was ich gerne sagen wollte, fand ich mich dann in der Rolle einer Fernsehsprecherin wieder, Basti hielt eine Fernbedienung in der Hand und er schaltete mich ein, wenn er etwas hören wollte, und aus, wenn er nichts hören wollte. Gespräche werden in dieser Familie daher als *Ereignis* von mir zelebriert. Mit Übersetzer und möglichst immer mit der ganzen Familie. Die Kinder hören die Sprachen. Beide Sprachen. Und trotz des Tabubruchs erleben sie ihre Eltern bei meinen Besuchen zunehmend ohne Schamgefühle sprechend. Über alles mögliche. Das verfolgen die Buben gespannt. Allerdings: Die Eltern haben es schwer mit dem Tabubruch. Wollen nicht wahrhaben, was „von der Welt draußen" über Robin und tendenziell auch über Basti zu ihnen dringt. Zwischenzeitlich verabschieden wir uns mit einem Ritual: Wir deuten auf Gegenstände und sprechen sie in den verschiedenen Sprachen aus. Das ist lustig. Schwierig ist, daß Basti neuerdings versucht, die Familiengespräche zu umgehen. Zu viel Sprache? Oder zu viele Sprachen? Momentan spricht er nicht darüber.

Sprachformen: Wenn das Modell des „Aushandelns" Familien vornehmlich auf die Suche nach *gespräch*sbereiten Familienmitgliedern schickt, so legt das Kulturmodell auch den „Gebrauch" der kleinen, der unscheinbaren Sprachformen im Sprachraum Familie nahe. Solche Sprachformen in belasteten Familien vorzustellen, sie zum Einüben zu motivieren, ist meiner Erfahrung nach hilfreich. So zum Beispiel:

1. *Die Bemerkung.* Die Bemerkung empfiehlt sich in heiklen Situationen, weil sie nicht notwendig eine Antwort fordert[510]. Wenn z.B. Kinder[511] trotz besserem Wissen etwas Unerwünschtes tun, oder auch – wenn sie endlich etwas tun, was man schon lange von ihnen erwartet hat und deutliche *Kritik* oder klares *Lob* „zuviel" sind, gemeint ist: zuviel Reaktion, zuviel „Antwort" verlangen. Auf eine Bemerkung hin kann die gemeinte Person sich ausschweigen. Muß es aber nicht. Eine kritisch ausgerichtete Bemerkung wäre beispielsweise: „Na – das kann ja noch heiter werden heute..." Oder eine Lobende: „Wenn das nicht super ist!" Die Bemerkung räumt gleichsam etwas sehr Wichtiges im Familienleben ins Symbolische: *ich sehe dich und zwar sehr deutlich.* Sie verhüllt *und* enthüllt gleichzeitig.

2. Und dann *das Gerede.* Das einfache Beschreiben alltäglicher Vorgänge und Befindlichkeiten, ohne die Bedingung, daß alle genau zuhören. Es repräsentiert Subjektivität. Familienmitglieder, so meine Erfahrung, vermuten meist mehr übereinander, als sie

---

510 Ich möchte an dieser Stelle nochmals auf die Sprachphilosophie Cassirers hinweisen, der, Humboldt folgend, im Bemerken eine Grundform der Wort – und Sprachbildung sieht und auch eine „besondere Art des Begreifens und Verstehens." WWS, S. 101
511 Oder erwachsene Familienmitglieder

wirklich wissen. Was tun Väter in ihrer Arbeit, was Mütter (um einmal die klassischen Rollen zu übernehmen) am Vormittag zuhause? Frau Runte – die Frau, die gerne alles „im Griff" haben wollte – hatte gemäß dieser Logik ihr Sprechen auf das festgezurrt, muß man schon sagen, was Gesollt, Gemußt, was nötig, was korrekt – oder natürlich auch was wieder nicht, wieder nicht ordentlich... gemacht wurde. Sie war gefangen in diesem Sprachdenken, ihre Söhne hatten sich auf ein kurzes, spitzes „nein" geeinigt, sobald sie etwas sagen wollte. „Gespräche" waren ihr daher nicht zu empfehlen. Sie begann zu üben. Belangloses zu erzählen – daß der Salat Läuse hat, daß der Hund..., wo sie einkaufen war.., daß Axel die Haare zu Berge stehen... Das hat Axel gut getan, der sich angewöhnt hatte, seiner Mutter erfolgreich zu beweisen, daß sie in Wahrheit nichts im Griff hat.

3. *Das Plaudern*. Das Gegenstück zum Gespräch – es geht buchstäblich um nichts anderes, als um das miteinander verweilen in Sprache. Frau Gehrke hatte darin eine gewisse Meisterschaft entwickelt. Von ihrem freundlichen Geplauder begleitet, erschien das Abtrocknen, das Tischabräumen, oder ähnliches, das sie eben tat, den Anwesenden gleichsam in schwebenden, in wie von selbst ablaufenden Bewegungen. Und es wunderte mich nicht, daß keines der drei Kinder glauben wollte, daß ihre Mutter mühevolle Arbeit verrichtete und daß sie keinen plausiblen Grund sahen, nun ihren Teil davon selbst zu übernehmen.

4. *Das Palaver*, als eine Art Streitgespräch, eine Art Wortgefecht, kann dem Autonomiebedürfnis von Jugendlichen durchaus entgegenkommen. Es ist überhaupt vertrauensbildend, wenn im Familienleben auch gespannte Situationen Raum bekommen und so die Familienmitglieder hin und wieder auf die Suche nach Rückzugsmöglichkeiten, nach Besinnung, gehen müssen.

5. *Die Schriftsprache*. Schreiben. Wie steht es damit? Zunehmend stelle ich fest, daß erwachsene Familienmitglieder gerne aufschreiben, was wir besprechen. Das hat mich verleitet, Familien eine speziell gefärbte Kartonmappe für ihre Arbeit zu geben. Zufall oder nicht – wenn Kinder schreiben wollen (Taschengeldregelungen, Abfolge morgendlicher Tätigkeiten, die regeln, was Kinder selbsttätig, und wobei ihnen Erwachsene und in welcher Weise, helfen. Verhaltensvereinbarungen...), dann sind das in meiner Praxis bisher überwiegend Buben. Speziell rege ich Schreiben an, wenn Sprechen aktuell problematisch ist. Dann als kurze Notizen über das Wesentliche, ohne jedoch die Beziehungsschwierigkeit schriftlich zu erwähnen, vielmehr mit einer freundlichen Bemerkung versehen, auf einen Platz gelegt, wo die AdressatIn sie problemlos finden kann. Vereinbarungen über Krisenmanagement, z.B. mit Herrn Tauber und seinen Kindern, wurden schriftlich festgehalten, mit Datum und Unterschrift und alle bekamen ihr eigenes Exemplar. Frau Anger, die hart gefordert war, ihre Mutterrolle wieder einzunehmen, fühlte sich gestärkt, als sie wöchentlich die der Familie verfügbare Summe auf ein Blatt Papier (mit Smily versehen) neben der Küchentür festpinnte; und auf dem Tisch platzierte sie allmorgendlich, mit freundlichen Grüßen, die Liste der Tätigkeiten, die auf Nicki und Beat warteten.[512] Frau Stein, die dabei war, die Hausarbeit in ihrem vierköpfigen Ein-Elternhaushalt nunmehr gerecht aufzuteilen, bekam von Edgar, ihrem zwölfjährigen Sohn gesagt, daß sie ihn offenbar auf die Welt gebracht hätte, um eine Arbeitskraft für die Hausarbeit zu haben. Es folgte eine Familiensitzung mit allen drei Kindern. Und eine Liste, die alle anfallenden Pflichten und Arbeiten der

---

512 Bereits erwähnt in Kapitel III, 11

Familie beschrieb, sowie deren Verteilung auf die vier Familienmitglieder ließen Edgar dann sehr zufrieden sein.

6.   *Die Beschreibung.* Es ist mir wichtig, daß mir Vorgänge, die für Stress, für Belastungen als ursächlich gelten, beschrieben werden. Genau. Beschreibungen sind also der Schritt *nach* den Geschichten. Sie können dann vorgetragen werden, wenn „die Geschichte" erzählt wurde. Die Geschichte, die vom Drama handelt. Von dem, was hier Schlimmes geschah. Die Beschreibung wird nur erfolgen, wenn die Geschichte ernst genommen wurde von mir. Ich suche in der Beschreibung Handlungsketten, die unterbrochen, die reflektiert, die in Rollenspiele umgewandelt werden können. Die sozusagen die „empirische" Basis für Experimente abgeben. Wie hätte es anders gehen können? Was werde ich in ähnlichen Situationen als nächstes ausprobieren? Was könnten andere Beteiligte in dieser Handlungskette gedacht, gefühlt haben? Auch *eine symbolische Dekonstruktion.* Frau Runte hat sich auch darauf mutig eingelassen. Mutig, weil sie sich traute, zur Geschichte vom Monster Axel, der ihr nur zuleide „werken" will, die Geschichte ihres Leidens ihrer Versagensängste, ihrer Verlassenheitsgefühle hinzuzufügen. Erfolgreich wurde sie, als sie begann, fast mikroskopisch genau zu beschreiben, wie die schrecklichen Geschehnisse ablaufen. Erfolgreich, weil sie sich traute, in Axels Rolle zu schlüpfen und mit mir als Mutter die Situation vor Ort nachzuspielen. Sie spürte sich aber nicht als Monster, sondern als ein Kind ohne jedes Selbstvertrauen. Dem wollte sie natürlich „im richtigen Leben" anders begegnen.

5 Die Familie und ihr Haus – Sozialpädagogische Kulturarbeit mit Familien.

Ich möchte diese Untersuchung mit drei „Geschichten" abschließen. Sie stammen aus meiner selbständigen praktischen Arbeit mit Familien, entlang dem oben dargestellten Projekt, „Familienleben lernen". Die Geschichten beruhen auf Beobachtungen und kontinuierlichen Aufzeichnungen meiner Arbeit mit drei Familien über einen Zeitraum zwischen zwei und drei Jahren[513]. Anders als die (in Kapitel IV, 4) vorgestellten „Formen sozialpädagogischer Kulturarbeit", handelt es sich also in den folgenden Geschichten nicht um *Momentaufnahmen* von Praxis, sondern es handelt sich in den folgenden Geschichten um die Veranschaulichung eines *Prozesses*. Den Prozess der Begegnung zwischen Familien und meiner sozialpädagogischen Kulturarbeit.

Anders als die (in Kapitel IV, 4) vorgestellten „Formen sozialpädagogischer Kulturarbeit", die das Verstehensmodell Cassirers in praktische Interventionen *übersetzen* wollen, *veranschaulichen* die Geschichten diejenigen Zeiten, in denen in Familienleben Formen sozialpädagogischer Kulturarbeit *Präsenz* gezeigt haben. Die Geschichten sind also nicht geschrieben, um eine „Wirkgeschichte" dieser Arbeit zu belegen, denn dazu wäre eine andere empirische Forschungsarbeit nötig. Gleichwohl stehen sie für sozialpädagogische Kulturarbeit, sie haben diese Untersuchung begleitet und sind entstanden in der Spannung der Praxis vor dem theoretischen Hintergrund: *Familie – ein Symbol der Kultur*.

5.1 Das geräumige Haus

Die Vorgeschichte: Familie Meinard entscheidet sich auf Anraten des Hausarztes zur Zusammenarbeit mit einer aufsuchenden sozialpädagogischen Fachperson. Der Grund: Eine anhaltende Überforderungssituation der Eltern in der Erziehung der beiden Kinder. In Zusammenhang damit wird vom Hausarzt eine über zwei Jahre schon bestehende, stationär und ambulant psychiatrisch behandelte depressive Störung von Frau Meinard gesehen. Die Eltern erwarteten sich durch Hilfe bei der Erziehung der Kinder eine Entspannung im Alltagsleben. Ich besuche die Familie ca. einmal in der Woche etwa ein bis zwei Stunden. Diese Zeit ist so aufgeteilt, daß ich mit den Kindern und den Eltern (allein oder zu zweit) jeweils eine Stunde arbeite. Einmal im Monat komme ich am Abend, um am Ritual des Zu-Bett-Gehens der Kinder teilnehmen zu können. Die restliche Zeit ist den Eltern vorbehalten. Bei diesem Setting bleibt es über anderthalb Jahre. In der Schlußphase reduzieren sich die Besuche auf zwei bis einen Besuch im Monat.

---

513 Die Personendaten, wie die privaten Lebensumstände der Familien, wurden selbstverständlich vollständig anonymisiert. Zwei Familien haben mir die Erlaubnis zur Veröffentlichung gegeben, in einem Fall wurdie die Anonymisierung so umfassend vorgenommen, daß lediglich die Handlungswelt authentisch blieb.

Die Familie: Herr und Frau Meinard sind verheiratet. Sie sind beide knapp dreißig Jahre alt. Ihre Kinder sind ein sechsjähriges Mädchen, Lena und ihr vierjähriger Bruder, Tommi. Mit ins Haus, aber in einen eigenen Wohntrakt, zogen nach der Heirat der Meinards der unverheiratete Großonkel von Frau Meinard und seine schon lange verwitwete Schwester. Beide Verwandten sind knapp achtzig Jahre alt. Die Kinder bewegen sich uneingeschränkt zwischen den Wohneinheiten. Die Erwachsenen nicht. Sie folgen darin unausgesprochenen Regeln, die die gewünschte Balance zwischen Nähe und Distanz herstellen. Herr Meinard ist selbständig und gelernter Schmied. Er führt mit einer Teilzeitkraft einen Handel, sowie eine Reparaturwerkstatt für Landmaschinen. Der Betrieb war früher eine Schmiede und ist seit mehreren Generationen in seiner Familie. Diese Einkünfte bilden die finanzielle Grundlage für die Familie. Frau Meinard ist gelernte Erzieherin. Seit ihrer Heirat arbeitet sie ausschließlich als Familienfrau, das ist es, was sie sein will. Dabei ist sie auch handwerklich interessiert und sehr geschickt. Was übrigens mit ein „Grund", für das Entstehen der Paarbeziehung war. Die Familie genießt in der Umgebung viel Ansehen und ist im örtlichen Musikverein aktiv. Die vielen verwandtschaftlichen Beziehungen jenseits der im Haus lebenden Verwandten werden rituell gepflegt, treten aber im Zusammenleben der Familie nicht weiter in Erscheinung. Im Verlauf unserer fast zweijährigen Arbeitsbeziehung erweitert sich das Familienleben um diverse Haustiere.

Das geräumige Haus. Das Anwesen der Familie befindet sich außerhalb eines kleinen, ländlich geprägten Ortes. Es gibt ein großes Wohnhaus, zwei Betriebsgebäude – Lager und Werkstatt – und ein großzügiges Grundstück, so daß der nächste Nachbar zwar in Sichtweite, aber zu Fuß ca. fünf Minuten entfernt ist. Es gibt einen Gemüsegarten, den Großonkel und Großtante bewirtschaften. Die Obstbäume des Grundstücks pflegt Herr Meinard. Es gibt auch frei laufende Hasen und einige Katzen. Das ganze Anwesen hat Atmosphäre. Vielleicht weil die Familie dort ihr gesamtes Familienleben situiert. Die Erwerbs- wie die Familienarbeit. Die Arbeit mit Meinards, so stellt sich bald heraus, entwickelt sich gleichsam in der Atmosphäre der Räumlichkeiten der Familie. Das heißt: Sie bestimmen, oder besser: sie geben mir den Ton für Inhalte und Arbeitsweise vor.

Küchenatmosphäre. Ein kunstvolles Symbol des familiären Handwerksbetriebs an der Wand. Hell, geräumig, arbeitsfreundlich, gemeinschaftsfreundlich – ein Tischfußballgerät zeitweise, andere Spielsachen zeitweise, eine Brotbackmaschine. Der Hund darf hier sein, religiöse und familiäre Festsymbole werden hier installiert. Es gibt eine Pinwand, auf der alle, die es vermögen, all das in schriftlicher Form feststecken, was nicht vergessen werden soll. Wenigstens eine gewisse Zeit lang. Es ist der Ort für die Familie, der Ort für Gäste. Der Ort, an dem alles Eßbare verfüglich ist, Mahlzeiten geschaffen und eingenommen werden. Der Ort, an dem alle Familienmitglieder in jeder Stimmung auftauchen und jede Stimmung Platz bekommt, an dem geredet, durcheinander geredet wird und auch Stimmen erhoben werden. Wo das Gehen und das Hinsetzen, das Aufsetzen des Tellers, das Öffnen der Kühlschranktür, über Gestimmtheiten denen Auskunft gibt, die interessiert sind.

Der Ort, der in den zwei Jahren meiner Arbeit mit der Familie die Veränderungen der Persönlichkeiten unverändert begleitet. Die Küche. Wo bis auf zwei Gespräche alle Gespräche stattfinden, die ich mit den Eltern – allein oder gemeinsam – je geführt habe. Und wo niemals auch nur eine einzige Arbeit von mir und den Kindern stattfindet. Diese Küche der Meinards, dieser Ort für alle Kommenden, diese offene, geschäftige und gleichzeitig bergende Atmosphäre ist ein Ort, der eine gelingende Kultur des Zusammenlebens offenbart.

In der Küche darf man „herumhängen" und muß Arbeit verrichten. Beides – nicht nur bei Meinards – Formen des Fürsorgens. In der Küche ergeben sich Gespräche und ereignen sich Tischgespräche. Es wird geplaudert, es gibt Wortgefechte. Diese Atmosphäre wirkt herausfordernd für mich, den arbeitenden Gast, was gut ist, denn: Die Küche wird von Frau und Herrn Meinard als Ort der Zusammenarbeit mit mir bestimmt. Dort überlassen sie mir Verantwortung für die Kulturarbeit an ihrer Lebensform.

Küchengeschichten – Kulturarbeit. Ich setze mich wieder einmal an den großen Küchentisch mit dem Rücken zum Fenster. Er wurde mir gleich zu Beginn der Arbeit von Frau Meinard zugewiesen. Es ist der Platz von Herrn Meinard, was ich aber erst sehr viel später erfahre. Sie sitzt mir gegenüber, sie schaut mich an, über mich hinweg, sie schaut aus dem Fenster und sie schaut auf den Boden. Sie erzählt. Sie erzählt von sich. Als Mutter, die keine gute Mutter sein könne, weil sie so oft traurig sei. So traurig, daß das schiere Lebendig-Sein eine Last bedeute. Aber da seien die Kinder, die Familie, ihr Mann. Sie fühle sich schuldig und könne aber nicht noch mehr Schuld auf sich laden. Als Familienfrau und Mutter fühle sie sich als Versagerin, sie „funktioniere" lediglich, aber eigentlich sei sie nutzlos. Wie kommt sie bloß darauf? Weil sie Schaden anrichte. Welchen Schaden? Ob ich das ihren Kindern nicht anmerke. Nein. Was ich sehe, ist ein wohlig gestaltetes und organisiertes alltägliches Familienleben – wann wird es Frau Meinard auch sehen?

Lena. Sie stürmt herein, im Schlepptau, nein, in ihrem Schatten, folgt der kleine Tommi. Er beobachtet den Auftritt der Schwester ganz genau, ihren Wortwechsel mit der Mutter, ihre Körperhaltung, ihr Gesicht. Er hängt mit den Augen an ihrem Gesicht. Offenbar hat er sich entschlossen, sich möglichst nahtlos in ihren Auftritt einzupassen. Lena erklärt mit klarer Stimme und klarem Blick, mit geradem, stehendem Körper, daß sie auch in der Küche sein will. Ihre Mutter erklärt ihr mit sanfter Stimme, sitzend mit geneigtem Blick, daß sie in der Küche mit mir allein sprechen will. Das genau will aber Lena nicht. Auch nicht, und wahrscheinlich erst recht nicht, wenn es um „Probleme" geht. Will sie etwas verhindern, das ihres Wissens nach offenbar noch nie zu etwas Gutem geführt hat? Lena wird lauter, die Mutter wird leiser. Lena sagt ihr, sie habe jetzt schon mindestens 15 Minuten gehabt, um alleine zu reden.

Herr Meinard kommt in die Küche. Er setzt sich an die Stirnseite des großen hellen Tisches, weil er nicht sitzen kann, wo er sonst sitzt. Da bin nämlich ich. Aber daß das sonst sein Platz ist, weiß ich immer noch nicht. Herr Meinard sitzt nicht auf seinem Stammplatz. Er sitzt dort, wo er später einmal noch viel über seine Angst erzählen wird. Angst davor, was die Traurigkeit seiner Frau noch mit sich bringt und Angst davor, daß sie nicht weichen, daß sie die Oberhand über die Stimmung der Familie behalten wird. Er sitzt da, wo er später einmal darum ringen wird, Verantwortung abzugeben, die er nicht tragen kann. Der er nicht gerecht werden kann. Verantwortung für Gefühle, die nicht die seinen sind und für Geschichten, in denen er nicht vorkommt. Wo er sich später einmal trauen wird, aufzublicken, um von seinen Rückenschmerzen zu sprechen. Von seinen Bedürfnissen nach Geselligkeit, von der Last, die die Vorfahren (die er deutlich von einer Wolke aus auf sich herabblicken sieht) mit dem Handwerksbetrieb auf ihn gelegt haben.

Daß die Sorgen von Meinards keine Unfähigkeit ihrer Erziehungskompetenz zugrunde liegt, wird alsbald deutlich. Lenas Provokationen erfolgreich zu begegnen, ist für die Eltern kein wirkliches Problem, nachdem sie, gestärkt durch anerkennende Rückmeldungen durch eine „Fachfrau" und durch Anerkennung ihrer eigenen Beobachtungen des offenen und kommunikativen Verhaltens der Kinder, zu ihren klaren und intuitiv überzeugenden erzieherischen Haltung zurückfinden. Allerdings: Ein diesbezüglich in der Kulturarbeit gestartetes Experiment der Eltern, bei dem sie durchsetzen, daß Lena die Gesprächszeit ihrer Eltern mit mir ohne Störung akzeptiert, quittiert Lena mir gegenüber dennoch mit der Bemerkung: „Du gehörst nicht in unsere Familie." In der Tat. Aber: Was ist es, was diese Eltern sich für ihre Familie wirklich wünschen? Denn: Erziehen können sie, haushalten können sie, zusammen gut leben können sie. Die Kinder sind in die Handlungswelt der Familie ganz selbstverständlich integriert. Was also verhüllt sich hinter „Problemen mit der Kindererziehung"? Denn ich sehe genau diese eben nicht. Meinen Auftrag, so wurde klar, den muß man umdefinieren, wenn die Familie weiter mit mir arbeiten will. Sie will.

Man könnte sagen, Meinards seien eine „traditionell" orientierte Familie. Eine Familie, die Familie zu leben als eine Aufgabe angenommen hat. Als einen Auftrag müßte man wohl eher sagen, ausdrücklich und unausdrücklich vorgegeben von familiären und kulturellen Traditionen. Doch in der Erfüllung dieser Aufgabe erfüllen sich nicht „automatisch" ihre Wünsche und Hoffnungen, in dieser Lebensform so etwas wie „persönliche Sinnerfüllung" zu finden. Und das hat mann/frau eigentlich angenommen. Und nun fühlen sie aber überwiegend Enttäuschung. Stress. Trauer vor allem. Auch Wut. Frau Meinard ist gerne Familienfrau. Sie ist, was sie sein wollte. Herr Meinrad auch. Sie suchen bei mir keine Orientierungen in Sachen Erziehung. Diese relativ jungen Eltern suchen nach Möglichkeiten der persönlichen Entfaltung – Wie könnte das in ihrer familiären Handlungs- und Erfahrungswelt dann aussehen?

In der Küche ist Offenheit möglich. Es wird ausgesprochen, was man sich bisher verboten hat. Experimente im Umgang miteinander werden hier ausgedacht, Deren „Resultate" werden ebenfalls in der Küche offengelegt. Meist eine Woche später, oder auch nicht, weil das Experiment in seiner Durchführung vielleicht langweilig erschien. Auch gut. Was müßte sein, damit uns das füreinander Sorgen Spaß macht? Wie kann ich dies hier in diesem freundlichen Haus mit seinen vielen Angeboten an Raum tun? Wie kann ich im Familienleben mich individuell einfinden? In der Balance von Wir und Ich – so, wie die Atmosphäre der Küche es ja zum Ausdruck bringt? Selbst dann noch, wenn einer der Meinards das Arbeitsgespräch für eine Weile empört verläßt.

Sich bei Bedarf zurückzuziehen können. Das wünscht sich Frau Meinard. In einen der vielen Räume, wo sie ungestört verweilen kann, wenn sie spürte, wie sie den Kontakt zu sich selbst zu verlieren beginnt. Sie findet einen solchen Raum und Herr Meinrad und die Kinder lernen, sie in Ruhe zu lassen, bis sie wieder kommt. Sie findet weitere Räume, in denen sie ihren Interessen an Tieren und Handwerk nachgehen kann. Und sie beginnt zu entdecken, daß sie unterfordert ist. Sie sucht eindeutig kein Hobby, dazu hat sie ja die Musikgruppe. Sie beginnt zu verstehen, daß ihre gewiß respektable Kunst, für ihre Familie fürsorgliche und erzieherische Leistungen zu erbringen, auch bedeutet, diese Fürsorglichkeit für sich selbst aufzubringen. Sie überlegt, was sie auf dem Anwesen unternehmen kann, was ihr Freude und Bestätigung, möglicherweise auch etwas Einnahmen einbringt.

Aber nun stellt sich bei Herrn Meinrad die Erleichterung nicht gleich ein darüber, daß seine Frau die Fürsorge und die Verantwortung für ihre Befindlichkeit zunehmend selbst übernimmt, ja, nicht einmal mehr in therapeutische Behandlung geht. Im Gegenteil. Er probiert es aber aus, was passiert, wenn er allein in der Küche sitzt mit seinem Bedürfnis unentbehrlich zu sein. Allein seinen selbst gekochten Kaffe trinkt und – wie in unserer Küchenarbeit vereinbart – zuhört, wie seine Frau die Kinder morgens ohne ihn für die Schule zurecht macht. Wie sie – ohne ihn – dabei ist, ein aufreibendes Ritual zu unterbrechen, das sich schon lange allmorgendlich aufmäntelt. Frau Meinard entfaltet ihre Energie

ohne Rück-Sicht auf das wohlbekannte Bedürfnis ihres Ehemannes. Schwierig, auch für sie
– aber sie hat entschieden, nicht für sein Bedürfnis zuständig zu sein.

Die Werkstatt kommt ins Blickfeld. Herr Meinard erkennt die Geborgenheit in seinen
Werk-Stätten, merkt, wie wichtig es für ihn ist, sie zu erhalten, was durchaus existenzielle
Risiken birgt. Er merkt, daß es ihm gut tut, wenn er auch allein zu Freunden geht. Überhaupt: In der Werkstatt ist beständig Geschäftigkeit. Ich gehe gerne dort hin. Dort komme
ich auch mit den Verwandten in Kontakt, die ich sonst kaum sehe. Es wird gelacht, die
Kinder toben herum und die Ernsthaftigkeit unserer Küchengespräche wandelt sich dort in
wohltuende Ironie – Frau Meinard ist ebenfalls gerne in diesen Räumen, es gefällt ihr, daß
ihr Mann selbständig zuhause arbeitete und daß dieses Handwerk es mit sich bringt, daß
den Kindern dadurch viel Freiraum – fast so etwas wie ein eigener Abenteuerspielplatz zur
Verfügung steht. Den Kindern?

Als ich die Familie verabschiede, hat sich Frau Meinard ein winziges Büro eingerichtet, sie „ortet" Artefakte der Schmiedekunst, an denen sie sich üben will. Die Kinder haben
nun jedes ein eigenes Zimmer und auch der angeschaffte Hund verfügt über ein „Zimmer"
neben dem Hauseingang. Es entsteht in dieser Zeit eine für die Kulturarbeit des Paares
symbolische Holzkonstruktion in der Werkstatt: Herr Meinard baut sie ungefragt für seine
Frau, und diese verändert sie dann kommentarlos, ihren Zwecken genügend. Dieses Ding
besitzt zwischenzeitlich die Symbolkraft der Heiterkeit. Und das Paar denkt nach über ein
drittes Kind. Aber nun noch zur Kulturarbeit im Wohnzimmer:

Wohnzimmeratmosphäre. Fenster, die ein wunderschönes Landschaftspanorama he-
reinlassen. Ein großes, gerahmtes Hochzeitsfoto an der Wand. Viel Platz auf einem Sofa,
viele Spiele im Schrank. Platz zum Gehen, ein Fernseher in der Ecke. Gewöhnlich finden
sich verstreut Mal- und Bastelutensilien der Kinder. Das Wohnzimmer ist an Festtagen
belebt und ist Rückzugsort der Eltern am Feierabend. Zum bequem und entspannt Liegen
und Fernsehen. Zum den Tag beschließen, vielleicht mit einem Glas Wein. Das hat man
mir so erzählt. Das Wohnzimmer ist nicht der Ort alltäglicher Geschäftigkeit. Dort geht
man hin zum Ausruhen, zum Basteln, zum Videos anschauen, zum Sprechen miteinander –
und mit Gästen. Das Wohnzimmer ist der Ort, an dem die Familie Meinard Gespräche
bewußt inszeniert. Allerdings keine mit mir.

Symbolwelt Wohnzimmer. Entsprechend der „Logik" dieses Hauses bin ich für die Eltern im Wohnzimmer Gast. Dort hin werde ich z.B. einmal eingeladen, um mir Fotos von
Veranstaltungen ihres Musikvereins anzuschauen. Tommi schläft dabei ein, die sonst so
kontrollierende Lena ist gelöst und die Eltern flirten heimlich. Und es ist das Wohnzimmer,
in dem das Paar unter vier Augen die mit mir vorbereitete „Fragestunde" miteinander ab-
hält. Es ist das Wohnzimmer, das nicht banalisiert, dem keine Hausarbeit anhaftet, in dem
die Symbole des Familienbetriebes repräsentativ verortet sind.

Und doch ist das Wohnzimmer neben der Küche auch mein Arbeitsplatz. Dort arbeite
ich mit den Kindern, weil sie dort mit mir arbeiten wollen. Nicht in der Küche, nicht in ihrem Zimmer, dort darf ich nur Gute-Nacht-Geschichten vorlesen. Die Eltern besuchen uns
manchmal, sie lehnen dann an der Türe, lächeln, sagen ein paar freundliche Worte. Sonst
nichts. Im Wohnzimmer. Tommi bleibt lange Zeit der Schatten der Schwester, egal bei welchem Spiel oder welcher Tätigkeit. Aber er hält mit, trotz seiner erst vier Jahre, nicht einmal
steigt er aus. Dabei geht es mitunter hoch her. Wie kann das sein? Über einfache Kinderspie-
le mit Würfeln, Kärtchen und festgelegten Regeln, auf dem Boden im Wohnzimmer, über
selbstgemalte Bilder, über Vorlesen, entwickeln die Kinder – Lena voraus – schließlich

immer mehr Phantasiespiele. Das Wohnzimmer wird mit dem Aufkommen der Phantasiespiele noch mehr tabu für die Eltern. Man kann sie hier nicht brauchen.

Hinter der Tür ist ein Käfig, in dem Tommi sitzt und darauf wartet, daß ihn seine Schwester vor der Hexe in Sicherheit bringt. Die Hexe bin ich, ich muß zähe Verhandlungen führen mit Lena, die mich unbedingt überlisten muß, wenn sie ihren Bruder und sich selbst davor retten will, von mir verschlungen zu werden. Ich habe viele Räume in meinem Hexenhaus, die Lena zu putzen, und einen großen Garten, den sie zu bestellen hat, und ich muß entsetzlich scharf darüber wachen, daß sie mir nicht entkommt. Unweigerlich entkommt sie aber, und mit ihrem Bruder wirft sie mich in den Ofen, in den sich das Sofa des Wohnzimmers verwandelt hat. Dort werde ich auch von den beiden geschlachtet, ausgenommen, mit Kräutern gefüllt, gebraten und anschließend verspeist. Das Wohnzimmer.

Es ist eine gewaltige Landschaft. Lena bezieht als eine Art Superhexe Position hinter einem düsteren Turm, dem Fernseher. Ich muß mich zu ihr auf eine lange und beschwerliche Wanderschaft begeben. Tommi, er will mein „Lieblingstier" sein, ihn muß ich dabei beschützen. Am Turm der Superhexe angekommen muß ich demütig um Erlaubnis fragen, für verschiedene Dinge, die ich zu tun habe. Das meiste wird mir gewährt. Aber nicht, daß ich in die Ferien fahren kann. Das lassen meine Pflichten nicht zu, so tönt es streng von einem unsichtbaren Wesen. Einem Wesen, das nicht vergessen hat, was in den letzten Ferien passiert ist. Als Frau Meinard in die Klinik kam. Manchmal würde ich lieber vorlesen. Hexe sein ist mitunter anstrengend. Aber es hilft nichts.

Ich muß Lena rauben, während dessen Tommi im Hintergrund als Ritter auf einem Pferd sitzt, die dramatischen Ereignisse beobachtet und kommentiert. Ich sperre Lena in einen Turm und bringe ihr das Hexen bei. Sie ist gelehrig, spontan und immens phantasievoll. Tommi wagt sich langsam auch hervor. Er hat es mit Drachen. Ich bin eine Drachenmutter und ich muß ihn ausbrüten und ihm dann die Füße kühlen, weil das Drachenbabys brauchen. Zunehmend muß er ausprobieren, was „gefährlich" ist. Ich stampfe als Drachen durchs Wohnzimmer, während er, unter einem Felsen versteckt, versucht, die Lage heil zu überstehen. Nach gut einem Jahr verlieren die Kinder allmählich das Interesse an den Inszenierungen ihrer Ängste, ihrer Ohnmachtgefühle und ihrer Wünsche nach Sicherheit und anderem mehr. Es wird eher auch wieder gemalt, Lena fragt bei einem meiner Abendbesuche – wir spielen noch etwas im Wohnzimmer, bevor sie ins Bett gehen – endlich, was ich mit den Eltern rede – „sicher auch über mich, das hab ich nicht gerne, ich bin schlimm". Ich sage, daß dem nicht so ist und es scheint, daß sie mir glaubt. Tommi nimmt ausnahmsweise den Schnuller und ist gut drauf.

5.2 Das bunte Haus

Die Vorgeschichte: Frau Kolin entscheidet sich in Übereinstimmung mit der zuständigen Familienbehörde zur Zusammenarbeit mit mir. Der Grund ist, daß die Wochenend- und Ferienbesuche von Manu, ihrem dreizehnjährigen Sohn, sehr konflikthaft verlaufen. Manu lebt seit zwei Jahren bei einer drei Autostunden entfernt wohnenden Familie aus der ferneren Verwandtschaft der Kolins, die sich um die Probleme der Familie schon früher gekümmert hat, was dann der Grund war, weshalb sie von Frau Kolin um die Übernahme der Pflegschaft gebeten wurde. Frau Kolin sieht sich jedoch nach über zwei Jahren ihrem Ziel, nämlich ihr Kind wieder zu sich zu holen, keinen Schritt näher. Im Gegenteil. Was macht Frau Kolin als Mutter falsch?, so ihre Frage. Frau Kolin erwartete von mir Hilfe bei der

Wochenendbegegnung mit ihrem Sohn, die beiden letztlich dazu verhelfen soll, daß Manu wieder nach Hause kann. Meine Besuche bei der Familie erfolgen über ca sechzehn Monate wöchentlich bis vierzehntägig, in der etwa dreimonatigen Abschlußphase ein bis zweimal pro Monat und dauern etwa zwei Stunden.

Die Familie: Frau Kolin ist Mitte vierzig. Sie erzieht ihre beiden Kinder seit fünf Jahren allein. Tim, der Halbbruder von Manu, neun Jahre alt, lebt bei ihr. Frau Kolin ist gelernte Modellschneiderin und arbeitet stundenweise zuhause. Sie versteht es, ihren Haushalt mit knappen Mitteln kreativ zu bewirtschaften. Beide Kinder haben Kontakt zu ihren Vätern, ich lerne aber keinen der beiden Väter kennen. Die Familie lebt im historischen Ortskern einer Kleinstadt in einer sehr schön renovierten und geräumigen Wohnung mit Garten und guter nachbarschaftlicher Einbindung.

Das bunte Haus, so kann man die Familienbehausung der Kolins mit ihren fröhlichen und auch dunklen Farben an den verschiedensten Orten zurecht nennen. Gemalte Farben, farbige Stoffe, bemalte Zimmerdecken, Gebrauchsgegenstände mit Gesichtern, Gebrauchsgegenstände, jenseits ihrer Zweckmäßigkeit, in ästhetischen Gruppierungen. Spiel-Raum für Spiele, die Raum brauchen. Jenseits des Kinderzimmers, das auch viel Platz hat. Platz zum Schlafen, für Bilder, zum Lernen, Lesen, Musik hören. Für Tim und Manu, der schon lange nicht mehr da wohnt. Die Wohnung ist schön. Ich kann sehen, daß sich Frau Kolin und Tim wohl fühlen darin. Tims Spielsachen finden sich auch in der Wohn- und Kuschelecke, ihm gefallen die künstlerischen Arrangements der Mutter. Die Besuche bei Familie Kolin sind zumeist voll Bewegung und immer ohne Schuhe. Wir reden stehend im Nähatelier, sitzend am Eßtisch, auf dem Boden, auf der Terrasse, beim Spazieren gehen; es gibt allerdings auch ein gewisses Zentrum für die Gespräche: Eine Gruppierung von Sitz- und Liegemöbeln.

Geschichten: Frau Kolin erzählt lebhaft, authentisch und voll Emotionen von ihrer Not mit Manu. Davon, wie sie seinem Bedürfnis, von ihr beständig gehört, gesehen, wahrgenommen zu werden, nie hat gerecht werden können. Und davon, daß nun jedes Wochenende mit ihm einen anhaltenden Spannungszustand für sie und Tim bedeutet: Wann wird Manu abhauen?, wann wird Manu auf Zäune oder Geländer steigen und sie in ohnmächtige Angst versetzen?, welche Abwertungen wird er ihr zufügen? – wann wird sie selbst wieder die Beherrschung verlieren? Oder einfach: Wann inszeniert sich das Drama?

Manu, so erzählt seine Mutter, sei schon seit seinem vierten Lebensjahr auf ständigem Konfrontationskurs. Beginnend, als Manu nach einem einjährigen Aufenthalt bei den Großeltern (väterlicherseits) zu ihr zurückkommt, wo er zwar liebevoll versorgt worden, aber auch eher unsteten Alltagsstrukturen ausgesetzt war. Frau Kolin fühlt sich seit dieser Zeit beständig von Manu in Anspruch genommen. Manu lasse sich einfach auf nichts ein, von dem er das Gefühl hat, seine Mutter sei daran interessiert. Manu sei unberechenbar. Sie, die Mutter, erfahre beständig Niederlagen, Versagen, sie erfahre es leiblich, seelisch und das heiße ja, daß sie ihre Verantwortung für Schutz und Förderung dem Kind gegenüber nicht nachkommen könne. Versuche mit Familientherapie, Kunsttherapie und eine kurzzeitige Notaufnahme in einer Pflegefamilie hätten Hilfe und Verstehen bewirkt, nicht aber sei das familiäre Zusammenleben mit Manu dadurch ermöglicht worden. Sie, die Mutter, neige in ihrer Verzweiflung denn auch zuhause zu verbaler und tätlicher Gewalt – so sehr viel Hoffnung sei deswegen auf den Aufenthalt bei der Pflegefamilie gesetzt worden. Manu sei doch nur wenige Stunden jetzt zuhause. Warum klappt es denn nicht einmal unter diesen Umständen? Sie habe aber die Hoffnung auf irgend eine Art positiver Veränderung nicht aufgegeben.

Mutter und Tim erzählen nur von Manu. Tim. Er kommt fast nicht vor in den Geschichten. Auch nicht in seinen eigenen. Er spielt im Drama um seinen Bruder eine Außenseiterrolle: Der Unproblematische, der Vernünftige. So oft wie möglich lade ich Tim ein, sich zu setzen und am Gespräch teilzunehmen, was er meist auch tut. Wenn nicht, informiere ich ihn, frage ihn um seine Meinung, um sein Befinden, um seine Bedürfnisse nach Kontakt mit dem Bruder. Tim zeigt sich gegenüber seiner Mutter und seinem Bruder kritisch, aber nichtsdestoweniger verstehend. Auch dann, wenn ihm Manu weh tut, auch dann, wenn die Dramen der Wochenenden die Räume füllen. Er verfügt über bemerkenswerte Fähigkeiten der Empathie und der Ich-Stärke. Gleichwohl – Tim ruht sozusagen in sich, seiner Musik – und in dieser Gelassenheit nimmt er irgendwann auch sein von ihm selbst dargestelltes Problem in Angriff: er sucht mehr Kontakt zu Gereichaltrigen. Erfolgreich. Ob er die Hoffnung auf Veränderung, auf die Rückkehr seines Bruders in die Familie aufgegeben hat? Er blickt versonnen an mir vorbei.

Symbolische Präsenz. Wenn Manu bei seiner Mutter und dem kleinen Bruder ist – ist er *wirklich* da? Er nimmt jedenfalls nichts in Besitz, mit Spielsachen beschäftigt er sich nur kurz, er beteiligt sich nicht an der alltäglichen Hausarbeit, er wartet vielmehr darauf, daß er etwas verweigern kann. Tischdecken, Spazieren gehen, eigentlich alles. Außer Fernsehen. Oder er will etwas tun, von dem er weiß, daß es ihm verweigert werden wird. Oder daß es Zugeständnisse erfordert. Einmal, als ich die Familie besuche, ist Manu angestrengt dabei, ein von seiner Mutter hübsch bemaltes Wandkästchen (mit ihrer Erlaubnis) gewaltsam aufzubrechen. Der Schlüssel dazu war unauffindbar, er will wissen, was drin ist. Tim sitzt neben ihm, schaut ihm bekümmert zu. Es sind ein paar Holzstücke und ein alter Schrankschlüssel drin. Es können Manus Besuche zuhause noch so sorgfältig geplant und vorbereitet sein, versehen mit Für- und Vorsorge für Ängste und Enttäuschungen, versehen mit Hoffnungen: Manu schafft es sozusagen, die Pluralität der Familienwelt offenzulegen: Sie in eine offene Aktions- Reaktionswelt zu zerlegen. Es gelingt, auch in den wenigen Stunden des Besuches, einfach nicht, Manu zu einem Zugang zu Handlungwelt seiner Familie zu verhelfen (das wurde übrigens später aufgrund einer eindrücklichen Zeichnung von Manu von einer Kunsttherapeutin bestätigt). Es gelingt mir nicht, mit Manu zuhause in ein Gespräch zu kommen.

Aber ich erlebe ihn. Seine Mutter ruft mich, viele Stunden vor der vereinbarten Zeit. Sie ist am Weinen. Atemlos. Manu verkündet sofort, er wolle nicht reden. Es zeigt sich schnell, daß ein „Familiengespräch" nichts bringen wird. Die Eskalation liegt greifbar in der Luft. Ich darf die Familie in Räume verteilen, in denen sie zur Ruhe kommen kann. Über Spiele der Kinder und Gespräche mit Frau Kolin kristallisiert sich dann heraus: Manu will zurück zur Pflegefamilie. Jetzt. Sofort. Frau Kolin erlaubt es, Tim bringt ihn zur Bahn. Frau Kolin fühlt sich wieder als Versagerin. Was geht hier vor?

Manu ist anwesend in der Erfahrungswelt der Familie. Er ist anwesend in den Figuren, die er einmal vor Jahren mit seiner Mutter zusammen genäht hat. Er – ein Jäger – seine Mutter – ein Dämon mit neonblauen Haaren. Eine weitere Figur ist zart. Engelhaft. Ohne ersichtliche Charaktere. Rätselhaft. Auch Manu ist rätselhaft, hat aber Charakter. Präsent in dem Zimmer, das er mit Tim bei seinen Besuchen teilt, in den Bildern, die er dort aufgehängt hat. Sein Bett steht Gästen nicht zur Verfügung und Tim holt sich häufig die Decke des Bruders zum Schlafen. Manu ist in diesem Haus präsent, ohne physisch anwesend zu sein. Und er ist es auch hinter dem Haus, denn dort hat er bei einem seiner aufreibenden Besuche eine Baumhütte gebaut. Man sieht es von der Küche aus und man kann von ihm aus genau auf die Wohnung sehen. Es ist sein Haus neben dem Haus. Aber er wohnt auch in ihm nicht. Nicht einmal im Spiel. Er wohnt zuhause in Symbolen und Geschichten, die von ihm zeugen, von ihm handeln, in sensiblen Beobachtungen seines Wesens, in Versuchen, ihn sprachlich zu erreichen.

Die Kulturarbeit der Familie: Wie kann man ein Kind versorgen, das nicht da ist, nicht da sein will – oder womöglich nicht da sein kann? Wie andere Familien, so hat auch Frau Kolin kein „Auge" für die Qualität ihrer Familienarbeit. Sie bemißt sie nämlich an den Trennungen von Lebenspartnern und vor allem an ihrer Überzeugung, daß sie als Mutter bei Manu versagt. Daß Tim diesen Mythos nicht stützen kann, das wird ignoriert. Freilich weiß Frau Kolin, daß sie im Gestalten der Wohnung besonderes Geschick und Kreativität besitzt. Das schon. Doch ihre vielen fürsorglichen Handlungen, ihr Organisationstalent, ihr wirtschaftliches Geschick, die Erkundigungen, die sie empathisch über die Bedürfnisse ihrer Kinder so nebenbei einholt, ja, auch die Integration ihrer eigenen persönlichen Interessen in die häuslichen Alltäglichkeiten – vor allem aber: ihr Nachdenken, ihr Suchen nach Auswegen und die emotionalen Bemühungen um Manu – daß dies alles Kompetenz bedeutet, um das Inszenieren familiären Zusammenlebens zu ermöglichen, und daß diese Kompetenz Erziehung per se beinhaltet – und, daß das Ausbleiben ihrer Fürsorgekompetenz ihr Familienleben auflösen würde, diese Erkenntnis, um es einmal so zu sagen, erarbeitet sich Frau Kolin.

Zuerst einmal ist es tröstlich, was sie da erkennen kann, diesen Trost hat sie bitter nötig. Er ist heilsam. Konstitutiv, vor allem für ihre Freude, Mutter zu sein, die sie fast vergessen hat. Sie versteht es, ihre gewonnenen Energieen in ihrem Familienleben auch umzusetzen. Tim, z.B., wird mehr und bewußter in die Haushaltsarbeit einbezogen und sie erklärt ihm sachlich, daß dies für seine Selbständigkeit unerläßlich sei. Tim, in seiner gelassenen und intellektuellen Individualität, ist empfänglich für diese Botschaft. Unser Abschiedstreffen, das gut ein Jahr später stattfindet, verläuft insofern symbolisch: Frau Kolin und Tim kochen, ich bin Gast und sehe zu, bevor wir zusammen essen. Das Tischgespräch dreht sich natürlich zum Teil um die gemeinsamen Erfahrungen der vergangenen 22 Monate. Aber die Geschichte ist noch nicht zu Ende:

Frau Kolin sucht nach Möglichkeiten der Präsenz in der Pflegefamilie: Besuche dort sind nicht erfolgversprechend. Telefonate werden „geprobt", erreichen aber keine hinreichende Wirkung. So schreibt sie Manu einige Briefe mit belanglosen Geschichten vom Familienalltag. Tim ebenso, er malt noch etwas dazu. Diese Briefe, so sagt mir die Pflegemutter am Telefon, werden von Manu achtlos beiseite gelegt. Geworfen besser. Und dabei bleibt es. Niemand beachtet diese Briefe. In Manus Zuhause bei der Pflegefamilie ist die Mutter also symbolisch nirgendwo präsent. In keinem Gegenstand. Vielleicht in ein paar Kleidern, die sie für ihn gekauft hat. Frau Kolin erscheint dort nur in Bemerkungen, in Geschichten von Besuchswochenende und sie erscheint in ihnen ausnahmslos, wie ich in langen Telefonaten mit den Pflegeeltern erfahre, negativ. Zu seinen Besuchen bei der Mutter bringt Manu so wenig wie möglich mit. Schon gar nicht die Gitarre, wie es die Mutter gerne hätte, und ja kein Kleidungsstück zuviel.

Es wird deutlich, daß hier zwei streng getrennte familiäre Symbolwelten existieren, in denen sich Manu bewegt. Und er will sich in beiden Welten bewegen. In ihnen kennt er sich nämlich aus. In der Familie Kolin integriert er sich durch Widerstand in den Stil der familialen Fürsorge. In den der Pflegefamilie, so wenigstens lauten die Geschichten, durch Anpassung. Er widersteht der kolinschen Handlungswelt und damit auch der in ihr gegebenen Beziehungswelt. Anders – gegenteilig, so scheint es – verhält er sich in der Pflegefamilie. Aber Frau Kolin verändert nun etwas. Etwas, das weniger mit Erziehung, als mit einem Selbstverständnis über die Weise, Familie zu leben, zu tun haben könnte. Zwar wächst ihr Leid als Mutter über ihr Unvermögen, ihr Kind bei sich zu haben, in den ersten ca. vier Monaten der Zusammenarbeit mit mir weiter. Aber es erweist sich zunehmend mehr auch als Unmöglichkeit. In der Tat findet sich nichts in ihrer mütterlichen Kompetenz der familiären Fürsorge, das Manu einladen kann, sich „einzuklinken". Aber was verändert sie nun?

Frau Kolin verfügt über ein differenziertes Sprachvermögen. Wahrscheinlich schon vor Manus Platzierung bei der Pflegefamilie, aber ganz sicher danach, ist es ihr erzieherischer Ansatz, daß man über alles sprechen müsse. Vor allem auch mit Kindern. Sie wollte Manu immer alles erklären, ihm verständlich machen, was sie denkt, was sie fühlt, was sie ängstigt, was sie ärgert. Manu verstand sie nie und versteht sie auch heute nicht. Blockt so früh wie möglich Gespräche ab – häufig, indem er unter bösen Worten die Szene verläßt. Darüber geriet Frau Kolin immer mehr in ihn ohnmächtige Wut, Trauer; geriet immer mehr in den Sog der Wortgewalt, die ich auch selbst erleben konnte.

Nun übt sie es, bei Manus Besuchen – auch in Telefonaten – ihr Sprachvermögen in den häuslichen Alltäglichkeiten zu lassen. Sie übt es, mit Manu belanglos zu sprechen. Über die Uhrzeiten des Essens. Was dazu nötig sei. Frau Kolin redet nicht mehr mit Manu über ihre Wünsche, daß es doch gut gehen möge zwischen ihnen, daß sie heute einen schönen Spaziergang machen würden, was er denn tun wolle, warum er die Gitarre nicht mitgebracht habe. Sie orientiert ihren Haushaltsalltag an den wenigen letzten Besuchen von Manu nicht mehr an dessen Anwesenheit. Es ist (fast) ein Tag wie jeder andere. In seiner Gegenwart kommentiert sie, macht Bemerkungen – verdrängt Impulse ein „gründliches" Gespräch anzustreben. Sie plaudert über das, was sie eben tut. Das Kochen beispielsweise. Drückt Manu einen Kartoffelschäler in die Hand, Tim ebenso – wenn Manu verweigert bleibt sie ruhig. Essen kochen ist wichtiger. Dann halt keinen Spaziergang. Es gibt Momente der Übereinstimmung – Manu kocht gerne.

Frau Kolin beginnt etwa nach sechs Monaten unserer Zusammenarbeit, dem Verweigern von Manu zunehmend mehr Raum zu geben. Sie überläßt ihm zuletzt dann die Entscheidung über Dauer und die Häufigkeit seiner Besuche. Aber nun kehrt sich etwas um: Fast umgehend beschuldigt nun Manu seine Mutter, ihn nicht mehr zu mögen, ihn gar nicht zu wollen, ohnehin sei ihr Tim lieber. Ein altes Leid von Manu. Frau Kolin lernt, die Ablehnung von Manu auszuhalten, ihm dennoch liebevoll zu begegnen. Er schafft es nicht mehr, seine Mutter zu provozieren. Es gibt keine Streits mehr. Und das ist offenbar für Manu nicht mehr auszuhalten. Sein Dilemma liegt nun offen – in einer vermeintlich heilen und in einer vermeintlich verhaßten Welt sich orientieren zu müssen. Die „Entscheidung" fällt nach diesen Veränderungen relativ schnell. Manu geht nach zwei von acht geplanten Ferienbesuchstagen bei Mutter und Bruder zur Behörde und will sofort zurück zur Pflegefamilie. Ich werde gerufen. Es sei nichts zwischen ihm und der Mutter vorgefallen. Er will weg, nach Hause, er weint. Ich gehe mit Manu zur Mutter und zu Tim, beide sind sichtlich sehr traurig – verabschieden sich liebevoll von ihm. Es wird ihm später noch zugesagt, ein weiteres Jahr bei der Pflegefamilie bleiben zu dürfen. Aber es kommt anders. Seit Beginn meiner Arbeit sind acht Monate vergangen.

Dann eskaliert die Situation. Einen Monat später kündigen die Pflegeeltern das Pflegeverhältnis per sofort, weil Manu bei ihnen Geld gestohlen hat, auch scheinen sie seit einiger Zeit mit Manus Verhalten völlig überfordert. Dazu stellt sich heraus, daß Manu, bei diesem für viele Monate letzten Besuch zuhause, ebenfalls Geld gestohlen hat, sowie eine wertvolle Sporttasche bei einem Laden in der Stadt. Eine ihm vertrauten Lehrerin, so stellte sich heraus, wußte auch von einem Versteck, in dem Manu es sich häuslich eingerichtet hatte. Ein Schlafplatz, Lebensmittel – seine Vorsorge für alle Fälle. Nun kommt es innerhalb von Tagen zur Notfallplatzierung, Manu lebt sich in einer kleinen Institution schnell ein, es sind viele Tiere dort. Es wird ein Heimplatz gesucht, der ca. acht Wochen später auch gefunden ist. Mit den Pflegeeltern einigt man sich, daß sie bis auf Weiteres auf Kontakt verzichten. Den Bezugspersonen im Heim gelingt es, Manu zu stabilisieren. Es sind noch einmal drei Monate intensiven Arbeitens mit Frau Kolin und Tim. Abschied von alten Geschichten nehmen. Neue erzählen. Nach diesen drei Monaten stimmt Manu zu, Mutter und Tim mit ihrer Bezugsperson einen begleiteten Besuch abzustatten. Es sind gute Stunden. Dann kommt Manu allein. Er wird krank, er hat Fieber und, wie Frau Kolin erzählt, genießt er offenbar die Krankenpflege der Mutter und des kleinen Bruders. Ein Jahr später: Frau Kolin ruft mich an. Manu will eine Woche in den Ferien kommen. Und die Wochenenden? Gehören schon lange zum Alltag.

5.3 Das sprechende Haus

Es behaust eine dreiköpfige Ein-Elternfamilie, die bis vor drei Jahren eine Zwei-Elternfamilie gewesen war. Seine Räume sind gepflegt. Sind geschmückt. Herausgeputzt, wenn jahreszeitliche Feste vor der Tür stehen. Jahreszeitliche Wechsel von Farben und Licht repräsentieren sich in Gegenständen, an Orten der familiären Gemeinsamkeit, oder wo man Besuch empfängt. Am Eßtisch etwa, im Wohnzimmer. Gäste bewundern dieses Haus wegen seiner Gefälligkeit. Seiner einladenden Ausstattung wegen und daß Gäste darin bestens bewirtet werden. Freundlich bewirtet, ja, üppig bewirtet.

Die Kinder sind im Grundschulalter. Sie kennen das Haus schon seit jeher in seiner lebendigen Atmosphäre. Sie sind also nicht erstaunt, wenn ihnen beim Nachhausekommen von einem Besuch beim anderen Elter, oder von der Schule, oder von sonst wo, wieder einmal eine Neugestaltung gegenüber steht. Diesmal vielleicht im Bad, vielleicht in einem ihrer Zimmer, im Flur. Wer weiß. Es kann gut sein, daß sie bei der Installation sogar selbst noch etwas mithelfen, vielleicht tüfteln sie mit dem Elter in der Werkstatt neben dem Haus, welche technischen Kniffe jetzt nötig sind, um die Beleuchtung anzupassen. Denn Licht braucht es schließlich.

Denn vor allem anderen zeugt das Haus von Ordnung. Es ist geputzt, aufgeräumt, alle Dinge haben einen Platz, an den sie gehören, sogar in den Schränken herrscht eine geradezu architektonische Ordnung. Selbstverständlich sind die Mahl-Zeiten geregelt, werden Schulaufgaben nachgesehen, wird mit den Kindern geübt. Daß das alles so durchorganisiert läuft, dafür sorgt natürlich das Elter. Denn für die Routinen des Alltags ist das Elter zuständig. Die Kinder können sich auf den gedeckten Tisch verlassen, darauf, daß ihre Schreibtische aufgeräumt sind, wenn sie daran arbeiten wollen. Es gilt ja, die Leistungsspitze in der Klasse zu halten Die Kinder nehmen gewissermaßen diese Organisation hin. Das heißt: Sie hängen schon irgendwann ihre Jacken an den dafür bestimmten Platz. Sie gehen schon zur rechten Zeit aus dem Haus, um pünktlich in die Schule zu kommen und sie erscheinen auch am Tisch, wenn das Essen fertig ist. Aber sie folgen dabei selten ihrem eigenen Blick auf die Uhr, auf die Schränke, aus denen sie die Sachen rechtzeitig holen müßten, oder dem Ruf des Elters. Es ist eher eine bestimmte Sprechfrequenz des Elters, die anzeigt, wieviel Zeit noch bleibt, bis man wirklich gehen, oder wirklich den Schlafanzug anzuziehen muß.

Die Kinder kennen das Sprachgeräusch, den Tonfall, wissen, wie hoch der Lärmpegel sein wird, wenn sie, mit ihren Taschen und allem sonst nötigen versehen, die Haustüre hinter sich schließen.

Das Elter ist oft erschöpft. Vor allem, wenn die Kinder das Haus verlassen haben, oder wenn sie abends dann im Bett sind. Dann hört das Elter manchmal nur noch die Rebellion in seinem Inneren. Sie ist wieder so laut in letzter Zeit, zunehmend dringlicher. Die Unruhe. Wie kann man sie aus dem Haus schaffen? Durch Aufräumen, Ordnung schaffen, Essen vorbereiten?

Die Kinder kommen von der Schule nach Haus. Alle Fenster sind offen. Das sehen sie schon von Weitem. Sie schauen sich an. Ihre Schuhe liegen noch quer durcheinander, wie sie sie am Morgen haben liegen lassen. Das Haus sagt ihnen: Die Zeit, in der ihr euch unbesorgt mir nähern, euch unbesorgt in mir aufhalten, in der ihr euch habt versorgen, umsorgen, lassen (immerhin waren es vier Wochen), ist unterbrochen. Das Haus ist zu. Still. Das Küchenfenster steht offen. Auch das eine deutliche Sprache. Über die offene Verandatür kommen sie hinein. Schmutziges Geschirr steht herum. Am Boden etwas Undefinierbares. Es herrscht Unordnung. Beängstigend fühlt sie sich an, weil so völlig, weil so ganz und gar anders, als die Ordnung. Grotesk wirken die bunten Mobiles über dem Eßtisch, verloren irgendwie. Das Elter reagiert nicht. Ist nicht ansprechbar. Die Kinder schimpfen, rufen. Sie suchen, verräumen, verbergen, zerstören, was diesen Einbruch in die heile Welt vermeintlich verschuldet. Sie beratschlagen. Und irgendwann – an diesem Tag vielleicht noch – vielleicht aber auch erst am nächsten – oder womöglich überhaupt nicht, bevor das Haus wieder in seine Ordnung zurück gekehrt ist – kommt in Gang, was meistens irgendwie in Gang gekommen ist: Irgendwo, aber nicht zuhause, warten die Kinder auf die Rückkehr ihrer häuslichen Ordnung, während die Reden und Geschichten Erwachsener über ihre Köpfe hinwegrauschen, die sie kennen: Daß es so nicht geht, daß die Kinder ins Heim gehören, daß keiner etwas tut, was denn noch passieren muß, was man denn noch alles tun soll, es sei jetzt endgültig das letzte Mal. Immerhin. Der Notarzt weiß ja, was zu tun ist.

Kulturarbeit. Sozialpädagogische Kulturarbeit? Die Frage stellt sich natürlich. Was könnte, neben der ambulanten Psychotherapie für das kranke Elter, dadurch bewirkt werden? Daß ich überhaupt zum Einsatz komme liegt daran, daß die Familie, in ihren guten Zeiten so gut zusammen lebt. Daß die Kinder über mehrere Wochen jeweils doch sehr gut versorgt sind, unbeschwert sein können und es auch sind. Die Gefährdung ist nicht klar genug erkennbar. Und die Kinder wollen dieses Elter nicht auch noch verlieren. Und das Elter ist motiviert, Hilfe anzunehmen. Ich soll Erziehen helfen. So der Wunsch des Elters. Die Kinder sollen gehorchen, sollen das Elter nicht so stressen, durch Streitereien, durch Widersprechen, durch immer noch etwas anschauen, noch etwas suchen, noch etwas sagen – wenn es doch Zeit ist, die Schuhe anzuziehen. Das Elter will nicht immer alles hundert mal sagen müssen. Dann wäre ihm schon sehr geholfen.

Es wird schnell klar: Das Elter ringt darum, nicht mehr die Kontrolle über sich selbst aufzugeben. Nicht mehr auszusteigen aus seinem Familienleben, nicht mehr in Raserei aufzubegehren, nicht mehr einfach alles auslöschen zu wollen, was sich unauslöschlich als Schmerz in ihm festgebissen hat und was in Geschichten sich immer wieder zumindest Luft verschafft. Es ringt darum, behalten zu dürfen, was ihm als beglückend erscheint: Für die verbliebene Familie zu sorgen. Die Kinder ringen darum, die Chaoszeiten auszublenden, ihre „Schuld" nicht spüren zu müssen, loyal zu sein.

Die Zusammenarbeit mit der Familie dauert etwa zwei Jahre, ich besuche sie fast jede Woche. Das Haus spricht in dieser Zeit auch zu mir, auch ich lerne die Stille zu buchstabieren, die mir gelegentlich schon vor der Haustür begegnet. Auch ich „erkenne", was die Schuhe der Kinder sagen, der Fensterladen....

Die Zusammenarbeit mit dem Elter besteht aus Gesprächen im Haus und auf Spaziergängen. Manchmal sind sie primär fürsorglich, oftmals aber ein Tauziehen. Einerseits: immer gleich konstruierte Geschichten des Elters über Stress, Überforderung, über unfolgsame Kinder, grausame Beziehungen, über emotionale Ausbeutung durch die eigenen Eltern. Andererseits: meine Beobachtungen, bzw. das, was das Haus erzählt. Über Organisationstalent, Humor, Kreativität, Geduld, Ausdauer, perfekte Haushaltsführung, Motivation zur Veränderung, über Mut Neues auszuprobieren. Und das Elter ist immer bereit, in der familialen Handlungswelt Neues auszuprobieren. Es gibt auch regelmäßig Arbeitskontakte u.a. mit der Psychotherapeutin und dem anderen Elter, das sich nach einigem Drängen doch auf eine Arbeitsbeziehung einläßt, was besonders für die Kinder von Bedeutung ist, da sie nun beiden Eltern „gefahrlos" vom jeweils anderen erzählen dürfen und so ihre Erfahrungswelt nicht mehr in zwei Sphären aufteilen müssen. Ein Krisenplan wird mit der ganzen Familie zusammen schriftlich festgelegt. Die Arbeit mit den Kindern läuft am eindringlichsten über die Krisenzeiten, dann sind sie wirklich interessiert an mir. U.a. dürfen mich die Kinder jederzeit anrufen, ich komme sofort, wenn es irgend möglich ist.

Das Haus als Symbol von Versagen und Perfektion? Es ist entweder alles in Ordnung oder gar nichts. Die Dingwelt scheint entfesselt, Eskalationen in Handlungen und Sprache breiten sich aus in allen Räumen. Was kann in der Handlungs- und Erfahrungswelt zur Verhinderung dieser Eskalationen getan werden? Das Haus hat keine „Bezirke" – weder im geordneten, noch im ungeordneten Zustand. Diese Bezirke werden nun eingerichtet. So ist ein Zimmer für die Kinder tabu, wenn das Elter von seiner Krankheit heimgesucht wird. Dieses Zimmer ist überhaupt reserviert für das Elter, wenn die elterlichen Streßgefühle drohen, Oberhand zu gewinnen. Und so erleben die Kinder, daß sie bei einer ihrer häufigen Streitereien plötzlich „ohne Publikum" dastehen, weil das Elter darauf verzichtet, „Ordnung" zu schaffen. Sie bekommen gesagt, daß sich ein Elter für Kinderangelegenheiten nicht zuständig fühle. Eine neue Erfahrung.

Im Gegenzug dazu werden die Zimmer der Kinder in den Krisenzeiten zu Herbergen. Man darf in ihnen essen, zu zweit schlafen, es sich kuschelig machen, sogar fernsehen. Und telefonieren. Und wenn das Elter krank ist, heißt das nicht notwendig, daß die Küche zum Alptraum werden muß, daß die Nahrungsaufnahme abbrechen muß.

Was verändert sich? Die Kinder werden vom Elter mehr in die Handlungswelt des häuslichen Lebens integriert. Sie überwinden ihr Befremden gegenüber haushälterischer Tätigkeit. Sie lernen, sich in ihrem eigenen Zimmer regelrecht einzunisten – dort für *Gefühle der Sicherheit und des Wohlbefindens* zu sorgen. Sie lernen, sich und ihre diversen Haustiere in Krisentagen eigenständig zu versorgen und entsprechend ihren Bedürfnissen Ordnung zu halten. Sie erfahren, daß sie auf diese Weise ihren Ängsten und Ohnmachtgefühlen, die im Chaos der Wohnräume und dem Fehlen jeder Struktur und auch der Mahlzeiten, *symbolisch* präsent waren, entkommen können. Beide gelangen zu einem deutlich gesteigerten Selbstbewußtsein durch ihre haushälterischen Erfolge. Ich sehe das, weil sie sich so über mein Lob dazu freuen.

Die Kinder verinnerlichen, daß sie derartigen Krisen nicht ausgeliefert sind, sondern daß sie sich davon distanzieren – und es sich gut gehen lassen dürfen. Und sie verinnerlichen auch, daß sie etwas können, was die meisten Kinder nicht können. Es scheint, daß die Kinder sozusagen aus ihrer Defiziterfahrung, Beschäftigungsfähigkeit und Selbstorganisationspotentiale[514] vor Ort entwickeln konnten. Denn in der Arbeit mit dieser Familie lag für die Kindern der Schwerpunkt nicht darauf, bei ihnen „Verständnis" für die Erkrankung des Elters zu entwickeln. Die Kinder sollten vielmehr die Handlungsebene der Daseinsvorsorge *ihren Möglichkeiten gemäß* verstehen, die gegeben war, wenn das Elter in der beschriebenen Weise ausfiel. Sie sollten erkennen, was sie für sich selbst und für die dreiköpfige Familie tun können, und wie es zu tun ist, damit die Daseinsvorsorge der Familie für einen kurzen Zeitraum von ihnen erfolgreich und mit möglichst wenig Stress aufrecht erhalten werden kann. „Geh ruhig, wir haben alles im Griff." So sagten sie mir einmal am späteren Abend, als „es" wieder passiert war. Ich ging mit dem üblichen Versprechen, daß ich das Handy neben dem Bett habe, daß ich morgens anrufen würde, daß sie noch SMS bekämen. Das Elter konnte sich seiner Erschöpfung hingeben.

Auch das Elter entdeckt Möglichkeiten, besser für sich zu sorgen. Das Elter begreift, welch hohe Kunst seine Haushaltsführung darstellt und daß man diese nicht für Menschen bereit stellt, die sie nicht schätzen, die sie benutzen, später vielleicht sogar verunglimpfen. Das sollte nicht mehr geschehen. Daher werden unliebsame Gäste nicht mehr eingeladen, oder kurz abgespeist. Das Elter traut sich, die eigenen Interessen anzuerkennen, ihnen nachzugehen, auch wenn die Betten deswegen erst später gemacht werden und ein Schnellgericht auf den Tisch kommt. Es gibt sogar Urlaubsfahrten der dreiköpfigen Familie. Und für so manche altbekannte, ritualisierte Querele werden schriftliche Vereinbarungen getroffen, die deutlich sichtbar im Wohnraum hängen. So z.B. wer wofür morgens zuständig ist und daß das Zuspätkommen in die Schule nicht in der Verantwortung des Elters liegt. Kann schon sein, daß eines der Kinder dann auch einmal zu spät zur Schule gekommen ist, weil es zuerst einfach nicht glauben konnte, daß es wirklich selbst für den richtigen Zeitpunkt des Aus-dem-Haus-gehens verantwortlich ist. Und die Küche ist irgendwann tabu als Kampfplatz für Geschwisterrivalitäten. Überhaupt – grätige Familienmitglieder, so kommt man überein, brauchen Abstand, bis sie sich wieder beruhigt haben und dafür bietet doch das schmucke Haus nun wirklich genügend Orte an. Anders herum können sich auch stauchende, um sich schlagende Kinder durchaus in der festen Umarmung des Elter im Kinderzimmer wiederfinden, wobei ihnen ruhig mitgeteilt wird, daß die Umarmung dafür da sei, ein völlig aufgelöstes Kind zu halten, bis es sich beruhigt habe.

Zur Ruhe kommen. Das ist ein großes Thema im Haus und dazu wird manches ausprobiert und eingerichtet. Es entstehen Freiräume, Sicherheiten, neue Verstehensmuster, ja sogar neue Kontakte, und das nächtliche Einnässen des einen Kindes verschwindet. Ob das auch etwas mit der „neuen Ordnung" im Haus zu tun hat? Mit den Ruhepotentialen? Damit, daß das Haus seine Sprache verliert, die nur von Ordnung oder nur von Chaos zu berichten wußte? Die Vorgänge in diesem Haus kommuniziere ich – in Übereinkunft mit beiden Eltern – auch der örtlichen Schule – dort war natürlich das meiste verborgen geblieben. Die Kinder, ihre hervorragenden Schulleistungen, rücken bei den Lehrern in ein neues Licht in der schulischen Gemeinschaft. Jedenfalls: Entlang diesem Veränderungsprozeß, inszeniert über die Bühne der Daseinsvorsorge sozusagen, beginnt nach etwa einem halben Jahr eine deutliche Abschwächung der Krisen. Sie dauern nur ca. ein Drittel der früheren Zeit, zeigen

---

514 um einige Schlagworte aus der neueren Diskussion zur „Bildung zwischen Entgrenzung und Entleerung" aufzunehmen, s. Böhnisch et al. 2005, S. 190

größere Abstände, und vor allem eskalieren sie nicht mehr. Die Kinder können zuhause bleiben. Aber eine weitere Verbesserung bleibt aus.

Was in der Zusammenarbeit mit mir erreicht wurde von der Familie – es reichte nicht. Die Krankheit drängte sich nach zwei Jahren Arbeit wieder vor. Überforderte wieder die Aufgaben und Möglichkeiten des Familienlebens. Die Kinder vor allem, weil das Erlernte nicht ausreichte, nicht ausreichen konnte, und der Rückgriff auf destruktive Bewältigungs-mechanismen drohte. Die Krisenplanung funktionierte nicht mehr. Die Kinder verließen die Familie dann sehr schnell. Aber sie verließen die Familie mit dem Wissen, daß sie keine Schuld tragen, und mit der Erfahrung, daß sie sich auf ihre Intuition verlassen können, daß sie gelernt haben sehr schwierige Situationen im Familienleben zu bewältigen, daß ihre beiden Eltern – trotz allem – in der Sorge um sie eine Verständigungsebene besitzen. Daß das kranke Elter alles gegeben hat, um mit ihnen ein Familienleben zu gestalten. Und daß es nicht nur nützlich, sondern auch lustig sein kann, es sich selbst gemütlich zu machen.

Literatur

Werke von Ernst Cassirer und Kürzel

PsF I, II, III / Philosophie der symbolischen Formen Band I: Die Sprache; Band II: Das mythische Denken; Band III: Phänomenologie der Erkenntnis. Darmstadt 1994

EBK / Erkenntnis, Begriff, Kultur. Hg. Und eingel. Von R.A. Bast, Hamburg 1993

FF / Freiheit und Form. Studien zur deutschen Geistesgeschichte. 6. Auflage Darmstadt 1994

Kants Leben und Lehre. (Erstmals erschienen 1981, Berlin) Darmstadt 1975

LK / Zur Logik der Kulturwissenschaften. Fünf Studien. (Erstmals erschienen in Schweden 1942) Darmstadt 1994

MdS / Der Mythus des Staates. Philosophische Grundlagen politischen Verhaltens. (Lizenzausgabe 1949) Frankfurt 1985

NM / Nachgelassene Manuskripte und Texte Band 1: Zur Metaphysik der symbolischen Formen. Hg. J.M. Krois, O. Schwemmer; Hamburg 1995

STS / Symbol, Technik, Sprache. Aufsätze aus den Jahren 1927 – 1933, hg. Von E.W. Orth/J.M. Krois unter Mitwirkung von J.M. Wehrle, Hamburg 1995

SuF / Substanzbegriff und Funktionsbegriff. Untersuchungen über die Grundfragen der Erkenntniskritik. Gesammelte Werke Hamburger Ausgabe Band 6, 2000 Hg. Birgit Recki

VM / Versuch über den Menschen. Hamburg 1996

WWS / Wesen und Wirkung des Symbolbegriffs. Darmstadt 1994

ZMP / Zur modernen Physik. 7. unveränd. Auflage – Darmstadt 1994

ML / Cassirer Toni: Mein Leben mit Ernst Cassirer. Hamburg 2003; Vorbemerkung von Peter Cassirer

Sekundärliteratur zu Ernst Cassirer

Braun, Hans-Jürgen; Holzhey, Helmut; Orth, Ernst Wolfgang (Hg.) 1988: Über Ernst Cassirers Philosophie der symbolischen Formen. Frankfurt a.M.

Frede, Dorothea; Schmücker, Reinhold (Hg.) 1997: Ernst Cassirers Werk und Wirkung: Kultur und Philosophie. Darmstadt

Göller, Thomas; Recki, Birgit; Konersmann, Ralf; Schwemmer, Oswald, Stellungnahmen: Die kulturwissenschaftliche Wende. In: Information Philosophie 3 August 2005

Graeser, Andreas 1994: Ernst Cassirer. Beck'sche Reihe. München

Knoppe, Thomas 1992: Die theoretische Philosophie Ernst Cassirer. Zu den Grundlagen transzendentaler Wissenschafts- und Kulturtheorie. Hamburg

Krois, John Michael 1979: Der Begriff des Mythos bei Ernst Cassirer. In: Poser, Hans (Hg.): Philosophie und Mythos. Berlin

Krois, John Michael 1987: Cassirer. Symbolic Forms and Historie. New Haven

Lübbe, H. 1975: Cassirer und die Mythen des 20. Jahrhunderts. Göttingen

Paetzold, Heinz 1995: Ernst Cassirer. Von Marburg nach New York. Eine philosophische Biographie. Darmstadt

Paetzold, Heinz 2002: Ernst Cassirer. Zur Einführung. Hamburg

Recki, Birgit 2002: Das Ethos der Freiheit. Ernst Cassirers ungeschriebene Ethik und ihre Postulatenlehre. In: Festschrift für Ernst Wolfgang Orth zum 65. Geburtstag, hrsg. Von C. Bermes, J. Jonas, K.-H. Lembeck; Würzburg

Recki, Birgit: Cassirer in Hamburg. In: Information Philosophie „ Juni 2000

Rill, Ingo 1995: Symbolische Identität. Dynamik und Stabilität bei Ernst Cassirer und Niklas Luhmann. Würzburg

Rudolph, Enno 2001: Freiheit oder Schicksal? Cassirer und Heidegger in Davos. In: Kaegi, D. / Rudolph, E. : Cassirer – Heidegger. 70 Jahre Davoser Disputation. Hamburg

Rudolph, Enno; Küppers, Bernd-Olaf (Hg.): Kulturkritik nach Ernst Cassirer. ???Zeit???

Sandkühler, Hans Jörg; Pätzold, Detlev (Hg.) 2003: Kultur und Symbol. Ein Handbuch zur Philosophie Ernst Cassirers. Stuttgart

Scherer, Martin 1996: Vom Apriori der Prägnanz. Vortheoretische Sinnentschlossenheit als zentrales Motiv der Kulturphilosophie Ernst Cassirers. Darmstadt

Schilpp, P.A. 1966 (Hg.): Ernst Cassirer. Leben und Werk. Stuttgart

Schwemmer, Oswald 1997: Ernst Cassirer. Ein Philosoph der europäischen Moderne. Berlin

Stark, Thomas 1997: Symbol, Bedeutung, Transzendenz. Der Religionsbegriff in der Kulturphilosophie Ernst Cassirers. Würzburg

Weitere verwendete Literatur

Adorno, Theodor 1971: Erziehung zur Mündigkeit. Vorträge und Gespräche mit Hellmut Becker 1959 – 1969; herausgegeben von Gerd Kadelbach; Frankfurt

Arendt, Hannah 1981 (1958): Vita Activa. München/Zürich

Baacke, Dieter 2000: Die 13-18 Jährigen. Einführung in die Probleme des Jugendalters. Weinheim/Basel

Baden-Württemberg, Sozialministerium, Ministerium für Kultus, Jugend und Sport: Landesjugendbericht Baden-Württemberg für die für die 13. Legislaturperiode 2003 – Kurzfassung -

Barthes, Roland 1989: Mythen des Alltags. Frankfurt a.M.

Becker, Gary S. 1996: Familie, Gesellschaft und Politik – eine ökonomische Perspektive. Tübingen

Becker, Rolf (Hg.) 1997: Generationen und sozialer Wandel. Opladen

Benjamin, Walter 1988: Angelus Novus. Ausgewählte Schriften 2. Frankfurt a.M.

Bertram, Hans 1991: Die Familie in Westdeutschland. Stabilität und Wandel familialer Lebensformen. Opladen

Biersbach, Gerhard 2000: Halbschwestern, Stiefväter und wer sonst noch dazugehört: Leben in Patchworkfamilien. Zürich

Blankertz, Herwig 1969: Bildung im Zeitalter der großen Industrie. Hannover

Bloch, Ernst 1978: Tendenz-Latenz-Utopie. Frankfurt a.M.

Böhnisch, Lothar; Lenz, Karl 1997: Familien. Eine interdisziplinäre Einführung. Weinheim/München

Böhnisch, Lothar; Schroer, Wolfgang; Thiersch, Hans 2005: Sozialpädagogisches Denken. Wege zu einer Neubestimmung. Weinheim/München

Bollnow, Otto Friedrich 1984: Existenzphilosophie und Pädagogik. Versuch über unstetige Formen der Erziehung. Stuttgart

Bourdieu, Pierre 1987: Die feinen Unterschiede. Kritik der gesellschaftlichen Urteilskraft. Frankfurt a.M.

Braun, H. / Jung, D. (Hrsg) 1997: Globale Gerechtigkeit? Hamburg

Brunner, Ewald Johannes (Hg.)1983: Eine ganz alltägliche Familie. Beispiele aus der familientherapeutischen Praxis von Helm Stierlin, Michael Wirsching, Alex Amman u.a. München

Bubner, Rüdiger1989: Ästhetische Erfahrung. Frankfurt a.M.

Buchholz, Michael B. 1989: Intimität. Über die Veränderung des Privaten. Weinheim.

Bundesministerium für Bildung, Wissenschaft, Forschung und Technologie 1996: Das lebenslange Lernen. Leitlinien einer modernen Bildungspolitik. Bonn

Bundesministerium für Familie, Senioren, Frauen und Jugend (Hrsg) Statistisches Bundesamt: Wo bleibt die Zeit? Die Zeitverwendung der Bevölkerung in Deutschland 2001/02

Bundesministerium für Familie, Senioren, Frauen und Jugend. Statistisches Bundesamt 2003: Wo bleibt die Zeit. Die Zeitverwendung der Bevölkerung in Deutschland 2001/2002

Bundesministerium für Jugend, Familie und Senioren (Hg.) (1994) Familien und Familienpolitik im geeinten Deutschland – Zukunft des Humanvermögens. Fünfter Familienbericht. Bonn

Chassé, Karl August; von Wensierski (Hrsg.) 2004: Praxisfelder der Sozialen Arbeit. Eine Einführung. Weinheim/München

Cierpka, Manfred; Krebeck, Sabine; Retzlaff, Rüdiger 2001: Arzt, Patient und Familie. Stuttgart

Cropley, Arthur, J. 2002: Qualitative Forschungsmethoden. Eine praxisnahe Einführung. Frankfurt a.M.

Deutscher Richterbund Nordrhein-Westfalen: Information 23. Jahrgang, April 2002

Deutscher Richterbund Nordrhein-Westfalen; Berichte, Informationen, Neuigkeiten 23. Jahrgang, April 2002, G 3378

Dürckheim, Karlfried Graf 1962: Der Alltag als Übung. Vom Weg zur Verwandlung. Bern

Eberhardt, Hans-Jörg, 2002: Weiterentwicklung der Kinderschutzarbeit in den Sozialen Diensten des Jugendamtes Stuttgart von Oktober 2000 bis März 2002. Projektabschlußbericht Stand März 2002. Jugendamt der Landeshauptstadt Stuttgart Wilhelmstraße 3, 70182 Stuttgart

Eco, Umberto 2000: Kant und das Schnabeltier. München

Eliade, Mircea 1987: Das Heilige und das Profane. Vom Wesen des Religiösen. Frankfurt

Fossum, Merle A.; Mason, Marilyn J. 1992: Aber keiner darf's erfahren. Scham und Selbstwertgefühl in Familien. München

Fossum, Merle A.; Mason, Merilyn, J. 1992: Aber keiner darf's erfahren. Scham und Selbstwertgefühl in Familien. München

Galuske, Michael 2003: Methoden der Sozialen Arbeit. Eine Einführung. Weinheim

Geertz, Clifford 1991 (Erste Auflage 1987): Dichte Beschreibung. Beiträge zum Verstehen kultureller Systeme. Frankfurt a.M.Röll, Franz Josef 1998: Mythen und Symbole in populären Medien. Der wahrnehmungsorientierte Ansatz in der Medienpädagogik. Frankfurt a.M.

Gehlen, Arnold 1986: Anthropologische und sozialpsychologische Untersuchungen. Reinbek bei Hamburg

Gerlach, Irene 1996: Familie und staatliches Handeln. Ideologie und politische Praxis in Deutschland. Opladen

Gestrich, Andreas; Krause, Jens-Uwe; Mitterauer, Michael 2003: Geschichte der Familie. Stuttgart

Gilligan, Carol 1991 (Deutsche Ausgabe 1984): Die andere Stimme. Lebenskonflikte und Moral der Frau. München

Grant, Michael, Hazel, John 1976: Lexikon der antiken Mythen und Gestalten. München

Grunwald, Klaus; Thiersch, Hans 2004: Praxis Lebensweltorientierter sozialer Arbeit. Handlungszugänge und Methoden in unterscidlichen Arbeitfeldern. Weinheim/München

Habermas, Jürgen 1982: Theorie des kommunikativen Handelns Bd. 2. Zur Kritik der funktionalistischen Vernunft. Frankfurt a.M.

Haider-Hasenbrink, Frithilde 1990: Explizites versus implizites Lernen. Hamburg

Hareven, Tamara K. 1999: Familiengeschichte, Lebenslauf und sozialer Wandel. Frankfurt a.M.

Heidegger, Martin 1998 (Frankfurt 1951): Kant und das Problem der Metaphysik. Frankfurt a.M.

Heiner, Maja (Hg.) 2004: Diagnostik und Diagnosen in der Sozialen Arbeit. Ein Handbuch. Berlin

Heller, Agnes 1978: Das Alltagsleben. Versuch einer Erklärung der individuellen Reproduktion. Frankfurt a.M.

Helming, Elisabeth; Schattner, Heinz; Blüml, Herbert 1998: Handbuch Sozialpädagogische Familienhilfe. Herausgegeben vom Bundesministerium für Familie, Senioren, Frauen und Jugend. Stuttgart

Hennig, Gudrun; Pelz, Georg 1997: Transaktionsanalyse. Lehrbuch für Beratung und Therapie. Freiburg

Heubach, F.W. 1987: Das bedingte Leben. Ein Beitrag zur Psychologie des Alltags. ??Ort

Heubach, Friedrich W. 1987: Das bedingte Leben. Entwurf zu einer Theorie der psycho-logischen Gegenständlichkeit der Dinge. München

Heydorn, Heinz-Joachim; Koneffke, Gernot 1973: Studien zur Sozialgeschichte und Philosophie der Bildung I Zur Pädagogik der Aufklärung. München

Hill, Paul B.; Kopp, Johannes 2004 (Erste Auflage 1995): Familiensoziologie. Grundlagen und theoretische Perspektiven. Wiesbaden

Hofer, Manfred; Wild, Elke; Noack, Peter 2002: Lehrbuch Familienbeziehungen. Eltern und Kinder in der Entwicklung. Göttingen

Hoffmeister, Dieter 2001: Mythos Familie. Zur soziologischen Theorie familialen Wandels. Opladen

Honegger, Claudia; Bühler, Caroline; Schallberger, Peter 2002: Die Zukunft im Alltagsdenken der Schweiz. Konstanz

Honig, Michael-Sebastian 1992: Verhäuslichte Gewalt. Sozialer Konflikt, wissenschaftliche Konstrukte, Alltagswissen, Handlungssituationen. Eine Explorativstudie über Gewalthandeln von Familien. Frankfurt a.M.

Honneth, Axel 1995: Desintegration. Bruchstücke einer soziologischen Zeitdiagnose. Frankfurt a.M.

Horkheimer, Max; Adorno, Theodor 1987: Gesammelte Schriften Band 5: ‚Dialektik der Aufklärung' und Schriften 1940 – 1950. Frankfurt a.M.

Hörning, Karl H. 2001: Experten des Alltags. Die Wiederentdeckung des praktischen Wissens. Wiesbaden

Hörning, Karl H., 2001: Experten des Alltags. Die Wiederentdeckung des praktischen Wissens. Göttingen

Hurrelmann, Klaus 1994: Sozialisation und Gesundheit. Somatische, psychische und soziale Risikofaktoren im Lebenslauf. München

Jonas, Friedrich 1966: Die Institutionenlehre Arnold Gehlens. Tübingen

Jonas, Hans 1984: Das Prinzip Verantwortung. Versuch einer Ethik für die technologische Zivilisation. Frankfurt a.M.

Kaser, Karl 1995: Familie und Verwandtschaft auf dem Balkan. Analyse einer untergehenden Kultur. Wien

Kaufmann, Jean-Claude 2005 (Paris 1992): Schmutzige Wäsche. Ein ungewöhnlicher Blick auf Paarbeziehungen. Konstanz

Kaufmann-Hayoz; Künzli, Christine 1999: „... man kann ja nicht einfach aussteigen." Kinder und Jugendliche zwischen Umweltangst und Konsumlust. Bern

Keppler, Andrea 1994: Tischgespräche. Über Formen kommunikativer Vergemeinschaftung am Beispiel der Konversation in Familien. Frankfurt a.M.

Keupp, H.: Empowerment, in: Kreft/Mielenz (1996a), S. 164-166

Kohli, Martina; Szydlik, Marc (Hg.): 2000: Generationen in Familie und Gesellschaft. Opladen

Krebs, Angelika 2002: Arbeit und Liebe. Die philosophischen Grundlagen sozialer Gerechtigkeit. Frankfurt a.M.

Kreil, Mathilde 1995: Leben in unterschiedlichen Welten. Bäuerlich sozialisierte Jugendliche zwischen traditioneller Hoforientierung sowie neuen Anforderungen und Möglichkeiten. Memmingen

Kron-Klees, Friedhelm 2001: Familien begleiten. Von der Probleminszenierung zur Lösungsfindung. Ein systemisches Konzept für Sozialarbeit und Therapie in stark belasteten Familien. Freiburg i. Br.

Krüsselberg, Hans-Günter; Reichmann, Heinz (Hg.): 2002: Zukunftsperspektive Familie und Wirtschaft. Vom Wert von Familie für Wirtschaft, Staat und Gesellschaft. Grafschaft

Laucken, Uwe 2001: Zwischenmenschliches Vertrauen. Rahmenentwurf und Ideenskizze. Oldenburg

Lehmann, Gerhard 1929: Zur Grundlegung der Kulturpädagogik. Untersuchungen über das Problem Kultur und Erziehung. Berlin

Lehmann, Gerhard 1929: Zur Grundlegung der Kulturpädagogik. Untersuchungen über das Problem Kultur und Erziehung. Berlin

Liebau, Eckart 1997: Das Generationenverhältnis. Über das Zusammenleben in Familie und Gesellschaft. Weinheim/München

Liedloff, Jean 1980: Auf der Suche nach dem verlorenen Glück. Gegen die Zerstörung unserer Glücksfähigkeit in der frühen Kindheit. München

Lohse, Timm H. (Hg.): Vom Heilen in Familien. Festschrift zum 25-jährigen Jubiläum der Evangelischen Familien- und Lebensberatung Bremen. Edition Temmen

Luhmann, Niklas 1987: Soziale Systeme. Grundriß einer allgemeinen Theorie. Frankfurt a.M.

Luhmann, Niklas 1992 (Erste Ausgabe 1982): Liebe als Passion. Zur Codierung von Intimität. Frankfurt a.M.

Lüscher, Kurt 2003: Warum Familienpolitik. Hg. Eidgenössische Koordinationskommission für Familienfragen.

Meier, Uta (Hg.) 1997: Vom Oikos zum modernen Dienstleistungshaushalt. Der Strukturwandel privater Haushaltsführung. Festschrift für Rosemarie von Schweitzer. Frankfurt a.M.

Merle, A. Fossum; Marilyn J. Mason: Aber keiner darf's erfahren. Scham und Selbstwertgefühl in Familien. Hier wird deutlich, wir Alltagsstrukturen hochproblematisches Verhalten verdecken können.

Meyer-Drawe, Käthe; Peukert, Helmut; Ruhloff, Jörg (Hg.) 1992: Pädagogik und Ethik. Beiträge zu eine zweiten Reflexion. Weinheim

Müller, Burkhard; Thiersch, Hans (Hg.) 1990: Gerechtigkeit und Selbstverwirklichung. Moralprobleme im sozialpädagogischen Handeln. Freiburg i.Br.

Natorp, Paul 1925: Sozialpädagogik. Theorie der Willenserziehung auf der Grundlage der Gemeinschaft. Stuttgart

Neidhard, F. 1983: Gruppensoziologie. Perspektiven und Materialien. Sonderheft 25 der KZfSS. Opladen

Nestmann, Frank 1988: Die alltäglichen Helfer. Theorien sozialer Unterstützung und eine Untersuchung alltäglicher Helfer aus vier Dienstleistungsbereichen. Berlin

Neue Praxis, 1987, Sonderheft „Sozialarbeit und Therapie"

Niemeyer, Christian 1998: Klassiker der Sozialpädagogik. Einführung in die Theoriegeschichte einer Wissenschaft. Weinheim

Nießeler, Andreas 2003: Formen symbolischer Weltaneignung. Zur pädagogischen Bedeutung von Ernst Cassirers Kulturphilosophie. Würzburg

Oelkers, Jürgen 1991: Erziehung als Paradoxie der Moderne. Ansätze zur Kulturpädagogik. Weinheim

Oelkers, Jürgen; Schulz, Wolfgang K,; Tenorth, Heinz-Elmar 1989: Neukantianismus. Kulturtheorie, Pädagogik und Philosophie. Weinheim

Omer, Haim; Schlippe von, Arist 2004: Autorität ohne Gewalt. Coaching für Eltern von Kindern mit Verhaltensproblemen. Göttingen

Otto, Hans-Uwe; Thiersch, Hans 2001: Handbuch Sozialarbeit, Sozialpädagogik. Neuwied

Otto, Ulrich (Hg.) 1997: Aufwachsen in Armut. Erfahrungswelten und soziale Lagen von Kindern armer Familien. Opladen

Paritätischer Wohlfahrtsverband Landesverband Sachsen Anhalt e.V. Info 27.12.05 ?

Pechstein, Matthias 1994: Familiengerechtigkeit als Gestaltungsgebot für die staatliche Ordnung. Zur Abgrenzung von Eingriff und Leistung bei Maßnahmen des sog. Familienlastenausgleichs. Baden-Baden

Petko, Dominik 2004: Gesprächsformen und Gesprächsstrategien im Alltag der Sozialpädagogischen Familienhilfe. Göttingen

Pieper, Barbara 1986: Familie im Urteil ihrer Therapeuten. Bausteine einer Theorie familialer Arbeit. Frankfurt a.M.

Poser, Hans (Hg.) 1979: Philosophie und Mythos. Berlin

Probst, Gilbert J.B. 1987: Selbst-Organisation. Ordnungsprozesse in sozialen Systemen aus ganzheitlicher Sicht. Berlin

Räbe, Sylvie 1992: Alltagszeit – Lebenszeit. Zeitstrukturen im privaten Haushalt. Frankfurt a.M.

Rauchfleisch, Udo 2001: Arbeit im psychosozialen Feld. Beratung, Begleitung, Psychotherapie, Seelsorge. Göttingen

Richartz, Irmintraud 1991: Oikos, Haus und Haushalt. Ursprung und Geschichte der Haushaltsöko-
    nomik. Göttingen
Richter, Horst-Eberhard (Hg.) 1976: Familie und seelische Krankheit. Eine neue Perspektive der
    psychologischen Medizin und der Sozialtherapie. Hamburg
Rickert, Heinrich 1986 (Tübingen 1926): Kulturwissenschaft und Naturwissenschaft. Stuttgart
Ruppert, Wolfgang (Hg.) 1999: Fahrrad, Auto, Fernsehschrank. Zur Kulturgeschichte der Alltagsdin-
    ge. Frankfurt a.M.
Schlegel, Leonhard 1995: Die Transaktionale Analyse. Eine Psychotherapie, die kognitive und tie-
    fanpsychologische Gesichtspunkte kreativ miteinander verbindet. Tübingen/Basel
Schlegel-Matthies, Kirsten 2004: Verbraucherbildung im Forschungsprojekt REVIS – Grundlagen.
    Paderborner Schriften zur Ernährungs- und Verbraucherbildung, Band 2, Universität Paderborn
    2004
Schmidbauer, Wolfgang 1986: Die subjektive Krankheit. Kritik der Psychosomatik. Hamburg
Schneewind, Klaus A. 1999 (Erste Auflage 1991): Familienpsychologie. Stuttgart
Schründer, Agi 1982: Alltagsorientierung in der Erziehungswissenschaft. Studien zu ihrem Anspruch
    und ihrer Leistung auf dem Hintergrund alltagstheoretischer Ansätze in den Sozialwissenschaf-
    ten. Weinheim
Schunk, Jürgen, 1983: Segeln als pädagogisch-therapeutisches Lernfeld. Lüneburg
Schweitzer v., Rosemarie 1991: Einführung in die Wirtschaftslehre des privaten Haushalts. München
Schwepe, Cornelia (Hg.) 2002: Generation und Sozialpädagogik. München
Schwingel, Markus 1995: Bourdieu zur Einführung. Hamburg
Segalen, Martine 1981: Die Familie. Geschichte, Soziologie, Anthropologie. Paris
Seibert, U. 2000: Soziale Arbeit als Beratung. Ansätze und Methoden für eine nichtstigmatisierende
    Praxis. Weinheim/Basel
Sennet, Richard 1987: Verfall und Ende des öffentlichen Lebens. Die Tyrannei der Intimität. Frank-
    furt a.M.
Sieckendiek, Ursel; Engel, Frank; Nestmann, Frank 1999: Beratung. Eine Einführung in sozialpäda-
    gogische und psychosoziale Beratungsansätze. Weinheim/München
Singly, Francois de 194: Die Familie der Moderne. Eine soziologische Einführung. Konstanz
Sonst verwendete Literatur
Steiner, Gerhard, 2001: Lernen. Szenen aus dem Alltag.
Thiersch, Hans 1986: Die Erfahrung der Wirklichkeit: Perspektiven einer alltagsorientierten Sozial-
    pädagogik. Weinheim
Thiersch, Hans 2000 (Erste Auflage 1992): Lebensweltorientierte Soziale Arbeit. Aufgaben der Pra-
    xis im sozialen Wandel. Weinheim/München
Thiersch, Hans 2002: Positionsbestimmungen der Sozialen Arbeit. Gesellschaftspolitik, Theorie und
    Ausbildung. Weinheim/München
Thurn, Hans Peter 1980: Der Mensch im Alltag. Grundrisse einer Anthropologie des Alltagslebens.
    Stuttgart
Turkle, Sherry 1984: Die Wunschmaschine. Vom Entstehen der Computerkultur. Hamburg
Tyrangiel, Harry 1981, Diss.: Martin Buber und die Psychotherapie. Universität Zürich
Vaskovics, Laszlo A. (Hg.) 1982: Raumbezogenheit sozialer Probleme. Beiträge zur sozialwissen-
    schaftlichen Forschung Band 35, Bamberg
Wahl, Klaus 1989: Die Modernisierungsfalle. Gesellschaft, Selbstbewußtsein und Gewalt. Frankfurt
    a.M.
Watzlawick Paul; Beavin, Janet H.; Jackson, Don D. 1990: Menschliche Kommunikation. Formen,
    Störungen, Paradoxien. Bern
Weber, Max 1994: Wissenschaft als Beruf. 1917/1919. Politik als Beruf 1919. Studienausgabe der
    Max Weber-Gesamtausgabe Band 1/17
Wiederkehr, Georg Robert 1976: Das freie Geleit und seine Erscheinungsformen in der Eidgenossen-
    schaft des Spätmittelalters. Ein Beitrag zu Theorie und Geschichte eines Rechtsbegriffs. Disser-
    tation, Universität Zürich.

Wiegand-Grefe, Silke 2001: Die präsentierten Probleme in der Familientherapie. Die Behandlungs-
   wirklichkeit der Paar- und Familientherapeuten und eine empirische Klassifizierung von Prob-
   lemtypen auf der Grundlage der präsentierten Probleme. Göttingen
Winch Peter, 1966: Die Idee der Sozialwissenschaft und ihr Verhältnis zur Philosophie. Frankfurt
Winkler, Michael 1988: Eine Theorie der Sozialpädagogik. Stuttgart
Winkler, Michael 2006: Kritik der Pädagogik. Der Sinn der Erziehung. Stuttgart
Woog, Astrid 1997: Soziale Arbeit mit Familien. Theoretische und empirische Ansätze zur Entwick-
   lung einer pädagogischen Handlungslehre. Weinheim/Münchem

Neu im Programm
Soziale Arbeit

Handbücher Soziale Arbeit

Thomas Coelen / Hans-Uwe Otto (Hrsg.)
Grundbegriffe Ganztagsbildung
Das Handbuch.
2008. ca. 1.000 S. Geb. ca. EUR 59,90
ISBN 978-3-531-15367-4

Ganztagsbildung ist zu einem Schlüssel-
begriff in der gegenwärtigen Bildungs-
debatte geworden, der neue Perspektiven auf ein Bildungsverständnis in der
Wissensgesellschaft eröffnet. Das Handbuch bietet pädagogischen Leitungs- und
Fachkräften sowie WissenschaftlerInnen
und Studierenden erstmalig einen umfassenden Überblick, in dem das Handlungs-
feld terminologisch systematisiert wird.

Barbara Kavemann /
Ulrike Kreyssig (Hrsg.)
**Handbuch Kinder und
häusliche Gewalt**
2., überarb. Aufl. 2007. 475 S.
Br. EUR 39,90
ISBN 978-3-531-15377-3

*„Dieses Buch war überfällig, seitdem in
breiteren Kreisen bewusst geworden ist,
dass Gewalt gegen Frauen auch die Kinder belastet und schädigt. Hier wird der
gegenwärtige Erkenntnisstand aus Forschung und Praxis auf international höch-
stem Niveau verfügbar gemacht. Versam-
melt in diesem Band sind die herausra-
genden ExpertInnen aus allen relevanten
Fachgebieten. Dies wird ein unentbehrli-
ches Handbuch für Ausbildung, Praxis,*

*Politik und weitere Forschung in den
kommenden Jahren."*
Prof. Dr. Carol Hagemann-White,
Universität Osnabrück

Werner Thole (Hrsg.)
Grundriss Soziale Arbeit
2., überarb. und akt. Aufl. 2005. 983 S.
Br. EUR 44,90
ISBN 978-3-531-14832-8

Der „Grundriss Soziale Arbeit" ist ein
sozialpädagogisches Lehrbuch mit der
Funktionalität eines Nachschlagewerks
und das sozialpädagogisches Nachschla-
gewerk mit ausgesprochenem Lehrbuch-
charakter.

Ulrich Deinet /
Benedikt Sturzenhecker (Hrsg.)
**Handbuch Offene
Kinder- und Jugendarbeit**
3., völlig überarb. Aufl. 2005. 662 S.
Geb. EUR 59,90
ISBN 978-3-8100-4077-0

*„Den Herausgebern, beide ausgewiesene
Kenner der Materie, ist es gelungen, fast
eine Enzyklopädie, jedenfalls ein Produkt
vorzulegen, welches den Charakter eines
Standardwerks der Offenen Kinder- und
Jugendarbeit (OKJA) für sich beanspruchen
darf, das die ganze Breite des Arbeitsfel-
des repräsentiert."*
Forum für Kinder- und Jugendarbeit,
03/2005

Erhältlich im Buchhandel oder beim Verlag.
Änderungen vorbehalten. Stand: Juli 2008.

www.vs-verlag.de

VS VERLAG FÜR SOZIALWISSENSCHAFTEN

Abraham-Lincoln-Straße 46
65189 Wiesbaden
Tel. 0611.7878-722
Fax 0611.7878-400

MIX
Papier aus verantwortungsvollen Quellen
Paper from responsible sources
FSC® C105338